Farbatlas Gehölzkrankheiten

Titelfoto: Blattfleckung und Absterben
des Neuaustriebs an Platane
durch Pilzinfektion *(Apiognomonia veneta)*;
s. auch Abb. 160

Franz Nienhaus
Heinz Butin
Bernd Böhmer

Farbatlas Gehölzkrankheiten

Ziersträucher und Parkbäume

429 Farbfotos

E.U.
VERLAG
EUGEN
ULMER

Die Autoren

Prof. Dr. Franz Nienhaus, ehem. Leiter der Abteilung Virologie, Institut für Pflanzenkrankheiten, Universität Bonn

Prof. Dr. Heinz Butin, Leiter des Instituts für Pflanzenschutz im Forst, Biologische Bundesanstalt für Land- und Forstwirtschaft, Braunschweig

Dr. Bernd Böhmer, Referent für Pflanzenschutz im Zierpflanzenbau, in der Baumschule und im Öffentlichen Grün sowie Pflanzenquarantäne, Pflanzenschutzamt der Landwirtschaftskammer Rheinland, Bonn

Die Deutsche Bibliothek – CIP Einheitsaufnahme

Farbatlas Gehölzkrankheiten : Ziersträucher und Parkbäume /
Franz Nienhaus ; Heinz Butin ; Bernd Böhmer. – Stuttgart :
Ulmer, 1992
ISBN 3-8001-4088-8
NE: Nienhaus, Franz; Butin, Heinz; Böhmer, Bernd

Wollgrasweg 41, 7000 Stuttgart 70 (Hohenheim)
Printed in Germany
Einbandgestaltung: Alfred Krugmann, Freiberg/Neckar
Satz: Typobauer Filmsatz GmbH, Ostfildern 3
Druck und Bindung: Georg Appl, Wemding

Inhaltsverzeichnis

Einleitung

Das große Interesse, das der »Farbatlas Waldschäden« mit der Darstellung von Krankheiten und Beschädigungen an Waldbäumen gefunden hat, ermutigt uns, ein ähnliches Buch über die an Ziergehölzen in Gärten und Anlagen auftretenden Krankheitsbilder vorzulegen. Hierbei sind auch wichtige Krankheiten und Beschädigungen an Park- und Straßenbäumen mit einbezogen worden.

In beiden Büchern handelt es sich um Holzgewächse, die jedoch oft verschiedenen Gattungen und Arten sowie unterschiedlichen Standorten und Lebensräumen angehören. Daraus resultiert nicht zuletzt das Vorhandensein einer zum Teil unterschiedlichen Schädlingsfauna und -flora, aber auch anderer abiotischer Schadfaktoren, wenn auch das Krankheitsbild in beiden Lebensräumen ähnlich sein kann.

Was die Gefahrensituation beider Standorte betrifft, so scheinen die im städtischen Bereich angepflanzten Gehölze zumindest teilweise erhöhteren Streßbedingungen ausgesetzt zu sein. Dies gilt vor allem für abiotische Einwirkungen, die zum Beispiel bei den Straßenbäumen durch hohe Bodenverdichtung und Sauerstoffmangel, durch Streusalzanwendung sowie durch eine verkehrsbedingte, erhöhte Verletzungsgefahr gegeben sind. Die besonderen Belastungen, die im städtischen Bereich auf Nahemittenten zurückgehen, kann dazu führen, daß die allgemeine Krankheitsanfälligkeit der Pflanze erhöht wird. Dadurch können beispielsweise Schwächeparasiten leichter Fuß fassen. Insgesamt ergibt sich damit eine spezifische, andersartige Situation, die eine von Waldkrankheiten getrennte Behandlung rechtfertigt.

Ziel des Buches ist es, die Vielzahl von Schädigungen – hervorgerufen durch Schädlinge, Mikroorganismen und Viren oder abiotische Faktoren – in Wort und Bild darzustellen. Hierbei haben wir zwei Wege beschritten: Zunächst findet der Leser bei jeder der abgehandelten Pflanzengattung eine listenartige Übersicht über die verschiedenen an der jeweiligen Gattung auftretenden Krankheitssymptome und Schadbilder, untergliedert nach den betroffenen Organen bzw. Pflanzenteilen. Diese Übersichten, die nicht vollständig sein können, dienen als Hilfsmittel für die Differentialdiagnose. Der andere Weg zur Diagnose eines Schadbildes führt über die vergleichende Betrachtung von Farbbildern mit detaillierteren Anmerkungen. Beide Verfahren sollen sich ergänzen, um möglichst sicher ans Ziel zu gelangen. Die wissenschaftlichen Namen der Schaderreger sind den Werken von Brandenburger (1985), Buhr (1964/1965), Butin (1989) und Schwenke (1972–1986) entnommen (vgl. Literatur Seite 281).

Nicht alle in den Übersichten zusammengestellten Symptome konnten in diesem Buch mit Abbildungen belegt werden. Um in solchen Fällen weiterzuhelfen, wird – wo die Möglichkeit gegeben ist – auf Abbildungen im **»Farbatlas Waldschäden« (FAW)** verwiesen. Wo zur Bestimmung mikroskopische Merkmale erforderlich sind **(Mikro)**, wird empfohlen, Fachleute zu befragen. Eine Beratung kann hier vom amtlichen Pflanzenschutzdienst (**PSD**, Anschriften

Seite 282) oder von entsprechenden fachlich einschlägigen Institutionen durchgeführt werden.

Die meisten Abbildungen enthalten in der Legende die wichtigsten **Erkennungsmerkmale (EM)** der entsprechenden Symptome resp. die Merkmale des Schaderregers sowie Hinweise auf **Verwechslungsmöglichkeiten (VM)**. Unter **Bekämpfung (BK)** werden entsprechende Angaben gemacht, gegebenenfalls mit Hinweisen auf spezifische Maßnahmen (vgl. Seite 10).

Da es nicht möglich war, alle Abbildungen selbst herzustellen, waren wir auf die Hilfe und Unterstützung von Kollegen oder Institutionen angewiesen, denen wir an dieser Stelle danken möchten. Ihre Namen sind in den Bildquellen (Seite 13) aufgeführt. Unser besonderer Dank gilt dabei den Herren W. O. Schröder, Pflanzenschutzamt der Landwirtschaftskammer Rheinland, und Privatdozent Dr. U. Zunke, Pflanzenschutzamt Hamburg, die uns aus ihren hervorragenden Sammlungen zahlreiche Bilder zur Verfügung gestellt haben. Dem Verlag Eugen Ulmer sind wir wiederum für sein Entgegenkommen und seine Mühen bei der Gestaltung des Buches zu Dank verpflichtet.

Hinweise zur Verhütung von Schäden und Bekämpfung von Schaderregern

Für die Abwehr und Bekämpfung von Schädlingen und Krankheitserregern lassen sich verschiedene Verfahren und Methoden nennen, die allgemein unter dem Begriff »Pflanzenschutz« zusammengefaßt werden. Bei diesen Bemühungen geht es darum, Schäden an Kulturpflanzen durch Ausnutzung wissenschaftlicher Erkenntnisse zu verhindern oder zu mildern. In diesem Zusammenhang hat der ökologische Aspekt des Pflanzenschutzes eine besondere Wertung erfahren, was im Begriff »integrierter Pflanzenschutz« zum Ausdruck kommt. Bei diesem System werden die nicht chemischen Pflanzenschutzmaßnahmen (biologische, biotechnische, physikalische, kulturtechnische Maßnahmen) vorrangig angewandt, um den Einsatz chemischer Pflanzenschutzmittel auf ein Mindestmaß zu begrenzen. Die entsprechenden Maßnahmen beginnen schon bei der Auswahl der Pflanzen und enden mit einem gezielten, möglichst umweltschonenden Einsatz chemischer Mittel. Im einzelnen ist hierzu folgendes auszuführen:

Eine wichtige Voraussetzung für ein gesundes Wachstum ist die optimale **Vorbereitung des Bodens**. Dieser Gesichtspunkt ist besonders bei Anlage von Hausgärten zu berücksichtigen, da hier der Boden oft durch den Einsatz schwerer Maschinen so sehr verdichtet ist, daß die natürliche Wasserführung des Bodens gestört ist. Trockenschäden wie auch Nässeschäden können die Folge sein. In solchen Fällen ist eine tiefgründige Lockerung des Bodens angeraten. Dies ist zusätzlich durch Gründüngung, zum Beispiel durch Einsaat von Senf, Lupine oder *Phacelia* zu unterstützen. Reste von Bauschutt dürfen keineswegs vergraben werden. Hierdurch wird das Wurzelwachstum erheblich beeinträchtigt. Für die Anpflanzung von Gehölzen ist es oft wichtig, den pH-Wert des Bodens und seinen Nährstoffgehalt zu kennen. Hierzu sind allerdings Bodenanalysen erforderlich, die von den Landwirtschaftlichen Untersuchungs- und Forschungsanstalten durchgeführt werden.

Neben der mechanischen Bodenverbesserung sollte auf ausgeglichenes **Nährstoffangebot** geachtet werden, was durch Zufuhr bestimmter Nährstoffe – je nach Bedarf – gezielt gesteuert werden kann. Auf diese Weise lassen sich Mangelerkrankungen vermeiden; auch wird dadurch die Dürre- und Frostresistenz gesteigert sowie einem Befall durch Schwächeparasiten vorgebeugt. Eine Überdüngung sollte man jedoch vermeiden, da auch hierdurch die Krankheitsanfälligkeit erhöht werden kann.

Von Seiten der Pflanze beginnt der vorbeugende Pflanzenschutz mit der **Auswahl der Gehölze**, denn von vielen Kulturpflanzen kennen wir heute ihre Resistenzeigenschaften gegenüber bestimmten Schädlingen und Krankheitserregern. Ein gutes Beispiel sind dafür die verschiedenen Rosensorten mit unterschiedlicher Anfälligkeit gegenüber dem so gefürchteten Sternrußtaupilz. Ähnliches gilt für die unterschiedliche Frostempfindlichkeit von Gehölzen. Bei der Auswahl der Pflanzen sollte auch der Standort berücksichtigt werden. So sind beispielsweise licht- und wärmebedürftige Gehölze für Schattenlagen ungeeignet. Ein ungeeigneter Standort führt bei der Pflanze zu einer erhöhten Erkrankungsdisposition und Anfälligkeit gegenüber Schaderregern.

Eine wohlüberlegte **Pflanzung** kann dazu beitragen, später zu erwartenden Schäden von vornherein vorzubeugen. So ist eine zu dichte Bepflanzung ein weitverbreiteter Fehler, der durch die Konkurrenz der Gehölze zur Schwächung einzelner Pflanzen führt. Zudem werden durch Dichtstand günstige kleinklimatische Bedingungen für Pilze und Bakterien geschaffen, die ihrerseits wieder zu einem stärkeren Befall der Wirtspflanze führen. Ungünstig wirkt sich auch die unmittelbare Nachbarschaft von Pflanzen aus, die besonders anfällig für ein und denselben Erreger oder Schädling sind. In besonderer Weise gilt dies für Pflanzen, die ein Schaderreger für seinen wirtswechselnden Entwicklungszyklus benötigt, wie z. B. Rostpilze und bestimmte Läusearten.

Nur wenige Verfahren sind bekannt, die zum unmittelbaren **Fernhalten von Schaderregern** heranzuziehen sind. Hier kann nur auf regelmäßige Garten- und Gehölzpflege sowie auf hygienische Maßnahmen bei der Beseitigung von infektiösem Material hingewiesen werden. Der Einsatz von Wundverschlußmitteln bei offenen Rinden- und Holzverletzungen soll das Eindringen von Wundparasiten verhindern. Dies ist jedoch meist nur bei kleineren Wunden oder Verletzungen erfolgreich.

Hat der Schaderreger einmal die Pflanze erreicht, können **mechanische Verfahren** zur Minderung größerer Schäden beitragen. So lohnt sich oft das Absammeln von Schädlingen, vor allem im Raupen- oder Larvenstadium, um einer Massenvermehrung vorzubeugen. Ein Teil der Arbeit übernehmen Singvögel. Sie verdienen eine Förderung durch Schaffung günstiger Nistmöglichkeiten nach fachmännischer Anleitung. In gleicher Weise sind die zahlreichen Nützlinge, wie zum Beispiel die Larven der Marienkäfer, als wirkungsvolle Feinde der Schädlinge zu bewerten.

Die mechanische Bekämpfung von Pilzen und Bakterien ist schwieriger. Ihre Ausdehnung kann oft nur durch unmittelbares Entfernen erkrankter Blätter, Triebe oder Äste reduziert werden. Schwierigkeiten ergeben sich auch bei der Sanierung von Gehölzen, die von Viren und ähnlichen Erregern infiziert sind. Ihre Verbreitung erfolgt meist durch Verwendung von infiziertem Pflanzenmaterial. Beim Erwerb sollte deshalb auf gesund aussehende Pflanzen geachtet werden. Erkrankte Pflanzen sind zu roden.

Für einen befriedigenden Schutz der Gehölze sind die beschriebenen Maßnahmen in vielen Fällen ausreichend. Sollte dennoch der **Einsatz von Pflanzenschutzmitteln** erforderlich werden, so sind biologische oder biotechnische Präparate zu bevorzugen. In der Zusammenstellung auf Seite 10 werden weitgehend umweltschonende Mittel genannt. In Baden-Württemberg bestehen Anwendungsbeschränkungen. Die angeführten Präparate sind als Beispiele zu verstehen, die gegebenenfalls durch gleichwertige Mittel anderer Hersteller ausgetauscht werden können. Hinweise auf zugelassene Präparate, ihre Anwendungsform und ihre Anwendungsbereiche finden sich u. a. in den Pflanzenschutzmittelverzeichnissen der Biologischen Bundesanstalt für Land- und Forstwirtschaft, Braunschweig. Fachliche Informationen können darüber hinaus in Gartenzentren sowie in entsprechenden Fachgeschäften eingeholt werden.

A Bekämpfung von Pilzkrankheiten

Schaderreger		vorbeugende Maßnahmen	Bekämpfungsmaßnahmen
I	Echte Mehltaupilze	Pflanzen an Standorten mit Wärmestau oder starker Taubildung in der Nacht bes. gefährdet. Weniger empfindliche Arten oder resistente Sorten bevorzugen; Gesunderhaltung der Pflanzen durch wiederholte Spritzung mit Lecithin (z. B. Bioblatt-Mehltaumittel) fördern	erkrankte Triebe mit überwinterndem Pilz entfernen; mit Curol, Rosen EC 200*, Saprol oder Baymat fl. wiederholt im Abstand von 7 Tagen spritzen
II	Rostpilze	unempfindlichere Arten und Sorten bei der Pflanzung auswählen; abgefallenes Laub entfernen; bei wirtswechselnden Arten räumliche Trennung der Wirtspflanzenarten	erkrankte Pflanzenteile entfernen; Spritzbehandlungen mit Saprol oder Baymat fl.
III	Grauschimmel *(Botrytis)*	bei hoher Luftfeuchte auftretend; frischer Austrieb besonders gefährdet bei kühl-feuchter Witterung: deshalb beschattete, feuchte Lagen für gefährdete Arten meiden	erkrankte Pflanzenteile entfernen; zum Schutz des Austriebs Spritzungen mit Euparen WG oder Rovral bei jungen Bäumen
IV	Schorfpilze *(Spilocaea, Fusicladium)*	bei Anpflanzung gut durchlüftete Standorte wählen; durch Auslichten für schnelles Abtrocknen sorgen	erkrankte Pflanzenteile entfernen (Infektionsquelle im Frühjahr); nach Austrieb bei beginnender Erkrankung mit Curol, Baycor, Baymat fl. oder Saprol spritzen
V	Sternrußtau *(Diplocarpon)*	widerstandsfähige Sorten wählen; abgefallenes Laub entfernen	bei beginnendem Befall wiederholt mit Baymat fl. oder Saprol spritzen
VI	Falsche Mehltaupilze	nicht zu dicht pflanzen; Pflanzungen auslichten (Auftreten besonders bei hoher Luftfeuchte)	erkrankte Pflanzenteile entfernen; Behandlung mit Kupferspritzmittel Funguran, Kupferkalk Atempo, Dithane ultra*
VII	weitere Blattfleckenpilze	gute Nährstoff-und Wasserversorgung, Streßbelastungen vermeiden; erkrankte, abgefallene Blätter entfernen; durch Auslichten rasches Abtrocknen fördern; oft Schwächeparasiten!	Behandlung mit Euparen WG im Wechsel mit Baymat fl., Kupferspritzmittel Funguran, mit Curol oder Dithane ultra*

VIII	Nadelpilze	feuchte Standorte zur Anpflanzung meiden; kranke, abgefallene Nadeln entfernen (Infektionsquelle)	jüngere Bäume mit Dithane ultra*, Kupferspritzmittel Funguran oder mit Antracol* evtl. wiederholt spritzen
IX	Welkeerreger *(Fusarium, Verticillium)*	auf befallenen Flächen keine empfindlichen Gattungen anpflanzen; Ammoniumsulfat-Düngung wirkt befallsmindernd; Trockenstreß vermeiden	erkrankte Triebe/Äste bis ins gesunde Holz ausschneiden; Pflanzenschutzmittel nur bedingt wirksam; nur in Großpackungen im Handel (z.B. Du Pont Benomyl)
X	Wurzelpilze *(Pythium, Phytophthora)*	Staunässe vermeiden; vor der Pflanzung für guten Wasserabzug sorgen, ggf. Drainage anlegen; Wurzelballen gut abtrocknen lassen	kranke Pflanzen entfernen; wirksame Pflanzenschutzmittel nur in Großpackungen im Handel (z.B. Fonganil Neu)
XI	Rotpustelpilz *(Nectria)*	abgestorbene Pflanzenteile an Pflanzen und abgestorbenes Holz in Pflanzennähe entfernen; Wundpflege mit Drawipas, Bayleton-Rindenwundverschluß oder Spisin	im Herbst nach dem Blattfall und im Frühjahr vor dem Austrieb mit Kupferspritzmittel Funguran oder Kupferkalk Atempo spritzen

B Bekämpfung von Schädlingen

I	Blattläuse	bei beginnendem Befall mit Kaliseife (B4) (Neudosan), bei stärkerem Befall mit Blattlausfrei Pirimor G(B4) oder Pirimor Granulat (B4) behandeln; außerdem auch Spritzungen mit Roxion* (B1), Rogor* (B1), Metasystox R Spezial* (B1), Beosit 35 fl.* (B4) oder verschiedenen Mitteln mit den Wirkstoffen Pyrethrum oder Piperonylbutoxid (B4)
II	Zikaden	in den frühen Morgenstunden mit Kaliseife (B4) (Neudosan) oder Insektenspritzmitteln (s. Blattläuse) behandeln
III	Blattwanzen	in den frühen Morgenstunden mit Kaliseife (B4) (Neudosan) oder Beosit 35 fl.*, Pyrethrum- oder Piperonylbutoxid-enthaltenden Pflanzenschutzmittel (PSM) (B4) spritzen
IV	Schildläuse/ Schmierläuse	befallene Pflanzenteile entfernen; wiederholt Paraffinöl-haltige Pflanzenschutzmittel (Austriebspritzmittel: Weißöl (B4), Para-Sommer (B4), Promanal (B4) bevorzugt vor dem Austrieb (nicht zum Zeitpunkt des Austriebs und nicht bei Sonneneinstrahlung!) einsetzen
V	Wolläuse	befallene Pflanzenteile entfernen; bei beginnendem Befall mit Mineralölen Promanal (B4), Para-Sommer (B4) behandeln (nicht bei Sonneneinestrahlung!); Spruzit (B4) oder Decis* (B2) unter Zusatz eines Netzmittels (z.B. Pril) spritzen, möglichst früh bei beginnender Wachswollentwicklung

VI	Blasenfüße (Thripse)	sofern erforderlich Beosit 35 fl.* (B4) oder Metasystox R Spezial* (B1) sowie Mittel mit Wirkstoffen Pyrethrum oder Piperonylbutoxid (B4) spritzen
VII	Spinnmilben	stark befallene Pflanzenteile entfernen; bei gefährdeten Pflanzen chemische Bekämpfung vor Massenvermehrung der Milben mit Metasystox R Spezial* (B1), Roxion (B1)*, Rogor* (B1) oder Mineralöl-haltigen Mitteln, z.B. Promanal (B4), Para-Sommer (B4) (letztere nicht bei Sonneneinstrahlung)
VIII	Weichhautmilben	befallene Pflanzenteile entfernen; mit Beosit 35 fl.* (B4) bei Temperaturen über 18° C behandeln
IX	Gallmilben Gallmücken	befallene Pflanzenteile entfernen; mit Beosit 35 fl.* (B4) behandeln
X	Minierfliegen	befallene Pflanzenteile bei Befallsbeginn entfernen; gefährdete Pflanzen dann wiederholt mit Decis* (B2) oder Mitteln mit Pyrethrum- oder Piperonylbutoxid-Wirkstoffen (B4) spritzen
XI	Raupen (freifressend)/Blattwespenlarven	einzelne Tiere absammeln; bei starkem Befall biologische Bekämpfung von Raupen mit Neudorff's Raupenspritzmittel (B4) *(Bacillus thuringiensis)* oder chemische Bekämpfung von Raupen und Larven mit Decis* (B2) oder Pyrethrum- bzw. Piperonylbutoxid-haltigen Pflanzenschutzmitteln (B4)
XII	Raupen (in Gespinsten)	Gespinste absammeln (Handschuhe tragen)
XIII	Käfer	befallene Pflanzenteile mit Larven im Rinden- oder Holzgewebe entfernen; Borkenkäfer: befallene Bäume entfernen; Blattkäfer: bei starkem Befall mit Decis* (B2) bekämpfen
XIV	Dickmaulrüßler	Gießbehandlung mit entomopathogenen Nematoden *(Heterorhabditis)* bei Bodentemperaturen von mindestens 13° C ab Anfang/Mitte Mai; der Boden sollte nach Behandlung nicht austrocknen
XV	Nematoden	Kranke Pflanzen entfernen; keine anfälligen Pflanzen nachpflanzen; *Tagetes* als Unter- oder Zwischenpflanzung vorsehen

Das Studium der Gebrauchsanleitung eines Pflanzenschutzmittels ist vor dessen Einsatz unbedingt erforderlich. Mit Sternchen * gekennzeichnete Präparate sind in Baden-Württemberg auf nicht erwerbsgärtnerisch genutzten Flächen nur mit Genehmigung einsetzbar.

B1 – bienengefährliches Pflanzenschutzmittel (diese Mittel dürfen nicht auf blühende Pflanzen ausgebracht werden, dazu zählen auch blühende Unkräuter)

B2 – bienengefährlich ausgenommen bei Anwendung nach dem täglichen Bienenflug bis 23.00 Uhr

B4 – nicht bienengefährliches Pflanzenschutzmittel

Bildquellen

Dr. W. Billen, Pflanzenbeschaustelle Weil, Hardtstraße, 7858 Weil: Abb. 162, 234

Dr. B. Böhmer, Pflanzenschutzamt der Landwirtschaftskammer Rheinland, Siebengebirgsstr. 200, 5300 Bonn-3: Abb. 45; 94a; 101; 137; 158a,b; 186; 222b; 226; 235; 242a; 267a; 274; 287; 289; 293b; 294

Prof. Dr. H. Butin, Institut für Pflanzenschutz im Forst, Biologische Bundesanstalt für Land- und Forstwirtschaft, Messeweg 11/12, 3300 Braunschweig: Abb. 1; 2; 10; 16; 24; 25; 26; 28; 40a; 41a; 42; 50a, b; 70; 76; 80; 81; 92; 93a, b; 106a, b; 111; 113; 120a, b; 133b; 134; 135; 136; 137b; 139; 141a; 144a; 145a, b; 146; 147a; 157; 159a, b, c; 160; 161; 163a, b, c; 166a, b, c; 167; 172; 173; 177b; 188; 189a; 195; 196; 204; 205a; 212; 213a, b; 215a; 229; 233; 236; 256b; 260; 270; 276; 278; 279; 280; 282; 290; 296; 297a, b; 298; 304; 305; 306; 308a, b

Dr. J. Dalchow, Hessisches Landesamt für Ernährung, Landwirtschaft und Landentwicklung - Pflanzenschutzdienst, Postfach 93 01 29, 6000 Frankfurt-93: Abb. 248b

Eidgenössische Forschungsanstalt für Wild, Schnee und Landschaft, Züricher Str. 111, CH-8903 Birmensdorf, Schweiz: Abb. 50c; 199a

Dr. R. Grimm, Dr. J. Vogelsanger, Eidgenössische Forschungsanstalt für Obst-, Wein- und Gartenbau, Sektion Phytopathologie, Phytobakteriologie, CH-8820 Wädenswil, Schweiz: Abb. 58; 62

Dr. E. Halmschlager, Institut für Forstentomologie, Forstpathologie und Forstschutz, Hasenauer Str. 38, A-1190 Wien, Österreich: Abb. 108; 155

Dr. J. Hamacher, Institut für Pflanzenkrankheiten, Rhein. Friedr. Wilh.-Universität Bonn, Nußallee 9, 5300 Bonn-1; Abb. 33; 53a, b; 77d; 208d; 281

Institut für Pflanzenkrankheiten der Rhein. Friedr.-Wilh.-Universität Bonn, Nußallee 9, 5300 Bonn-1: Abb. 12; 57b; 61; 65; 69; 103; 125; 127; 128; 129; 130a, b; 131; 132; 142c; 148; 169a; 179b, c; 180; 183b; 200; 201a, b, c, d; 215b; 238; 242b; 243a; 254a; 292; 303b

Dr. R. Kehr, Institut für Pflanzenschutz im Forst, Biologische Bundesanstalt für Land- und Forstwirtschaft, Messeweg 11/12, 3300 Braunschweig: Abb. 21; 205b

Dr. L. Kiewnick, Pflanzenschutzamt der Landwirtschaftskammer Rheinland, Siebengebirgsstr. 200, 5300 Bonn-3: Abb. 220c; 228; 308d

Dr. H.O. Leh, Abteilung für Ökologische Chemie, Biologische Bundesanstalt für Land- und Forstwirtschaft Berlin-Dahlem, Königin-Luise-Str. 19, 1000 Berlin-33: Abb. 22; 23

Prof. Dr. F. Nienhaus, Institut für Pflanzenkrankheiten, Rhein. Fried.-Wilh.-Universität Bonn, Nußallee 9, 5300 Bonn-1: Abb. 7; 8a, b, c; 9; 11; 13; 14; 15; 18; 19; 27; 29a, b; 30; 31a, b; 34; 35; 36; 37a, b, c; 38; 40b; 43; 44; 46; 47; 48; 51; 52; 54; 55; 56; 59; 60; 64; 66a, b; 67; 68; 71; 72a, b, c; 73; 74; 75; 77b, c; 82; 83; 84; 85; 86; 87; 88; 89; 90; 94b, c; 95; 97; 98; 99; 102; 104; 105; 107; 109; 110; 114; 115; 116; 118; 119; 121; 122; 123a, b; 124; 126; 133a, c; 138a; 140b; 142b; 149a; 150; 164; 165; 168; 170a, b; 171; 176a, b, c; 177a; 178a, b, c, d, e, f; 179a; 181; 182; 185a; 187; 189b; 193; 194; 198a, b; 199b; 203; 206a, e, f, g, h; 207a, b, c; 208a; 209; 216; 217; 218; 219; 220a, b; 222a; 224; 225; 227; 230; 231; 232; 237; 239; 240; 241a, b, c; 244; 246;

248a; 249; 250; 251; 252a, b; 253; 254b; 255; 256a; 257; 258; 259; 261a; 262a, b; 263b; 264; 265; 266; 269a, b; 271; 272; 273; 275; 283; 284; 285; 286; 288; 295; 299; 300; 301a; 302a, b; 307a; 309; 310; 311a; 312; 313

Dr. L. Pehl, Institut für Pflanzenschutz im Forst, Biologische Bundesanstalt für Land- und Forstwirtschaft, Messeweg 11/12, 3300 Braunschweig: Abb. 41b; 147b

Dr. M. Rudnick, Pflanzenschutzamt, Westring 383, 2300 Kiel: Abb. 308c

W. O. Schröder, Pflanzenschutzamt der Landwirtschaftskammer Rheinland, Siebengebirgsstr. 200, 5300 Bonn-3: Abb. 3; 4a, b, c, d; 6; 20; 39; 49; 57a; 77a; 78; 79; 91; 96; 112; 117; 140; 142a; 143; 144b, c; 151; 152; 153; 154; 156; 169b, c; 174; 175a, b, c, d; 183a; 184a, b; 197; 208b, c, e; 211; 243b; 247; 263a; 291; 293a; 301b; 303a, c

Dr. E. Seemüller, Dr. W. Lederer, Institut für Pflanzenschutz im Obstbau, Biologische Bundesanstalt für Land- und Forstwirtschaft, Postfach 73, 6901 Dossenheim: Abb. 63; 191; 277

Prof. Dr. R.A. Sikora, Institut für Pflanzenkrankheiten, Rhein. Friedr.-Wilh.-Universität Bonn, Nußallee 9, 5300 Bonn-1: Abb. 32

Dr. B. R. Stephan, Institut für Forstgenetik und Forstpflanzenzüchtung, Sieker Landstr. 2, 2070 Großhansdorf: Abb. 192

Dr. A. Voß, Entomologisches Institut, ETH-Zentrum, CH-8092 Zürich, Schweiz: Abb. 138b

Dr. A. Wulf, Institut für Pflanzenschutz im Forst, Biologische Bundesanstalt für Land- und Forstwirtschaft, Messeweg 11/12, 3300 Braunschweig: Abb. 5; 17; 149b; 307b

Dr. G. Zimmermann, Institut für Biologische Schädlingsbekämpfung, Biologische Bundesanstalt für Land- und Forstwirtschaft, Heinrichstr. 243, 6100 Darmstadt: Abb. 210a, b, c; 228; 308d

Dr. U. Zunke, Institut für Angewandte Botanik, Abt. Pflanzenschutz, Universität Hamburg, Postfach 30 27 62, 2000 Hamburg-36: Abb. 37b; 100; 185b; 190; 202a, b; 207b; 214; 221a, b; 223; 245a, b; 261b; 267b; 268a, b; 311b

Abies (Tanne)

- **an Nadeln, Knospen**
- Nadelverfärbung des jüngsten Nadeljahrganges durch Frosttrocknis: Abb. 1
- Verbräunung älterer Nadeljahrgänge mit Nadelverlust besonders im Kroneninneren durch Trockenheit
- Nadelverbräunung durch Streusalzeinwirkung an Straßenseiten: vgl. Abb. 296
- Welke und Nadelverfärbung an Maitrieben durch Spätfrosteinwirkung vgl. Abb. 141
- Nadelbräune durch Pilzinfektion (*Rhizosphaera* sp.): Abb. 2
- chlorotische bis weiße Verfärbung junger Nadeln durch Herbizideinwirkung: Abb. 3
- Nadelvergilbung vorjähriger und älterer Nadeln durch Magnesium-Mangel, bräunliche Verfärbung von der Nadelspitze her durch Kalium-Mangel: Abb. FAW
- Verfärbung und Deformation jüngster Nadeln mit röhrenförmigen Sporenbehältern nadelunterseits durch Tannennadelrost *(Pucciniastrum epilobii)*: Abb. FAW; BK: Beseitigung von Weidenröschen in Nachbarschaft (Wirtswechsel)
- Nadelverkrümmung und Triebstauchung durch Trieb- und Stammläuse (*Dreyfusia*-Arten, *Mindarus abietinus*) oder Baumläuse *(Lachnidae)*: Abb. 4, siehe auch Triebe, Äste, Stamm
- Nadelverbräunung und Nadelfall, Milben mit Spinnfäden (Lupe) durch Nadelholzspinnmilbe *(Oligonychus ununguis)*: vgl. Abb. 107
- Nadelverbräunung und Nadelfall durch Minierfraß von Schmetterlingsraupen in jungen, zusammengesponnenen Nadeln durch Tannennadelmotte *(Argyresthia fundella:* grünliche Raupen mit glänzend schwarzem Kopf) oder Nadelwickler-Arten *(Epinotia fraternana:* bleichgrüne Raupen mit gelbbraunem Kopf; *E. subsequana:* Raupenfraß in dichten Gespinströhren an Maitrieben, auch in Knospen); BK: Gespinste absammeln; vor Gespinstbildung chemische Behandlung (s. Seite 12, B, XI)
- ausgefressene Knospen und angefressene, locker zusammengesponnene, junge Nadeln durch Raupen von Wickler-Arten (gelblichgrüne Raupen mit rötlichem Kopf: Tannenwickler, *Zeiraphera rufimitrana*; grünliche Raupen mit schwarzem Kopf: Tannentriebwickler, *Choristoneura muriana;* auch Fichtentriebwickler, *Parasyndemis histrionana*; BK: s. Seite 12, B, XI
- ausgefressene Knospen mit Einbohrloch und bräunliche bis 9 mm lange, schwarzköpfige Raupen in Gespinströhren außen: Tannenknospenwickler *(Epinotia nigricana)*, Massenvermehrung oft gleichzeitig mit Tannentriebwickler *(Choristoneura muriana)*; BK: vgl. Abb. 151, chemische Behandlung s. Seite 12, B, XI
- Nadelfraß durch weitere Schmetterlingsraupen auch an älteren Nadeljahrgängen (Forleule: *Panolis flammea*, Schlehenspinner: *Orgyia recens*,

Abb. 302; Spanner: z.B. *Deileptenia ribeata, Puengeleria capreolaria*; Wickler: *Acleris abietina*; Differentialdiagnose durch Fachleute; BK: s. Seite 12, B, XI/XII

- **an Trieben**
- Triebsterben durch Grauschimmel-Infektion *(Botrytis cinerea)*: Abb. 5
- Triebstauche, Honigtaubildung, Ausscheidungen von Wachswolle durch Trieb- und Stammläuse (*Dreyfusia*-Arten, *Mindarus abietinus*) oder Baumläuse *(Lachnidae)*: Abb. 4, siehe auch Nadeln, Äste, Stamm
- **an Ästen und Stamm**
- Gipfelsterben an jungen Bäumen, Aststerben durch Rindennekrose nach Pilzinfektion *(Phacidium coniferarum)*: Abb. 6
- Weißwerden von Ästen und Stamm, Honigtauausscheidung durch Trieb- und Stammläuse (*Dreyfusia*-Arten): Abb. 4, siehe auch Nadeln, Triebe
- kropfartige Wucherungen am Stamm (»Rädertanne«), Hexenbesen an Ästen mit gelblichen Sporenlagern auf letztjährigen Nadeln durch Rostpilz-Infektion *(Melampsorella caryophyllacearum)*; BK: Nelkengewächse in Nachbarschaft beachten (Wirtswechsel)
- Kolonien von Schildläusen (Kommaschildlaus: *Lepidosaphes ulmi; L. newsteadi; Nuculaspis abietis)*: vgl. Abb. 190
- Gangfraß unter der Stammrinde geschwächter Tannen durch Bastkäfer *(Hylurgops palliatus, Dendroctonus micans)* oder Tannen-, Fichten- und Kiefernborkenkäfer (*Cryphalus-, Ips-, Xyloterus*-Arten) oder Rüßler *(Pissodes piceae)*; BK: prophylaktisch für optimale Wachstumsbedingungen sorgen, befallene Bäume entfernen; PSD-Beratung
- Fraßgänge in der Rinde mit weißlichen Raupen, harzreiche Bildungen nach vorangegangenen Pilzkrankheiten durch Tannenkrebswickler/Nadelholzwickler *(Laspeyresia coniferana)*; BK: Befallsstellen ausschneiden, Wundpflege
- **an Wurzeln/Stammbasis**
- Absterbeerscheinungen durch Hallimasch-Infektion *(Armillaria* sp.): Vgl. Abb. 144

Abb. 1: Nadelverfärbung durch Frosttrocknis im Spätwinter

EM: hellbraunrote Verfärbung der Nadelspitzen oder ganzer Nadeln vorwiegend des jüngsten Nadeljahrgangs im Frühjahr besonders an Süd- und Westseiten der Krone, nach tiefen Temperaturen im Wechsel mit wärmeren Perioden

VM: Kalium-Mangel (Abb. FAW), Immissionsbelastung (Abb. FAW), in beiden Fällen chemische Nadelanalyse; Tannenborkenkäfer-Befall *(Cryphalus piceae)*, hier aber mit Fraßschaden und Einbohrloch an Triebbasis (Abb. FAW)

BK: gute Wasser- und Nährstoffversorgung; im Spätsommer keine N-Düngung, aber K-Versorgung sicherstellen

Abb. 2: Nadelverbräunung durch Pilzinfektion (*Rhizosphaera* spp.)

EM: braune Fleckung und vollständige Nadelverbräunung; kleine, dunkle, kugelige Pilzfruchtkörper auf Nadelunterseite (Lupe)

VM: andere Pilzinfektionen, Differentialdiagnose durch Fachleute; Frosttrocknis (Abb. 1)

BK: nicht erforderlich

Abb. 3: Nadelverfärbung an Nordmannstanne durch unsachgemäße Herbizidanwendung (Amitrol)

EM: Chlorose und Ausbleichen der jüngsten Nadeln von der Nadelspitze her im unteren Kronenbereich; Herbizidwirkung an benachbarter Flora; Nadelanalyse

VM: Nährstoffmangelerscheinung (Abb. FAW)

BK: falls chemische Unkrautbekämpfung unvermeidbar, Anwendungsvorschriften exakt beachten

a

b

c

d

Abb. 4: Saugschäden durch Trieb- und Stammläuse *(Dreyfusia*-Arten, *Mindarus abietinus)* oder Baumläuse *(Lachnidae)*

EM: Nadelverkrümmung zur Unterseite durch Läuse an Nadeln und jungen Trieben, »Weißwerden« der Bäume durch Ausscheidung von Wachswolle: *Dreyfusia*-Arten (a); Nadelverkrümmung zur Oberseite durch Läuse an sich verbiegenden Maitrieben (b): Weißtannentrieblaus *(Mindarus abietinus)*, c) hier an *A. nordmanniana*; Triebstauchungen, Läusekolonien mit starker Honigtaubildung an Ästen und jungen Stämmen (d): *Lachnidae (Buchneria pectinatae, Todolachnus abieticola)*, Abwanderung ins Wurzelsystem zum Winter

VM: Differentialdiagnose durch Fachleute

BK: zugekauftes Pflanzenmaterial auf Befall kontrollieren; chemische Behandlung s. Seite 11, B, I

Abb. 5: Absterben junger Triebe durch Grauschimmelinfektion *(Botrytis cinerea)*

EM: Welken und Absterben in der Mitte geknickter Triebspitzen mit verfärbten Nadeln; bei feuchter Witterung besonders im Frühjahr graubraune Pilzfäden mit silbergrauen Sporen (Lupe)

VM: Spätfrostschaden (vgl. Abb. 141)

BK: Jungpflanzen bei starker Infektion chemisch behandeln (siehe Seite 10, A, III)

Abb. 6: Wipfel- und Triebsterben durch Pilzinfektion *(Phacidium coniferarum)* an Nordmannstanne

EM: kahle oder verfärbte Triebspitzen mit eingesunkener, zum grünen Teil scharf abgegrenzter, innen brauner Rinde; Einschnürungen (Pfeil) bei stammumfassender Infektion an jungen Bäumen, begrenzte Rindennekrose (»Rindenschild«) an älteren Stämmen (vgl. Abb. 195); sehr kleine, schwarze Pilzfruchtkörper auf toter Rinde; Diagnose durch Fachleute

VM: Frosttrocknis (Abb. 1)

BK: gute Wasser- und Nährstoffversorgung, da besonders geschwächte Bäume gefährdet sind; Schäden vor allem bei Douglasie und Japanischer Lärche; bei Winterästung Aststummel stehen lassen und erst im Sommer beseitigen; Wundpflege (nicht verschlossene Wunden als Eintrittspforten für den Pilz mit Drawipas oder Spisin z. B. behandeln)

Acer (Ahorn)

- **an Blättern, Knospen, Blüten**
- Blattranddürre durch Wasser- oder Kalium-Mangel oder Streusalzwirkung: Abb. FAW, vgl. Abb. 70
- gelblichweiße Verfärbung der Blattfläche mit grün gesäumten Adern durch Mangan- oder Eisen-Mangel; BK: gezielte Düngung nach chemischer Blattanalyse; vgl. Abb. 216, 233; Abb. FAW.
- Vergilbung der Blattfläche mit grün gesäumten Adern, später Nekrosen im Interkostalbereich durch Magnesium-Mangel; zuerst an älteren Blättern (Mn-Mangel: zunächst an mittelalten, Fe-Mangel: an jüngsten Blättern); BK: gezielte Düngung nach chemischer Blattanalyse
- chlorotische Fleckung, Linienmuster auf deformierten Blättern durch Virusinfektion; Abb. 7
- weiße Überzüge durch Echte Mehltaupilze (*Uncinula tulasnei, U. bicornis*): Abb. 8
- weiße Blattfleckung durch Pilzinfektion (*Cristulariella depraedans*): Abb. 9
- braune Blattfleckung durch Pilzinfektion (*Pleuroceras pseudoplatani*): Abb. 16
- schwarze Blattfleckung durch Pilzinfektion (*Rhytisma*-Arten): Abb. 17
- helle Blattfleckung durch sekundäre Pilzinfektion nach Gallmücken-Befall (*Dasineura vitrina*): Abb. 10
- silbrigweiße Sprenkelung durch Zwergzikaden-Befall (*Jassidae*): Abb. 11
- weißliche oder rötlichbraune Filzrasenflecke blattunterseits oder hornförmige und knopfartige Gallen durch Gallmilben-Befall (*Aceria*-Arten): Abb. 13, 15
- kugelige Blattgallen durch Gallwespen-Befall (*Pediaspis aceris*): Abb. 14
- Blattwelke durch Blattläuse (*Periphyllus villosus*): Abb. 12
- Läusekolonien mit weißem Wachs durch Schmierlaus-Befall (*Phenacoccus, Heliococcus* spp.): vgl. Abb. 158
- Blattfraßschäden durch Schmetterlingsraupen (Goldafter: *Euproctis chrysorrhoea*, Abb. 19; Ringelspinner: *Malacosoma neustria*, Abb. 183; Schlehenspinner: *Orgyia recens*, Abb. 302; Buchenrotschwanz: *Dasychira pudibunda*, Abb. 78; Eichenwickler: *Tortrix viridana*, Abb. 208; Ahorneule: *Acronicta aceris*, Abb. 30; andere Eulenarten, Abb. 38; BK: s. Seite 12, B, XI/XII
- **an Trieben**
- kugelige Gallen (bis 8 mm) auf Rinde junger Triebe durch Gallwespen-Befall (*Pediaspis aceris*), vgl. Abb. 14; warzenförmige, bis 2 mm hohe Gallen besonders auf Rinde der Triebachsenbasis durch Gallmilben-Befall (*Aceria*-Arten); BK: befallene Triebe entfernen
- Triebsterben durch Witterungsextreme (Frost, Trockenheit) oder Streusalzwirkung: s. Blätter
- Aststerben durch Pilzinfektion (*Verticillium*-Arten): vgl. Abb. 248

- Triebsterben durch Pilzinfektion (*Nectria cinnabarina*): Abb. 20
- Kolonien bräunlicher, halbkugelig gewölbter Napfschildläuse (*Parthenolecanium-Eulecanium*-Arten): vgl. Abb. 292; *Pulvinaria betulae*: vgl. Abb. 29
- **an Ästen und Stamm**
- Aststerben, Rindennekrose am Stamm, »Rotpustelkrankheit« (*Nectria cinnabarina*): Abb. 20
- pockenartige Auftreibungen und Verdickungen an Ästen, Schildläuse in Vertiefungen durch Weidenschildlaus-Befall (*Chionaspis salicis*); BK: s. Seite 11, B, IV
- Schildlauskolonien (*Parthenolecanium, Eulecanium* spp.): vgl. Abb. 292; *Pulvinaria betulae*: Abb. 29
- Aufreißen und Abblättern der Rinde an Jungbäumen im Frühjahr durch Saugschaden der Grünen Zwergzikade (*Tettigella viridis*): vgl. Abb. 11
- Fraßgänge im Stamm durch Raupen des Weidenbohrers (*Cossus cossus*), vgl. Abb. 267; auch durch Raupen von Blausieb (*Zeuzera pyrina*), vgl. Abb. 174
- Frostrisse nach intensiven Strahlungsfrösten und Temperaturschwankungen: Abb. 21
- **an Stammbasis/Wurzeln**
- an Wurzeln von Bergahorn rundliche, bräunliche, einkammerige, zum Teil miteinander verwachsene Gallen (bis 9 mm), fleischig, später verholzend durch Gallwespen-Befall (*Pediaspis aceris*), s. Blätter: Abb. 14
- bräunliche Gallen ohne Kammer an Wurzeln durch Wurzelgallenälchen (*Meloidogyne* sp.): vgl. Abb. 32

a

b

c

Abb. 7: Chlorotische Verfärbung und Blattdeformation durch Virusinfektion

EM: chlorotische, teilweise mosaikartige Scheckung, Linienmuster, Deformation der Blattspreite; Virusnachweis durch Fachleute

VM: Gallmilben-, Blattlaus-Befall, Frühstadium von Mehltauinfektion (Abb. 8, 15)

BK: nicht möglich; infizierte Bäume nicht als Vermehrungsmaterial benutzen (vermutlich samenübertragbares Virus)

Abb. 8: Blattverfärbung durch Echte Mehltaupilze (*Uncinula tulasnei*, a: *Acer negundo*, b: *A. pseudoplatanus*; *U. bicornis*, c: *A. platanoides*)

EM: chlorotisch/nekrotische Blattfleckung, weißer Belag blattober- und/oder blattunterseits, später mit winzigen, kugeligen Pilzfruchtkörpern (Lupe); Differentialdiagnose durch Fachleute

VM: chlorotische Fleckung durch Virusinfektion (Abb. 7), Gallmilben-Befall (Abb. 15)

BK: s. Seite 10, A, I

Abb. 9: Blattfleckung durch Pilzinfektion, »Weißfleckigkeit« (*Cristulariella depraedans*)

EM: kleine, runde, grauweiße, am Rand hellbraune Blattflecke; sehr kleine, langgestielte, weiße Sporenköpfchen (Lupe, Mikro) blattunterseits, Gewebe im Zentrum der Flecken später herausbrechend

VM: andere Blattfleckenerreger (Abb. 10, 16)

BK: hohe Feuchtigkeit durch Auslichten im unteren Baumbereich vermeiden; siehe auch Seite 10, A, VII

Abb. 10: Blattfleckung durch sekundäre Pilzentwicklung nach Gallmücken-Befall (*Dasineura vitrina*)

EM: 4–7 mm breite Galle, unterseits mit durchscheinender, gewölbter Wand (»Fenstergalle«), im Zentrum grün; breite, hellbraune Zone durch sekundäre Pilzinfektion (z. B. *Kabatiella apocrypta*, *Cladosporium* sp.)

VM: andere Blattfleckenerreger (Abb. 9, 16)

BK: nicht erforderlich

Abb. 11: Silbrigweiße Sprenkelung durch Zwergzikaden-Befall (*Jassidae*, an Ahorn vor allem die polyphage Art *Tettigella viridis*)

EM: Saugstellen als winzige, eckige, weiße Flecke (Lupe), Zikaden (vgl. Abb. 54); Abblättern der Rinde an jungen Stämmen im Frühjahr durch Saugschäden

VM: Sprenkelung durch Witterungseinflüsse (dann aber bräunlich); Spinnmilben (vgl. Abb. 168)

BK: s. Seite 11, B. II an Jungbäumen

Abb. 12: Blattwelke durch Blattlaus-Befall (*Periphyllus villosus*)

EM: Kolonien ungeflügelter, gelblicher Blattläuse blattunterseits entlang kleiner Adern, an Blattstielen und Blüten; geringe Honigtaubildung

VM: andere Borstenlaus-Arten (*Chaetophoria* spp., *Chaetophorella aceris*) mit starker Honigtaubildung, Blattdeformationen; Differentialdiagnose durch Fachleute

BK: s. Seite 11, B, I an Jungbäumen

Abb. 13: Blattgallen durch Gallmilben-Befall (*Aceria macrorrhyncha*)

EM: hörnchen- oder knopfförmige, rötliche Gallen (2–4 mm lang) meist blattoberseits mit Öffnung blattunterseits, Gallmilben (Mikro)

VM: ähnliche Gallen in Blattadernwinkeln (*A. macrochela*)

BK: nicht erforderlich

Abb. 14: Blattgallen durch Gallwespen-Befall (*Pediaspis aceris*)

EM: geschlossene, meist kahle, gelbliche bis rötliche Gallen blattunterseits mit ovaler Scheibe oberseits (6–8 mm Durchmesser), einkammerig

VM: andere Gallenbildungen (Spezialliteratur)

BK: nicht erforderlich

Abb. 15: Blattdeformation mit weißlichem bis rötlichbraunem Filzrasen durch Gallmilben-Befall (*Aceria pseudoplatani*) an Bergahorn

EM: fleckenförmige Filzrasen blattunterseits, Flächen auf der Gegenseite aufgewölbt, Gallmilben im Filzrasen (Mikro); bei Spitzahorn: *Aceria platanoidea*; Differenzierung von Arten und Unterarten aufgrund der Haarmorphologie des Filzrasens (Mikro)

VM: andere Gallmilben

BK: nicht erforderlich

Abb. 16: Blattbräune durch Pilzinfektion (*Pleuroceras pseudoplatani*)

EM: bräunliche, 2–5 cm große Blattflecke, anfangs mit fingerartig sich auflösendem, dunklem Rand, dunkle Adernnekrose blattunterseits; Deformation und vorzeitiger Blattfall; winzige Pilzfruchtkörper (Lupe) auf Blattadern

VM: andere Pilze (Abb. 9, 10, 18)

BK: abgefallene Blätter entfernen

Abb. 17: Schwarze Blattfleckung durch Pilzinfektion, »Teerflecke« (*Rhytisma*-Arten)

EM: zunächst gelbliche Flecke blattoberseits, später zusammenhängend dick, schwarz, glänzend (*R. acerinum* an verschiedenen *Acer*-Arten) oder entsprechende Flecke punktförmig zusammengesetzt (*R. punctatum* an Bergahorn)

VM: im Frühstadium mit anderen Pilzinfektionen; Gallmilben-Befall

BK: abgefallene Blätter entfernen

Abb. 18: Blattfleckung durch Pilzinfektion (*Didymosporina aceris*)

EM: unregelmäßige, braune, bei Trockenheit ockerfarbige Flecke, nekrotisches Gewebe reißt auf

VM: andere Blattfleckenerreger (Abb. 9, 16)

BK: abgefallene Blätter entfernen

Abb. 19: Blattfraßschäden durch Raupen von Goldafter (*Euproctis chrysorrhoea*)

EM: große Raupennester (auch als Winternester) mit graubraunen, behaarten, 3 cm langen Raupen; mit Afterwolle bedeckte Eigelege an Zweigen, Stamm oder Blattunterseiten; Kahlfraß im Frühjahr besonders an Straßen (Autobahn) an zahlreichen Gehölzarten

VM: Fraßschäden durch andere Schmetterlingsraupen (siehe Übersicht)

BK: Raupennester im Winter ausschneiden, Eigelege vernichten (Handschuhe tragen, allergische Reaktion der Haut!)

Abb. 20, links: Absterbeerscheinungen an Trieben, Ästen und jungen Stämmen durch Pilzinfektion, »Rotpustelkrankheit« (*Nectria cinnabarina*)

EM: Triebwelke durch Rindennekrosen an Ästen und Stamm; auf toter Rinde stecknadelkopfgroße, rote oder blaßrötliche Pilzfruchtkörper besonders im Winter

VM: Triebsterben durch Witterungsextreme, Streusalzeinwirkung

BK: Wundpflege (s. Abb. 6); Schwächung von Bäumen durch gute Wasser- und Nährstoffversorgung beheben; erkrankte Triebe entfernen

Abb. 21, rechts: Frostschaden nach intensiven Strahlungsfrösten und starken Temperaturschwankungen

EM: longitudinales Aufreißen der Rinde in Stammfußnähe mit mehr oder weniger ausgedehnten Kambiumschäden; bevorzugt auf der Süd- und Südwestseite bis zu 1 m Länge; später weit auseinanderklaffende Wundränder mit Überwallungen

VM: »Falsche Frostrisse« durch Aufreißen des Stammholzes und der Rinde von innen nach außen aufgrund früherer Kambiumverletzungen oder Holzfäulen (vgl. Abb. 213)

BK: Behandlung mit Wundverschlußmitteln (s. Abb. 6)

Aesculus (Roßkastanie)

- **an Blättern**
- chlorotisch/nektrotische Verfärbung der Blattränder durch Kalium-Mangel: Abb. 22
- Verbräunung und Vertrocknung der Blattränder durch Streusalzeinwirkung: Abb. 23
- Blattvergilbung, Gelbmosaik durch Virusinfektion (Ilarvirus-Gruppe)
- chlorotische bis nekrotische Ringfleckung durch Virusinfektion (Latentes Erdbeer-Ringfleckenvirus): vgl. Abb. 176
- braune Blattfleckung und Blattrollen durch Pilzinfektion (*Guignardia aesculi*): Abb. 25
- eckige Nekrosen durch Kastanienspinnmilben-Befall (*Eotetranychus aesculi*): Abb. 26
- fahle Blattverfärbung und -vertrocknung, Spinnfäden mit Milben (Lupe) durch »Rote Spinne« (*Metatetranychus ulmi*): vgl. Abb. 258
- Ausstülpungen auf der Blattfläche mit Haarfilz blattunterseits in Adernwinkeln durch Gallmilben-Befall (*Vasates hipocastani*): vgl. Abb. 15
- Blätter nach unten gerollt durch Blattlaus-Befall (*Aphis fabae*): vgl. Abb. 69
- zerfranste Blätter durch Hagelschlag oder Spätfrost: Abb. 24
- Fraß an jungen Blättern durch Feldmaikäfer (*Melolontha melolontha*): vgl. Abb. 210
- Blattfraß durch Schmetterlingsraupen (z.B. Buchenrotschwanz: *Dasychira pudibunda*, Abb. 78, Ahorneule: *Acronicta aceris*, Abb. 30)
- Läuse mit weißem Wachs an Blättern und Zweigen durch Schmierlaus-Befall (*Phenacoccus aceris*; *Heliococcus bohemicus*): vgl. Abb. 103, 158
- **an Trieben**
- Triebwelke und -vertrocknung, auf toter Rinde rote, stecknadelkopfgroße Pilzfruchtkörper im Winter durch Pilzinfektion (*Nectria cinnabarina*); s. Äste und Stamm
- Triebwelke und Absterben erkrankter Äste durch Pilzinfektion (*Verticillium* sp.): Abb. 27
- Triebsterben durch Bohrfraß von Raupen des Roßkastanienbohrers (Blausieb: *Zeuzera pyrina*); vgl. Abb. 174
- **an Ästen und Stamm**
- Rindennekrose besonders an Verletzungsstellen und vor allem an geschwächten Bäumen durch Pilzinfektion (*Nectria cinnabarina*), s. auch Triebe: vgl. Abb. 20
- Weißfäule in Ästen und Stamm, konsolenförmige Pilzfruchtkörper (*Trametes*-Arten): Abb. 28
- Fraßgänge im Holz durch Roßkastanienbohrer (*Zeuzera pyrina*), s. Triebe
- Schildlaus-Befall an Ästen und Stamm (Wollige Napfschildlaus: *Pulvinaria betulae*): Abb. 29; Zweigdeformation durch *Epidiaspis leperi*; Napfschildlaus (*Eulecanium tiliae*): vgl. Abb. 292

Abb. 22: Chlorotisch/nekrotische Blattverfärbung durch Kalium-Mangel
EM: von der Spitze der Einzelblättchen über die Ränder fortschreitende chlorotische Verfärbung, später fleckige Nekrose an den Blatträndern; chemische Analyse
VM: Streusalzeinwirkung (Abb. 23), Magnesium-Mangel, Dürreschäden (vgl. Abb. 70)
BK: gezielte Düngung

Abb. 23: Blattverfärbung durch Streusalzeinwirkung
EM: an Straßen- und Wegrandbäumen Blattränder im Frühjahr braun und vertrocknet, nach innen zu chlorotisch; bei starker Schädigung frühzeitiger Blattverlust; chemische Analyse
VM: Kalium-Mangel (Abb. 22); Dürreschäden (vgl. Abb. 70)
BK: sparsamer Umgang mit chloridhaltigem Streusalz; gründliches Wässern zur Salzauswaschung gegen Winterende

Abb. 24: Mechanische Blattschäden durch Hagelschlag
EM: durchlöcherte oder zerfranste Blätter, später mit abgestorbenen, braunen Blattpartien
VM: Schlitzblättrigkeit nach Spätfrosteinwirkung (hier jedoch mehr oder weniger gleichmäßiges Absterben des Gewebes zwischen den sekundären Blattadern)
BK: keine

Abb. 25: Blattbräune durch Pilzinfektion (*Guignardia aesculi*)

EM: braunc, oft gelb umrandete Flecke, Einrollen der Blattränder, Blattfall; schwarze Pilzfruchtkörper im nekrotischen Gewebe (Lupe)

VM: Streusalzschäden (Abb. 23), Kalium-Mangel (Abb. 22), Trockenschäden

BK: abgefallene Blätter und Herbstlaub entfernen

Abb. 26: Blattfleckung durch Kastanienspinnmilbe (*Eotetranychus aesculi*)

EM: zusammenhängende, scharf umgrenzte, zackenartige Nekrosen längs der Hauptblattadern; Milben blattunterseits (Lupe)

VM: keine

BK: nicht erforderlich

Abb. 27: Welke und Triebsterben durch Pilzinfektion (*Verticillium* sp.)
EM: welkende und absterbende Triebe und Äste mit bräunlicher Verfärbung im Gefäßbündelring (Astquerschnitt, vgl. Abb. 248)
VM: andere Pilzinfektionen (*Nectria cinnabarina*, vgl. Abb. 20); Bohrfraß durch Raupen des Roßkastanienbohrers (Blausieb, *Zeuzera pyrina*, Abb. 174)
BK: erkrankte Äste abschneiden, schwer erkrankte Bäume roden

Abb. 28: Fäule an Stamm und Ästen durch holzzerstörende Pilze (*Trametes*-Arten)
EM: Weißfäule im Holz; außen oft konsolenförmige Pilzfruchtkörper z. B. von Schmetterlingsporling (*Trametes versicolor*): 5–8 cm große Hüte mit bunter, seidenglänzender, konzentrischer Zonierung oberseits, gelblichweiße Röhrenschicht unterseits (links). Striegelige Tramete (*Trametes hirsuta*): Hüte mit grauen oder gelblichen Haaren oberseits, gelblichweiße Röhrenschicht unterseits (rechts)
VM: andere Pilze mit konsolenförmigen Fruchtkörpern, z. B. Schwefelporling (Abb. 236)
BK: Verhütung von Rindenverletzungen; Wundpflege nach Ästung, Frostrißbildung und Beschädigung (Eintrittspforten der Pilze); stark erkrankte Bäume entfernen (Windbruchgefahr)

a

b

Abb. 29: Saugschäden durch Wollige Napfschildlaus (*Pulvinaria betulae,* a, b)

EM: braune, kahnförmige, 4–6 mm große Schilde (Weibchen) mit schneeweißen, hohen Eisäcken (b) (bis 3mal so lang wie Weibchen); geflügelte Männchen im September; Überwinterung an dünnen Zweigen, zur Eiablage im Frühjahr bis Sommer an Ästen und Stamm; polyphag, *P. vitis* früher vor allem an Weinreben schädlich

VM: andere Schild- und Schmierläuse (vgl. Abb. 158, 292)

BK: bei Befall von Jungbäumen chemisch behandeln (s. Seite 11, B, IV)

Abb. 30: Blattfraß durch Raupen der Ahorneule (*Acronicta aceris*)

EM: Skelettierfraß durch 4–5 cm lange, stark behaarte Raupen; zunächst schwarz, gelbgrau, dann gelbbraun mit langen, gelbroten Lateralbüscheln und schwarzbraunem Kopf; auffallend auf jedem Segment ein weißer, schwarz gesäumter Fleck; Raupe in Ruhelage eingerollt; Anwesenheit durch groben Kot erkennbar; polyphag

VM: andere Schmetterlingsraupen

BK: an Jungbäumen Raupen absammeln (abends); bei starkem Befall biologisch/chemisch bekämpfen (s. Seite 12, B, XI)

Berberis (Berberitze)

- **an Blättern, Knospen, Blüten**
- Blattdeformation mit orangefarbigen Pilzfruchtkörpern blattunterseits durch Rostpilzinfektion (*Puccinia graminis, P. brachypodii*); *Berberis* ist Zwischenwirt für *Puccinina graminis*-Getreiderost; BK: erkrankte Blätter und Triebe entfernen
- Blattdeformation und Triebstauche bei starkem Befall durch Gelbe Berberitzenlaus (*Liosomaphis berberidis*); BK: chemische Behandlung s. Seite 11, B, I
- weißlicher Überzug auf Blättern oder weißlicher Pilzrasen blattunterseits durch Echte Mehltaupilze (*Microsphaera berberidis* bzw. *Phyllactinia berberidis*): Abb. 31
- **an Trieben**
- hexenbesenartig deformierte Triebe mit gelben Pilzfruchtkörpern blattunterseits durch Rostpilzinfektion (*Puccinia arrhenatheri*); BK: erkrankte Triebe entfernen
- rötlichbraune Anschwellungen an Triebseiten, vielkammerige Gallen mit Larven von Gallmücken (*Lasioptera berberina*); BK: befallene Triebe abschneiden
- **an Wurzeln**
- knötchenförmige Anschwellungen durch Wurzelgallenälchen (*Meloidogyne* spp.): Abb. 32

a

b

Abb. 31: Blattfleckung und weißlicher Überzug durch Infektion Echter Mehltaupilze (*Phyllactinia berberidis* (a) und *Microsphaera berberidis* (b)

EM: *Phyllactinia berberidis*: chlorotische, später braune Flecke blattoberseits, weißlicher bis grauer Pilzrasen blattunterseits (Lupe), *Microsphaera berberidis*: weißlicher Überzug auf beiden Blattseiten

VM: keine

BK: bei starker Erkrankung s. Seite 10, A, I

Abb. 32: Absterbeerscheinungen durch Wurzelgallenälchen-Befall (*Meloidogyne* spp.)

EM: knötchenartige Anschwellungen an Wurzeln und Stammgrund, Nematodennachweis (Mikro) durch Fachleute

VM: Bakterieninfektion (»Wurzelkropf«, *Agrobacterium tumefaciens*) vgl. Abb. 132

BK: befallene Pflanzen mit Wurzelballen einschließlich kontaminierter Erde entfernen (großer Wirtspflanzenkreis!), siehe auch Seite 12, B, XV

Betula (Birke)

- **an Blättern, Knospen, Blüten**
- chlorotische Fleckung, Kleinblättrigkeit, Blattdeformation durch Virusinfektion (Kirschenblattrollvirus): Abb. 33
- Blattvergilbung, Blattrandvertrocknung, vorzeitiger Blattfall im Sommer durch anhaltende Trockenheit: vgl. Abb. FAW
- chlorotische Blattfleckung, Vergilbung, orangefarbige Sporenlager blattunterseits durch Rostpilzinfektion (*Melampsoridium betulinum*): Abb. 34
- Blattfleckung mit weißem Belag blattunterseits durch Mehltaupilz-Infektion (*Phyllactinia guttata*): Abb. 35
- kleine, schwärzliche Blattflecke, vorzeitige Vergilbung durch Pilzinfektion (*Discula betulina*): Abb. 36
- knötchenförmige, rötliche bis braune Gallen (1,5 mm) auf beiden Blattseiten hervortretend oder beutelförmige Gallen (3 mm) blattoberseits oder weißlichbräunlicher Haarfilz in Blattwinkeln blattunterseits durch Gallmilben-Befall (*Eriophyes-*, *Aceria*-Arten) oder hornförmige bis warzenartige Gallen an Blattstielen, Blattadern (*Cecidophyes betulae*); farbige Gallen an Blättern, Blattadern, Blattstielen, auch Blütendeformation mit weißlichen, später rötlichen oder gelben Larven von Gallmücken (*Massalongia rubra*, *Anisostephus betulinum*); BK: nicht erforderlich, vgl. Abb. 13, 15, 301
- Blattminen durch Minierfliegen (*Agromyza*-Arten); BK: nicht erforderlich, vgl. Abb. 110
- Fraßschäden durch Schmetterlingsraupen an Blättern, teilweise an Blüten oder in Knospen (Gabelschwanz: *Cerura*-Arten; Weidenspinner: *Leucoma salicis*; Schlehenspinner: *Orgyia recens*, Abb. 302; Ringelspinner: *Malacosoma neustria*, Abb. 183; Birkennestspinner: *Eriogaster lanestris*; Eulen-Arten: *Cymatophora* spp., *Polyploca* spp., *Mamestra* spp., *Agrotis* spp., *Cosmia* spp.: Abb. 38, 246; Birken- und Erlenblütenmotten: *Argyresthia*-Arten; Gespinstmotten: *Swammerdamia heroldella*, *Yponomeuta* spp., vgl. Abb. 66; Fraß in Knospen durch Birkengallenwickler und Haselnußwickler: *Epiblema*-Arten; Blütenkätzchendeformation durch *Epinotia*-Arten; Minierfraß mit sackförmig ausgeschnittenen Blattpartien durch Raupen von Erzglanzmotte: *Heliozela betulae* oder Blattütenmotte: *Gracilaria betulicola*, Abb. 37); BK: s. Seite 12, B. XI/XII
- Fraßschäden durch Käfer und Käferlarven (Feldmaikäfer: *Melolontha melolontha*, Abb. 210; Blauer Erlenblattkäfer: *Agelastica alni*, Abb. 185)
- Minierfraß durch Rüsselkäferlarven (*Rhamphus pulicarius*)
- zigarrenförmige Blattwickel oder Einrollung von Triebspitzen mit Käferlarven (*Deporaus betulae* bzw. *Byctiscus betulae*): Abb. 37
- Blattfraß vom Rand her durch Blattwespenlarven (*Croesus septentrionalis*): Abb. 39
- Läuse mit weißem Wachs an Blättern und Zweigen durch Befall der Gemeinen Schmierlaus (*Phenacoccus aceris*): vgl. Abb. 103

- blasige Auftreibungen, Blattkräuselung mit Blattlauskolonien (*Mansakia betulina*: violettrote Läuse mit Wachsüberzug; *Calaphis-*, *Betulaphis-*, *Glyphina*-Arten); BK: s. Seite 11, B, I
- Knospenschwellungen, bisweilen zu kleinen, hexenbesenartigen Gebilden austreibend durch Gallmilben-Befall (*Aceria calycophthira*); BK: nicht erforderlich
- **an Trieben**
- Triebspitzensterben besonders an geschwächten Jungbäumen, braunschwarze, warzenförmige Pilzfruchtkörper auf der Rinde durch Pilzinfektion (*Myxosporium devastans*); BK: erkrankte Triebe abschneiden
- Triebsterben durch Trockenheit oder Virusinfektion, siehe Blätter
- Triebanschwellungen, Fraßgang im Inneren mit Raupe von Erzglanzmotte (*Heliozela betulae*); BK: befallene Triebe abschneiden
- Triebachsenanschwellungen, Fraßgang im Inneren mit grünlicher Raupe und hellbraunem Kopf, in eingerollten Blättern ältere Raupe des Birkengallenwicklers (*Epinotia tetraquetrana*); BK: befallene Triebe abschneiden
- Triebdeformation, Absterbeerscheinungen durch Schildlaus-Befall (Weidenschildlaus: *Chionaspis salicis*; Gemeine Napfschildlaus: *Parthenolecanium corni*; *P. rufulum*, vgl. Abb. 292; Haselschildlaus: *Eulecanium coryli*; *E. tiliae*; Gemeine Kommaschildlaus: *Lepidosaphes ulmi*, vgl. Abb. 190
- Triebschwellungen mit Fraßgängen im Inneren durch Käferlarven des Erlenrüßlers, »Erlenwürger« (*Cryptorrhynchus lapathi*); BK: befallene Triebe abschneiden
- **an Ästen und Stamm**
- Hexenbesen durch Pilzinfektion (*Taphrina betulina*): Abb. 40
- knotenförmige oder offene Krebswunden durch Pilzinfektion (*Nectria ditissima*): vgl. Abb. 20, 232
- Wollige Napfschildlaus-Kolonien (*Pulvinaria betulae*): vgl. Abb. 29
- Absterbeerscheinungen durch Fraßgänge mit Auswurflöchern durch Raupen oder Käferlarven (Weidenbohrer: *Cossus cossus*, Abb. 267; Blausieb: *Zeuzera pyrina*, Abb. 174; Erlenrüßler *Cryptorrhynchus lapathi*), BK: befallene Bäume oder Baumteile entfernen
- Weißfäule oder Braunfäule im Holz durch Pilzinfektion, konsolenförmige Pilzfruchtkörper (*Fomes fomentarius, Fomitopsis pinicola, Piptoporus betulinus*): Abb. 41, 42
- **an Wurzeln/Stammbasis**
- knollenförmige Wucherungen an Wurzeln, »Wurzelkropf« durch Bakterieninfektion (*Agrobacterium tumefaciens*): vgl. Abb. 52, 132

Abb. 33, links: Chlorotische Fleckung und Blattdeformation durch Virusinfektion (Kirschenblattrollvirus)

EM: chlorotische Flecke, teilweise Linienmuster, Blattkräuselung, Kleinblättrigkeit an allmählich absterbenden Bäumen; Virusnachweis durch Fachleute

VM: Pilzinfektionen (Abb. 34, 35); Trockenschäden

BK: infizierte Bäume entfernen (Samenübertragbarkeit des Virus), nicht als Vermehrungsmaterial verwenden

Abb. 34, rechts: Blattfleckung durch Rostpilz-Infektion (*Melampsoridium betulinum*)

EM: chlorotische Fleckung und Sprenkelung blattoberseits, im Sommer gelbe bis orangefarbige, später bräunliche Sporenlager blattunterseits (Lupe)

VM: keine

BK: abgefallene Blätter entfernen; wegen Wirtswechsel mit Lärche räumlichen Abstand zwischen beiden Baumarten berücksichtigen

Abb. 35: Blattverfärbung durch Infektion des Echten Mehltaupilzes (*Phyllactinia guttata*)

EM: feine chlorotische-nekrotische Sprenkelung blattoberseits, weißer bis bräunlicher Überzug blattunterseits, später mit schwarzen, kugeligen Pilzfruchtkörpern (Lupe); bei starker Erkrankung Blattvertrocknung

VM: keine

BK: s. Seite 10, A, I

Abb. 36: Blattfleckung durch Pilzinfektion (*Discula betulina*)

EM: kleine, schwarzbraune Flecke auf vorzeitig vergilbenden Blättern; Pilzbestimmung durch Fachleute

VM: andere Pilze: *Marssonina betulae*, *Melampsoridium betulinum* (Abb. 34)

BK: nicht erforderlich

a
c

b

Abb. 37: Blattwickel durch Rüsselkäfer-Befall (*Deporaus betulae*) und Blatttütenmotte (*Gracilaria betulicola*)

EM: *Deporaus betulae* (Birkenblattroller): zigarrenförmige, später vertrocknende Blattwickel der apikalen Blattspreite (a); bis 4 mm langer Käfer mit schwarzen Flügeldecken und langem, dünnen Rüssel (b); *Gracilaria betulicola* (Birkenmotte): zunächst Faltenmine blattunterseits, dann zusammengesponnene Blattrolle(c) mit Raupe (4. Bauchfüße fehlen)

VM: Blattwickel durch andere Schmetterlingsraupen (z. B. *Heliozela betulae*, *Gracilaria populetorum*), Triebwickel durch Käfer (*Byctiscus betulae*); Differentialdiagnose durch Fachleute

BK: nicht erforderlich

Abb. 38: Blattfraß durch Schmetterlingsraupen (Eulen: *Agrotis*-, *Mamestra*-Arten u.a.)
EM: 4–5 cm lange, gelb bis graubraune, grünliche oder rötliche, fleischige, nackte, walzenförmige Raupen mit dunklem Kopf, bei Störung sofort einrollend (hier *Agrotis*); fressen nachts oberirdisch, ruhen tagsüber in Erdröhren; polyphag; andere Arten nagen an unterirdischen Pflanzenteilen (s. auch Abb. 246)
VM: andere Schmetterlingsraupen; Differentialdiagnose durch Fachleute
BK: vorbeugend gute Bodenbearbeitung im Herbst besonders unter Jungbäumen; biologische Bekämpfung s. Seite 12, B, XI

Abb. 39: Blattfraß durch Blattwespenlarven (*Croesus septentrionalis*)
EM: Fraßschaden vom Blattrand ausgehend durch raupenähnliche Larven (»Afterraupen«), oft s-förmig gekrümmt (Schreckstellung, vgl. Bild)
VM: andere Blattwespen-Arten, Differentialdiagnose durch Fachleute
BK: chemische Behandlung s. Seite 12, B, XI

a b

Abb. 40: Hexenbesen durch Pilzinfektion (*Taphrina betulina*)

EM: dichtästige, kugelige Büsche (a) nach Austrieb zahlreicher Knospen mit zwiebelförmigen Anschwellungen an der Triebbasis (Pfeil), Kleinblättrigkeit und Blattverfärbung (b); blattunterseits im Frühjahr Sporenschläuche (Mikro)

VM: Hexenbesen durch Milbenbefall (ohne Triebbasenanschwellung, Gallmilben, Mikro)

BK: meist nicht erforderlich; bei jungen Bäumen erkrankte und absterbende Teile abschneiden

a b

Abb. 41: Weißfäule und Braunfäule im Holz durch Pilzinfektion (Zunderschwamm: *Fomes fomentarius* (a) bzw. Rotrandiger Baumschwamm: *Fomitopsis pinicola*, (b)

EM: a) an Wundstellen und auf der Rinde geschwächter Bäume konsolenartige, 10–50 cm große, hellbraune bis schwärzliche Fruchtkörper mit wulstig gezonter, gewölbter Oberfläche und brauner Röhrenschicht unterseits; weißfaules Holz mit schwarzen Begrenzungslinien
b) ähnlicher Fruchtkörper wie a), oberseits anfangs orange- bis rostrot mit gelblichem Rand, Röhrenschicht gelblich bis hellbraun; braunfaules Holz brüchig und mürbe (»Würfelbruch«); oft gemeinsam mit Zunderschwamm vorkommend (besonders auch an *Fagus*; Bild hier an Fichte)

VM: andere Porlingsarten (Abb. 42, 270, 305)

BK: geschwächte Bäume durch Bodenverbesserung fördern, geschädigte Bäume entfernen (Bruchgefahr)

Abb. 42: Braunfäule im Holz durch Pilzinfektion (Birkenporling: *Piptoporus betulinus*)

EM: am Stamm konsolenartige, glatte, kahle, später rissige, ledrige, hellbraune Pilzfruchtkörper mit grauweißer Röhrenschicht unterseits; dunkelrotbraune Holzfäule

VM: andere Porlingsarten (Abb. 41, 270, 305)

BK: geschwächte, fruchtkörpertragende Bäume fällen, da Bruchgefahr besteht

Buxus (Buchsbaum)

- **an Blättern, Knospen, Blüten**
- kastanien- bis purpurbraune, polsterförmige Sporenlager (2 mm) auf beiden Blattseiten durch Rostpilzinfektion (*Puccinia buxi*): Abb. 43
- weißlicher Pilzrasen blattunterseits durch Echten Mehltaupilz (*Phyllactinia guttata*): vgl. Abb. 71, 86
- Blattfleckung durch Pilzinfektionen (*Phyllosticta*-Arten: weißliche, dunkel umrandete Flecke besonders am Blattrand; *Ascochyta buxicola*: weißliche Flecke mit braunem Rand; *Hyponectria buxi*: graue Flecke mit braunem Rand; *Mycosphaerella limbalis*; vom Blattrand ausgehende, weißliche, bis 10 mm große Flecke mit dunkelbraunem Rand); Differentialdiagnose durch Fachleute; BK: s. Seite 10, A, VII
- Deformation junger Blätter durch Blattlaus-Befall (*Aphis fabae*): vgl. Abb. 69
- löffelartig eingekrümmte Blätter durch Buchsbaumblattfloh-Befall (*Psylla buxi*): Abb. 44
- Schmierlaus-Befall (*Phenacoccus aceris*): vgl. Abb. 103
- Blattdeformation mit chlorotischer Fleckung im Mittelrippenbereich und orangegelben Larven; Blattfall bei starkem Befall durch Buchsbaumgallmücke (*Monarthropalpus buxi*); BK: s. Seite 12, B, IX
- Blatt- und Blütendeformation durch Gallmilben-Befall (*Aceria unguiculata*): Abb. 45
- **an Wurzeln**
- knötchenförmige Anschwellungen durch Wurzelgallenälchen, Nematodennachweis (Mikro) (*Meloidogyne* sp.): vgl. Abb. 32

Abb. 43: Blattfleckung durch Buchsbaumrost (*Puccinia buxi*)
EM: auf beiden Blattseiten kleine, polsterförmige, feste, dunkelbraune Sporenlager (Lupe)
VM: Blattfleckung durch andere Pilze (s. Übersicht)
BK: erkrankte Triebe entfernen

Abb. 44: Blattdeformation durch Buchsbaumblattfloh (*Psylla buxi*)
EM: löffelartig eingekrümmte, oft gelblich verfärbte Blätter, blattlausähnliche Larven mit weißen Wachsfäden und hellen Ausscheidungströpfchen (Lupe)
VM: Blattlaus-Befall (*Aphis fabae*)
BK: regelmäßiger Heckenschnitt; bei starkem Befall an kleinen Pflanzen chemisch behandeln (s. Seite 11, B, I)

Abb. 45: Blattdeformation durch Gallmilben-Befall (*Aceria unguiculata*)
EM: an den Triebspitzen Blätter mit blasenartigen Auftreibungen, Knospen zu kugelförmigen, bis 4 mm großen, schwach grau behaarten Gallen umgebildet, Gallmilben (Mikro)
VM: Buchsbaumblattfloh (Abb. 44); Buchsbaumgallmücke (*Monarthropalpus buxi*); andere Gallmilben (*Eriophyes canestrinii*)
BK: befallene Triebspitzen entfernen; chemische Behandlung s. Seite 12, B, XI

Carpinus (Hainbuche)

- **an Blättern, Knospen**
- Blattrandvertrocknung, Blattrollen, vorzeitiger Blattfall durch andauernde Trockenheit: Abb. 46
- Blattrandnekrose, diffuse braune Blattfleckung besonders auf älteren Blättern durch Pilzinfektion (*Monostichella robergei*): Abb. 47
- braune Blattfleckung durch Pilzinfektion (*Phyllosticta carpinea*); im Sommer mit vorzeitiger Blattvergilbung (*Cylindrosporella carpini*): Abb. 46; Abb. FAW
- weißlichgrauer Überzug auf beiden Blattseiten oder nur blattunterseits mit chlorotischen Flecken blattoberseits durch Echte Mehltaupilze (*Microsphaera* sp. bzw. *Phyllactinia guttata*): Abb. FAW bzw. Abb. 46
- Blattverfärbung und -vertrocknung durch Spinnmilben-Befall (*Eotetranychus carpini*), Milben mit Spinnfäden (Lupe): vgl. Abb. 168, 258
- Läuse mit weißem Wachs an Blättern und Zweigen, Gemeine Schmierlaus (*Phenacoccus aceris*): vgl. Abb. 103
- Blattdeformation mit Faltungen längs der Blattadern durch Gallmilben-Befall (*Aceria macrotricha*): Abb. 48
- Blattdeformation mit verdickter, gelblichroter Falte nach oben zwischen den Blattadern und Furche blattunterseits mit weißer Larve (Lupe) von Gallmücke (*Contarinia carpini*) oder verdickter, aufwärts gefalteter oder abwärts gekrümmter Mittelrippe mit gelblichen Larven von Gallmücke (*Aschistonyx carpinicolus*) oder mit buckeligen Anschwellungen längs der Mittelrippe blattunterseits mit gelblichweißen Larven von Gallmücke (*Zygobia carpini*); BK: nicht erforderlich
- weißliche bis rötliche Filzrasenflecke blattunterseits vor allem in Adernwinkeln durch Gallmilben-Befall (*Cecidophyes vermiformis, Aceria tenella, Phyllocoptes compressus*), Gallmilbennachweis (Mikro): vgl. Abb. 15
- nicht austreibende, angeschwollene Knospen, gelbe Larve im Inneren (Lupe) durch Gallmücken-Befall (*Contarinia trotteri*); BK: an Jungbäumen befallene Knospen frühzeitig ausschneiden
- Fraßschäden durch Schmetterlingsraupen (Skelettierfraß von gelbgrünen Raupen mit schwarzen Wärzchen, zusammengesponnene Blätter von Gespinstmotte: *Cerostoma parenthesellum*; Blattfraß durch Raupen von Kleinem Frostspanner: *Operophthera brumata*, Abb. 49; Schlehenspinner: *Orgyia recens*, Abb. 302; weitere polyphage Raupenarten von Wickler und Eulen); BK: s. Seite 12, B, XI/XII
- Fraßschaden durch Käfer und Käferlarven (Feldmaikäfer, *Melolontha melolontha*, Abb. 210; Erlenblattkäfer: *Agelastica alni*, Abb. 185)
- **an Trieben und Ästen**
- Hexenbesen durch Pilzinfektion (*Taphrina carpini*): vgl. Abb. 40
- Triebwelke und -vertrocknung, Nekrosen an Ästen und Stamm durch Pilzinfektion (*Nectria cinnabarina, Stereum rugosum*): vgl. Abb. 20, 212

- Kolonien rötlichbrauner, halbkugelig gewölbter Napfschildläuse (*Parthenolecanium-*, *Eulecanium*-Arten); Wollige Napfschildlaus (*Pulvinaria betulae*): vgl. Abb. 29, 292
- **an Wurzeln**
- knötchenförmige Anschwellungen durch Wurzelgallenälchen (*Meloidogyne* sp.): vgl. Abb. 32

Abb. 46: Blattfleckung durch Pilzinfektion (a: *Phyllosticta carpinea*; b: *Phyllactinia guttata*) und durch Trockenheit (c)
EM: a links) kleine, braune Blattflecke mit hellerem Zentrum; auch an jüngeren Blättern
b Mitte) chlorotische Fleckung blattoberseits, weißlicher Pilzrasen unterseits, später mit schwarzen Pilzfruchtkörpern (Lupe, vgl. Abb. 71)
c rechts) braune Blattrandvertrocknung, kein Mehltauüberzug
VM: andere Pilzarten (Abb. 47), Mehltauüberzug durch *Microsphaera* sp. (vgl. Abb. FAW)
BK: a) und b) regelmäßiger Heckenschnitt, abgefallene Blätter entfernen

Abb. 47: Blattfleckung durch Pilzinfektion (*Monostichella robergei*), »Blattbräune«
EM: an älteren Blättern rundliche, oft zusammenfließende, ausgedehnte, braune Flecke, welche die gesamte Blattfläche erfassen können
VM: andere Pilzarten (Abb. 46); Differentialdiagnose durch Fachleute
BK: s. Abb. 46

Abb. 48: Blattdeformation durch Gallmilben-Befall (*Aceria macrotricha*)

EM: zickzackartig verlaufende Blattadern, Faltung des Blattgewebes entlang der Adern; Milben (Mikro)

VM: keine

BK: regelmäßiger Heckenschnitt; bei starkem Befall kleinerer Pflanzen chemische Behandlung (s. Seite 12, B, IX)

Abb. 49: Blattfraß durch Raupen des Kleinen Frostspanners (*Operophthera brumata*)

EM: Eiraupen besiedeln treibende Knospen, erwachsene, ca. 2 cm lange, hellgrüne bis bläulichgrüne Raupen mit weißen Seitenlinien fressen in lose zusammengesponnenen Blättern; Entwicklungsdauer 25–40 Tage; typische hufeisenförmige Stellung und »spannende« Fortbewegung

VM: andere Schmetterlingsraupen (siehe Übersicht)

BK: s. Seite 12, B, XI/XII

Castanea (Edelkastanie)

- **an Blättern, Früchten**
- weißlicher, mehlartiger Überzug auf beiden Blattseiten oder blattunterseits durch Echte Mehltaupilze (*Microsphaera alphitoides*; *Phyllactinia guttata*): vgl. Abb. 203, 71
- Blattfleckung durch Pilzinfektionen (*Ciborinia candolleana*: rundliche, gelbe und später braune Flecke; *Colletotrichum trichellum*; *Phyllosticta*-Arten: rundliche, ockerfarbige, verblassende Flecke mit dunklem Rand; *Septoria castaneae*: eckige, dunkelbraune Flecke); Differentialdiagnose durch Fachleute; BK: abgefallene Blätter regelmäßig entfernen
- Blattvergilbung durch Pilzinfektion am Stammgrund, »Tintenkrankheit«, siehe Wurzeln/Stammbasis
- Verfärbung durch Saugschäden blattoberseits, rötliche Milben mit Spinnfäden (Lupe) blattunterseits der Obstbaumspinnmilbe (»Rote Spinne«: *Metatetranychus ulmi*): vgl. Abb. 168, 258
- Blattlauskolonien an jungen Blättern und Triebspitzen (*Myzocallis castanicola*); BK: bei starkem Befall Jungbäume chemisch behandeln, s. Seite 11, B, I
- an Blättern und Zweigen Läuse mit weißem Wachs der Gemeinen Schmierlaus (*Phenacoccus aceris*): vgl. Abb. 103
- halbkugelig gewölbte, rötlichbraune Schildläuse blattunterseits und an jungen Trieben, Napfschildläuse (*Parthenolecanium*-, *Eulecanium*-Arten): vgl. Abb. 292
- büchsenförmige Rolle aus angeschnittenen Blatteilen durch Rüsselkäfer-Befall (*Attelabus nitens*): vgl. Abb. 207
- ausgefressene Früchte mit Einstichlöchern durch Käfer-Befall von Edelkastanienbohrer (*Balaninus elephas*); BK: an jungen Bäumen Käfer abschütteln und einsammeln, befallene Früchte vernichten, Boden im Kronenbereich vegetationsfrei halten, vgl. Abb. 57
- Blattfraß durch Schmetterlingsraupen (Ringelspinner: *Malacosoma neustria*, Abb. 183; Schwammspinner: *Lymantria dispar*, Abb. 302; Mondvogel: *Phalera bucephala*, Abb. 208; Buchenrotschwanz: *Dasychira pudibunda*, Abb. 78; Ahorneule: *Acronicta aceris*: Abb. 30 und andere Raupenarten); BK: s. Seite 12, B, XI/XII
- Blattfraß an jungen Blättern durch Maikäfer (*Melolontha*-Arten): vgl. Abb. 210
- **an Trieben**
- Welke und Vertrocknung junger Triebe durch Spätfrost
- Triebwelke und Aststerben, Absterben junger Bäume durch Pilzinfektion (*Verticillium alboatrum*): vgl. Abb. 27, 248
- Napfschildlaus- oder Schmierlauskolonien an jungen Trieben, siehe Blätter
- **an Ästen und Stamm**
- rötlichbraune, später eingesunkene und aufreißende Rindenläsionen,

Absterbeerscheinungen und Astwelke durch Pilzinfektion, »Rindenkrebs« (*Cryphonectria parasitica*): Abb. 50
- Aststerben, rote, stecknadelkopfgroße Pilzfruchtkörper auf toter Rinde durch Pilzinfektion (*Nectria*-Arten): vgl. Abb. 20

an Wurzeln/Stammbasis
- Rindenläsionen an Stammbasis, bei Anschnitt braunviolette Verfärbung des Kambiums und Splintholzes, »Tintenkrankheit« durch Pilzinfektion (*Phytophthora cambivora*): Abb. 50

a

b

c

Abb. 50: Absterbeerscheinungen durch Pilzinfektion (a, b: *Cryphonectria parasitica*; c: *Phytophthora cambivora)*

EM: a, b) »Rindenkrebs«: Welke, Ast- und Baumsterben (a) durch rötlichbraune, später einsinkende und in Längsspalten aufreißende Rindenläsionen (b), Pilzfäden zwischen Rinde und Holz; (c) »Tintenkrankheit«: Blattvergilbung, zungenförmig aufsteigende, schwarzbraune Verfärbung des Kambiums an Stammbasis (Anschnitt); nur im maritimen Klimabereich

VM: Differentialdiagnose durch Fachleute

BK: Anpflanzung Rindenkrebs-resistenter Edelkastanienformen an gefährdeten Standorten; erkrankte Bäume entfernen

Chamaecyparis (Scheinzypresse)

- **an Blättern, Trieben**
- Vergilbung durch Magnesium-Mangel: Abb. 51
- Verfärbung und Blattfall, Milben mit Spinnfäden von Nadelholzspinnmilbe (*Oligonychus ununguis*): vgl. Abb. 107
- Verfärbung und Absterbeerscheinungen durch Pilz- und Bakterieninfektion an den Wurzeln (siehe Wurzeln)
- Verbräunung und Triebvertrocknung durch Trockenperioden: vgl. Abb. 295
- Verbräunung und Triebsterben durch Streusalzeinwirkung besonders an straßenzugewandter Seite: vgl. Abb. 296
- Verbräunung und Triebsterben durch Pilzinfektionen (*Kabatina thujae, Botrytis cinerea*): vgl. Abb. 297, 278
- Verbräunung und Triebsterben durch Thujaminiermotten-Befall (*Argyresthia thuiella*): vgl. Abb. 298
- **am Stamm**
- längsverlaufende Risse besonders auf sonnenexponierter Stammseite, später mit Überwallungswülsten durch Frosteinwirkung: vgl. Abb. 21
- **an Wurzeln**
- Verfärbung nach Wurzelfäule durch Pilzinfektion (*Phytophthora*-Arten) besonders an warmen, feuchten Standorten; BK: erkrankte Bäume beseitigen, vgl. Abb. 65, 289
- Verfärbung durch knotenartige Wucherungen an Wurzeln durch Bakterien-Infektion (*Agrobacterium tumefaciens*): Abb. 52

Abb. 51: Nadelvergilbung durch Magnesium-Mangel
EM: gelbe Verfärbung von älteren zu jüngeren Nadeljahrgängen fortschreitend, jüngster Nadeljahrgang grün; chemische Analyse
VM: anderer Nährstoffmangel (Abb. FAW, Fichte); Schäden durch Trockenheit (vgl. Abb. 295)
BK: Bodenverbesserung durch entsprechende Dünger (z. B. Bittersalz), gute Wasserversorgung

Abb. 52: Fahlgrüne Verfärbung im Kronenbereich durch Bakterieninfektion an den Wurzeln (*Agrobacterium tumefaciens*), »Wurzelkropf«
EM: knotige Wucherungen an Wurzeln zu großen Krebsformen verholzend, Wurzeln sterben ab; Bakteriennachweis durch Fachleute (vgl. Abb. 132)
VM: keine
BK: Verletzungen im Wurzelbereich vermeiden (Wundparasit), erkrankte Bäume mit Wurzeln roden (großer Wirtskreis, gefährlich für viele Pflanzenarten

Corylus (Hasel)

- **an Blättern, Knospen, Blüten, Früchten**
- chlorotische Fleckung, Ringmuster und Adernbänderung durch Virusinfektion: vgl. Abb. 7, 237; BK: nicht als Vermehrungsmaterial benutzen
- weißlichgrauer Überzug blattunterseits mit schwarzen, kugeligen Pilzfruchtkörpern (Lupe) von Echtem Mehltaupilz (*Phyllactinia guttata*): vgl. Abb. 71
- Blattdeformation durch Vorwölbungen von Blattpartien oder gefalteter Blattfläche mit Larven von Gallmücken (*Mikomyia coryli, Oligotrophus tympanifex, Contarinia coryli*); BK: nicht erforderlich
- Blattkräuselung durch Blattlaus-Befall (Haselnußlaus: *Corylobium avellanae*); BK: bei starkem Befall chemische Behandlung (s. Seite 11, B, I)
- Blattdeformation mit aufreißenden Stichstellen durch Blindwanzen (*Mividae*): Abb. 53
- silbrige Sprenkelung durch Zikadensaugschaden: Abb. 54
- Blattfraß durch Blattwespenlarven (*Croesus*-Arten): vgl. Abb. 39
- Blattfraß durch Schmetterlingsraupen (Buchenrotschwanz: *Dasychira pudibunda*, Abb. 78; Eulenfalter: *Acronicta, Mamestra* spp., Abb. 30, 38, 246; Knospenwickler: *Epinotia, Spilonota* spp.; Blattrolle durch Wickler: *Batodes angustioranus*, Abb. 56; andere Raupen; BK: s. Seite 12, B, XI
- Knospendeformation durch Gallmilben-Befall (*Phytoptus avellanae*): Abb. 55
- aufgeschwollene Blütenkätzchen mit vergrößerten Schuppen und weißen, springenden Larven von Gallmücke (*Contarinia corylina*); BK: nicht erforderlich bei Zierpflanzen
- Minierfraß, Skelettierfraß oder Lochfraß durch Blattkäfer-Befall (*Zeugophora subspinosa, Clytra*-Arten, *Agelastica alni*, vgl. Abb. 185); Blattfraß durch Rüsselkäfer (*Phyllobius-, Rhynchaenus*-Arten; Pflaumenstecher: *Rhynchites cupreus; Deporaus betulae*, Abb. 37); BK: s. Seite 12, B, XIII
- Fraß in Haselnüssen, Fraßschaden an grünen Pflanzenteilen durch Käfer-Befall (Haselnußbohrer: *Balaninus nucum*): Abb. 57
- **an Trieben**
- Triebspitzenwelke mit pustelartigen Anschwellungen, Fraßgang mit Käferlarve im Holz nach Befall durch Haselbock (*Oberea linearis*); BK: befallene Triebe abschneiden
- Triebspitzenvertrocknung durch Käferfraß (*Balaninus nucum*, Abb. 57)
- Kolonien rötlichbrauner, halbkugelig gewölbter Schildläuse der Gemeinen Napfschildlaus (*Parthenolecanium corni*, vgl. Abb. 292), Haselschildlaus: *Eulecanium coryli*, Kommaschildlaus: *Lepidosaphes ulmi*, vgl. Abb. 190; *Pulvinaria betulae*: vgl. Abb. 29
- **an Ästen und Stamm**
- Fraßgänge im Splint mit Larven von Prachtkäfern (*Dicerca alni, Agrilus subauratus*) oder Splintkäfer (*Scolytus*-Arten); BK: befallene Pflanzenteile oder Sträucher entfernen (Obstbaumschädlinge)

a

b

Abb. 53: Saugschäden durch Blindwanzen (*Miridae*, z. B. *Phylus coryli*)
EM: Deformation von Blättern und Triebspitzen, nekrotisierte, aufreißende, braune Stichstellen; bis 6 mm lange, ovale Insekten (Larven hell (a), Adulte geflügelt, bräunlich (b))
VM: andere Wanzenarten, Differentialdiagnose durch Fachleute
BK: bei starkem Befall junge Sträucher am frühen Morgen chemisch behandeln s. Seite 11, B, III)

Abb. 54: Blattverfärbung durch Zikadensaugschaden:
EM: Silbrigweiße Sprenkelung, gelblichweiße bis grünliche Zikaden meist blattunterseits, bei Störung abspringend
VM: keine; vgl. auch Abb. 11, 75, 222
BK: s. Seite 11, B, II

Abb. 55: Knospendeformation durch Gallmilben-Befall (*Phytoptus avellanae*)

EM: stark vergrößerte, deformierte Knospen (hier an *Corylus colurna*), Gallmilben (Mikro); nicht selten sekundärer Befall durch Haselnußwickler *(Epiblema penkleriana)* mit Fraßschaden im Inneren durch blaßgrüne Raupe (Pfeil)

VM: keine

BK: befallene Triebe im Frühjahr entfernen

Abb. 56: Blattfraß durch Wicklerraupe (*Batodes angustioranus*)

EM: vom Rand her zusammengesponnene Blätter (Blattrolle) mit grünlicher, braun- oder grünköpfiger Raupe (15 mm); später hellbraune, festgesponnene Puppe (im Bild aus Blattrolle entnommen); kleiner Schmetterling mit dachförmig zusammengestellten, bräunlichen Flügeln; polyphager Schädling (vgl. auch Abb. 207)

VM: andere Wickler-Arten (*Archips* spp.)

BK: s. Seite 12, B, XI

a   b

Abb. 57: Fraßschaden durch Käfer des Haselnußbohrers (*Balaninus nucum*)

EM: 6–9 mm langer, brauner, gelblich gefleckter Rüsselkäfer (a); Reifungsfraß an Knospen, später Lochfraß an Blättern und jungen Trieben (Vertrocknung); Einstiche an grünen Früchten als rostrote Flecke erkennbar, Larvenfraß in der Frucht; reife, vorzeitig abfallende Haselnuß mit kreisrundem Loch durch auswandernde Larve (b)

VM: Fraßschaden an grünen Pflanzenteilen durch andere Insekten (s. Übersicht)

BK: Käfer absammeln; weitere Maßnahmen nur in Haselnußkulturen (PDS-Beratung)

Cotoneaster (Felsenmispel)

- **an Blättern, Knospen**
- gelblich-rötliche Blattverfärbung im Sommer durch andauernde Trockenheit
- rundliche, unterseits vorgewölbte, rötliche Blattflecke, auch an jungen Trieben, gelbliche Pilzfruchtkörper (Lupe) durch Rostpilzinfektion (*Gymnosporangium confusum*); BK: erkrankte Triebe und Blätter entfernen (Wirtswechsel mit *Juniperus*-Arten, vgl. Abb. 108)
- Blattdeformation durch Blattlaus-Befall (*Rhopalosiphum insertum, Aphis pomi*); BK: bei starkem Befall chemische Behandlung (s. Seite 11, B, I)
- gelblichgrüne bis bräunliche Pockengallen, blattunterseits stärker hervortretend durch Gallmilben-Befall (*Aceria aroniae*); BK: nicht erforderlich
- Blattfraß durch Schmetterlingsraupen (Ringelspinner: *Malacosoma neustria*, Abb. 183; Eulen: »Blaukopf«, *Diloba caeruleocephala*, walzenförmige, lang behaarte, bunte Raupen an warmen Standorten; Weißdornmotte: *Scythropia crataegella*, Blattfraß gesellig unter Gespinstschleier); BK: s. Seite 12, B, XI/XII
- Fraßschaden durch Rüsselkäfer, Minierfraß durch Larven (*Rhamphus oxyacanthae*); BK: s. Seite 12, B, XIII
- Blattverfärbung und Vertrocknen an trockenen Standorten durch Spinnmilben-Befall (*Tetranychus* spp.): vgl. Abb. 168, 258
- **an Trieben und Ästen**
- Triebwelke und Vertrocknung an sonnenexponierter Seite im Frühjahr durch Frosteinwirkung
- Zweigwelke und Verdorren (»Feuerbrand«) durch Bakterien-Infektion (*Erwinia amylovora*): Abb. 58
- Triebsterben an geschwächten Pflanzen durch Pilzinfektion (*Phomopsis cotoneastri*): Abb. 59
- Anschwellungen an Ästen mit Schildläusen, besonders an Wundstellen, vgl. Abb. 292; weiße Wachsausscheidungen der Blutlaus (*Eriosoma lanigerum*): vgl. Abb. 129
- warzenförmige, bis 2 mm große, rote bis braunschwarze Auswüchse auf der Rinde, Milben (Mikro) durch Gallmilben-Befall (*Aceria phloeocoptes*); BK: meist nicht erforderlich; stark befallene Triebe entfernen

Abb. 58: »Feuerbrand« durch Bakterieninfektion (*Erwinia amylovora*)

EM: oft sehr schnelle Welke und Verdorren von Trieben, Ästen oder Sträuchern; Blätter wirken wie verbrannt; Bakteriennachweis durch Fachleute

VM: Triebsterben durch Pilzinfektion (*Phomopsis cotoneastri*, Abb. 59); Frosteinwirkung

BK: meldepflichtige Krankheit! Kranke Pflanzen umgehend beseitigen (PDS-Beratung); in öffentlichen Anlagen Verzicht auf Anpflanzung anfälliger *Cotoneaster*-Sorten; gefährlicher Erreger für den Obstanbau

Abb. 59: Triebsterben durch Pilzinfektion *(Phomopsis cotoneastri)*

EM: Absterben von Triebspitzen ausgehend; Rindennekrose, Blattrandnekrose, Blattvertrocknung; nur an geschwächten Pflanzen

VM: Feuerbrand (Abb. 58); Frostschäden; Differentialdiagnose durch Fachleute

BK: erkrankte Triebe entfernen, Wachstumsbedingungen verbessern

Crataegus (Weißdorn, »Rotdorn«)

- **an Blättern, Knospen, Blüten**
- Blätter und verdickte, verbogene Jungtriebe mit weißem Belag durch Weißdornmehltaupilz (*Podosphaera oxyacanthae*); BK: luftigen, schnell abtrocknenden Standort wählen
- kleine, braune Blattflecke, Blattfall durch Pilzinfektion (*Diplocarpon maculatum*); BK: bei starker Erkrankung s. Seite 10, A, VII
- olivschwarze Blattfleckung, schwarze Beläge auf Früchten durch Schorfinfektion (*Venturia [Fusicladium] crataegi*): vgl. Abb. 126, 198
- gelbe Blattfleckung mit gelblichen bis rötlichen Sporenzäpfchen unterseits, Triebanschwellung durch Weißdornrost-Infektion (*Gymnosporangium clavariaeforme, G. confusum*): vgl. Abb. 108
- weißliche Sprenkelung und bronzeartige Verfärbung der Blätter durch Spinnmilben-Befall (*Bryobia praetiosa, Tetranychus urticae, Eotetranychus* spp.): vgl. Abb. 168, 258
- chlorotische bis rötliche, blasige Auftreibungen an Blättern, später durch Sporenschläuche weiß bereift, seltener an Blüten und Jungtrieben durch Pilzinfektion (*Taphrina crataegi*); BK: erkrankte Triebe entfernen
- Blattdeformation, Blattkräuselung mit meist rötlicher Verfärbung durch Blattlaus-Befall (*Dysaphis*-Arten): Abb. 60
- kleine buckelartige, gelbliche bis rote Emporwölbungen auf der Blattfläche, Grübchen blattunterseits mit Larven von Blattflöhen (*Psylla* spp.): vgl. Abb. 201
- hellgrüne Blattpocken beiderseits oder weiße bis violettrote Filzrasen blattunterseits oder Blattrandrollung nach unten durch Gallmilben-Befall (*Eriophyes*-Arten): vgl. Abb. 15, 67
- Schmierlaus-Befall (*Phenacoccus aceris*): vgl. Abb. 103, 68
- Deformation schopfartig angehäufter Blätter an gestauchten Triebspitzen, zwischen kleinen Blättern mit stiftartigen, rötlichen Auswüchsen, orangefarbige Larven von Gallmücken (*Dasineura crataegi*); BK: nicht erforderlich
- Schwellung nicht austreibender Knospen durch Gallmilben-Befall (*Eriophyes calycobius*) oder im Inneren mit Larve von Rüsselkäfern (*Anthonomus*-Arten, vgl. Abb. 130) oder mit weißlichen bis rötlichen Larven (Lupe) von Gallmücken (*Contarinia anthobia, Dasineura oxyacanthae*); BK: an Jungpflanzen befallene Knospen frühzeitig beseitigen
- Blattfraß durch Schmetterlingsraupen (Ringelspinner: *Malacosoma neustria*, Abb. 183; Schlehenspinner: *Orgyia recens*, Abb. 302; Goldafter: *Euproctis chrysorrhoea*, Abb. 19; Weißer Bär: *Spilosoma lubricipeda*; Blaukopf: *Diloba caeruleocephala*; Eulen-Arten: *Mamestra* spp., *Cosmia* spp., *Graphiphora augur*, vgl. Abb. 38, 246; Gespinstmotten: *Swammerdamia*-, *Yponomeuta*-Arten, vgl. Abb. 66; Weißdornmotte: *Scythropia crataegella*; Frostspanner: *Operophthora brumata*, Abb. 49; Baumweißling: *Aporia crataegi*, Abb. 61); BK: s. Seite 12, B, XI/XII

- Minierfraß von Rüsselkäferlarven (*Rhamphus oxyacanthae*); BK: s. Seite 12, B, XIII
- **an Trieben**
- Zweigwelke und Verdorren (»Feuerbrand«) durch Bakterieninfektion (*Erwinia amylovora*): Abb. 62
- Degeneration, Triebstauche, Blattverfärbung durch Mykoplasmen-ähnliche Organismen: Abb. 63
- muldenartige, umwallte Vertiefungen an jungen Trieben mit Läusen der Roten Austernschildlaus (*Epidiaspis leperi*) an warmen Standorten: BK: nach Diagnose durch Fachleute, PDS-Beratung
- Kolonien rötlichbrauner, halbkugelig gewölbter Napfschildläuse (*Parthenolecanium, Palaeolecanium* spp.) vgl. Abb. 292; *Pulvinaria betulae*: vgl. Abb. 29
- Kolonien rundlicher, schwach gewölbter, grauer Läuse an jungen Zweigen, die bei Massenbefall durch die Austernförmige Schildlaus (*Quadraspidiotus ostreaeformis*) absterben können; BK: PDS-Beratung

Abb. 60: Blattkräuselung und Verfärbung durch Blattlaus-Befall (*Dysaphis* spp.)

EM: Deformation und Kräuselung rötlich verfärbter Blätter mit Blattläusen und Häutungsresten

VM: andere Blattlausarten (an Blättern ohne Verfärbung: *Aphis fabae, A. pomi, Rhopalosiphum insertum*; an gelbgeaderten Blättern Läuse mit Wachswolle: Wollige Weißdornlaus, *Stagona crataegi*); Differentialdiagnose durch Fachleute

BK: bei starkem Befall chemische Behandlung s. Seite 11, B, I

Abb. 61: Knospen- und Blattfraß durch Raupen des Baumweißlings (*Aporia crataegi*)

EM: graue, fein behaarte, bis 5 cm lange Raupen mit braunroten Rückenstreifen; befressene, trockene, zusammengesponnene Blätter mit überwinternden Raupen an Ästen hängenbleibend; nicht ausgewachsene Raupen gesellig in Gespinsten; im Frühjahr Knospenfraß; polyphager Schädling

VM: andere Schmetterlingsraupen (s. Übersicht)

BK: s. Seite 12, B, XI, XII; Vogelschutzmaßnahmen

Abb. 62: »Feuerbrand« durch Bakterieninfektion (*Erwinia amylovora*)
EM: oft sehr schnelles Welken und Verdorren hakenförmig gekrümmter Triebspitzen bei Weißdorn und »Rotdorn«; Blätter wirken wie verbrannt; Bakteriennachweis durch Fachleute
VM: Trockenschäden
BK: meldepflichtige Krankheit! Kranke Pflanzen umgehend entfernen; PDS-Beratung; in öffentlichen Anlagen auf Anpflanzung verzichten; siehe auch *Cotoneaster, Pyracantha*

Abb. 63: Degeneration durch Mykoplasmen-ähnliche Organismen (MLO)
EM: unspezifische gelbgrüne Blattverfärbung, die im Spätsommer in Rötung übergeht (rechts); Triebstauche mit teilweise kleinen, gerollten Blättern; allmähliche Degeneration der gesamten Pflanze; Nachweis von MLO durch Fachleute
VM: Degeneration und Verfärbung durch Wurzelschädigungen oder schlechte Standortbedingungen
BK: nicht möglich; erkrankte Pflanzen entfernen

Daphne (Seidelbast)

- **an Blättern**
- Kleinblättrigkeit, mosaikartige Fleckung, Blattdeformation, Blattfall, Absterbeerscheinungen durch Virusinfektion (Potyvirus): Abb. 64
- weißlicher Überzug, Blattvertrocknung durch Echten Mehltaupilz (*Microsphaera gorlenkoi*); BK: bei beginnender Erkrankung chemische Behandlung, s. Seite 10, A, I; vgl. auch Abb. 31, 122, 203
- Blattfleckung durch Pilzinfektion (*Marssonina daphnes*: kleine, braune, schwielenartige Flecke auf Blättern und Blattstielen; *Mycosphaerella laureolae*: rundliche oder unregelmäßige, oberseits bräunliche Flecke mit schmalem, grünlichbraunem Rand, unterseits hell, 3–10 mm; *Septoria roemeriana*: rundliche, braune bis schwarze Flecke ohne Rand, bis 10 mm; *Phyllosticta carniolica*: rundliche, weißliche Flecke mit dunkelpurpurfarbigem Rand); Differentialdiagnose durch Fachleute; BK: abgefallene Blätter entfernen, gute Standortbedingungen schaffen (Halbschatten, ausreichende Bodenfeuchtigkeit); chemische Behandlung s. Seite 10, A, VII
- rötlich verfärbte, schopfartig gehäufte und verdickte Blätter an Triebspitze, im Inneren der Blattanhäufung weiße Larven von Gallmücke (*Dasineura daphnes*); BK: befallene Triebspitzen abschneiden
- **an Trieben**
- Triebwelke und Absterbeerscheinungen durch Pilzinfektion (*Phytophthora cactorum*): Abb. 65
- Triebwelke, im Triebquerschnitt verfärbter Leitbündelring durch Pilzinfektion (*Verticillium dahliae*): vgl. Abb. 248
- **an Wurzeln**
- Wurzelhals mit kropfartigen Wucherungen durch Bakterieninfektion (*Agrobacterium tumefaciens*): vgl. Abb. 132

Abb. 64: Verfärbung und Degeneration durch Virusinfektion (Potyvirus)

EM: mosaikartige Fleckung und Scheckung auf verschmälerten und oft verkleinerten Blättern, die vorzeitig abfallen; reduzierte Blütenbildung; Triebstauchung und allmähliche Degeneration der Pflanze; Virusnachweis durch Fachleute

VM: Degeneration durch Bakterieninfektion an Wurzeln

BK: nicht möglich, erkrankte Pflanzen nicht als Vermehrungsmaterial benutzen

Abb. 65: Triebwelke und Absterbeerscheinungen durch Pilzinfektion (*Phytophthora cactorum*)

EM: Welke, braune Verfärbung der Rinde und im Holz meist von der Strauchbasis ausgehend (vgl. Abb. 289); Pilznachweis durch Fachleute

VM: andere Pilzinfektionen (mit Verfärbung des Leitbündelringes im Astquerschnitt: *Verticillium dahliae*, vgl. Abb. 248)

BK: erkrankte Pflanzen entfernen; Pflanzloch über Winter offen und durchfrieren lassen; Gefahr für viele Pflanzen besonders auf nassen Standorten mit schlechter Bodenstruktur

Euonymus (Spindelbaum, Pfaffenhütchen)

- **an Blättern**
- chlorotische Fleckung und Scheckung durch Virusinfektion (Latentes Erdbeerringfleckenvirus, Spindelbaummosaikvirus); BK: erkrankte Pflanzen beseitigen
- weißer bis bräunlicher, mehlartiger Belag auf grünen Blättern und Trieben durch Echten Mehltaupilz (*Oidium euonymi*); BK: s. Seite 10, A, I
- braune Blattflecke mit chlorotischem Hof durch Pilzinfektion (*Ascochyta euonymi*) an *E. japonicus*, BK: s. Seite 10, A, VII
- schwielenartige, gekrümmte, gelbliche Auftreibungen an Blattadern und Blattstielen mit orangefarbigen Sporenlagern durch Rostpilz-Infektion (*Melampsora euonymi-caprearum*): vgl. Abb. 257
- Blattverfärbung und -vertrocknung, Spinnfäden mit Milben (Lupe), besonders an *E. japonicus* an trockenen Standorten durch Spinnmilben-Befall (*Tetranychus*-Arten): vgl. Abb. 168, 258
- Blattrand eng nach oben eingerollt durch Gallmilben-Befall (*Eriophyes convolvens*): Abb. 67
- Blattkräuselung und Blattrollen durch Blattlaus-Befall (*Aphis fabae, A. euonymi*) oder durch Schild-/Schmierläuse: Abb. 68, 69
- Minierfraß (Blasenminen), später eingerollte Blattpartien (Wickel), bleichgrüne Räupchen mit dunkelgrüner Rückenlinie und bräunlichem Kopf der Fliedermotte (*Xanthospilapteryx syringella*): vgl. Abb. 287
- Fraßschäden durch Schmetterlingsraupen (z. B. Gespinstmotte: *Yponomeuta cognatellus*): Abb. 66
- **an Trieben**
- wallartig umrandete Mulden in der Rinde mit Schildläusen der Weidenschildlaus (*Chionaspis salicis*); Kolonien der Wolligen Napfschildlaus (*Pulvinaria betulae*): vgl. Abb. 29
- **an Wurzeln/Stammbasis**
- kropfartige, verholzende Wucherungen (»Wurzelkropf«) durch Bakterien-Infektion (*Agrobacterium tumefaciens*): vgl. Abb. 132; BK: erkrankte Pflanzenteile abschneiden, degenerierende Sträucher entfernen

a

b

Abb. 66: Kahlfraß durch Gespinstmotten (*Yponomeuta cognatellus* u.a. Arten)

EM: im Frühjahr mehrere Räupchen in Knospe einbohrend oder in jungem Blatt, nach Minierfraß an älteren Blättern Skelettierfraß unter Gespinstschleier (a); an Triebenden große Gespinste mit bis zu 1000 Raupen (2 cm lang, gelblich, schwarz punktiert); ab Juni auch mit Raupenkokons (b)

VM: andere Schmetterlingsraupen

BK: bei schwachem Befall Nester ausschneiden und verbrennen; bei starkem Befall biologische Bekämpfung (s. Seite 12, B, XI), ehe Raupen in Gespinsten leben

Abb. 67, links: Blattdeformation durch Gallmilben (*Eriophyes convolvens*)
EM: Blattrand eng nach oben gerollt, oft rötlich verfärbt; Milbennachweis
VM: keine
BK: s. Seite 12, B, IX

Abb. 68, rechts: Blattkräuselung durch Schmierlaus (*Phenacoccus aceris*)
EM: an deformierten Blättern und Triebspitzen mit gelben Saugstellen weißliche Läusekolonien; Honigtauproduktion mit schwarzer Auflage durch Rußtaupilzbesiedlung
VM: andere Schildläuse (z.B. *Chionaspis euonymi*: graubraune Läuse)
BK: befallene Triebe abschneiden; chemische Behandlung s. Seite 11, B, IV

Abb. 69: Blattkräuselung durch Blattlaus-Befall (*Aphis fabae*, Schwarze Bohnenlaus)
EM: dunkelgraugrüne bis schwarze Läuse mit schwarzen Siphonen und gelblich-weiß geringelten Beinen; an Blättern und jungen Trieben von *E. europaea*, seltener an anderen *Euonymus*-Arten
VM: andere Blattläuse (z.B. *Aphis euonymi*), Differentialdiagnose durch Fachleute
BK: s. Seite 11, B, I

Fagus (Buche)

- **an Blättern, Knospen**
- Blattverfärbung durch Nährstoff-Mangel: Abb. FAW
- Blattrandnekrose und -vertrocknung durch Trockenheit, Kalium-Mangel oder Streusalzeinwirkung: Abb. 70
- weißliche Fleckung oder Überzug durch Echten Mehltaupilz (*Phyllactinia guttata*): Abb. 71
- chlorotische Fleckung durch Virusinfektion: Abb. 72
- braune Blattfleckung, Blattfall und Triebsterben durch Pilzinfektion (*Apiognomonia errabunda*): Abb. 73
- Blattkräuselung und Deformation mit weißlichen Wachsausscheidungen der Buchenblattbaumlaus (*Phyllaphis fagi*): Abb. 74
- Kleinblättrigkeit nach Wurzelschädigung durch Pilzinfektion (Riesenporling: *Meripilus giganteus*): Abb. 80
- weißliche Sprenkelung durch Zikaden-Befall (Buchenzirpe: *Typhlocyba douglasi*): Abb. 75
- Blattverbräunung durch Käfer-Befall (Buchenspringrüßler: *Rhynchaenus fagi*): Abb. 76
- Blattgallen durch Gallmücken-Befall (*Mikiola fagi, Hartigiola annulipes, Phegomyia fagicola*): Abb. 77
- Filzgallen durch Gallmilben-Befall (*Aceria*-Arten): Abb. 77
- Blattfraß durch Schmetterlingsraupen (Buchenrotschwanz: *Dasychira pudibunda*, Abb. 78; Eichenwickler: *Tortrix viridana*, Abb. 208; Frostspanner: *Operophthera-*, *Hibernia*-Arten, Abb. 208, 49; Schwammspinner: *Lymantria dispar*, Abb. 302; Schlehenspinner: *Orgyia recens*, Abb. 302; Ringelspinner: *Malacosoma neustria*, Abb. 183; Mondvogel: *Phalera bucephala*, Abb. 208; weitere Raupen-Arten); BK: s. Seite 12, B, XI/XII
- Blattfraß von Käfern an jungen Blättern (Feldmaikäfer: *Melolontha melolontha*, Abb. 210; Grünrüßler: *Phyllobius arborator*)
- **an Stamm und Ästen**
- Absterben von jungen Bäumen und Ästen durch Mäusefraßschaden (Erdmaus: *Microtus agrestis*): Abb. 79
- nekrotische Rindenläsionen an jungen Ästen, Aststerben, an älteren Ästen krebsartige Wunden, auf toter Rinde kugelige, rötlichbraune Pilzfruchtkörper von *Nectria*-Arten: vgl. Abb. 20
- Napfschildlaus- und Schmierlauskolonien (*Parthenolecanium* spp., *Pulvinaria betulae*): Abb. 292, 29; (*Trionymus newsteadi, Phenacoccus aceris*): Abb. 103
- weiße Wachsausscheidungen auf deformierter Stammrinde durch Befall der Buchenwollschildlaus (*Cryptococcus fagisuga*): vgl. Abb. FAW
- Absterbeerscheinungen durch Fraßgänge mit Raupen des Weidenbohrers (*Cossus cossus*, Abb. 267) oder holzbewohnender Käfer (*Hyloterus domesticus* und andere; Buchenprachtkäfer: *Agrilus viridis*) mit nachfolgender Pilzbesiedlung (Weißfäuleerreger, vgl. Abb. 196)

- konsolenförmige Pilzfruchtkörper am Stamm (Rotrandiger Baumschwamm: *Fomitopsis pinicola*; Zunderschwamm: *Fomes fomentarius*): vgl. Abb. 41
- Absterben unterer Äste durch natürliche Astreinigung: Abb. 81
- **an Wurzeln/Stammbasis**
- konsolenförmige Pilzfruchtkörper an Stammgrund und absterbenden Wurzeln älterer Buchen von Riesenporling (*Meripilus giganteus*): Abb. 80
- Absterbeerscheinungen an jungen Bäumen durch Mäusefraßschaden: Abb. 79

Abb. 70: Blattrollen und Blattranddürre durch Wassermangel

EM: Blattrollen; braune Verfärbung beginnt am Blattrand und dehnt sich interkostal zur Blattmitte aus; Vertrocknung bei anhaltender Hitze und Trockenheit

VM: Streusalzeinwirkung (vgl. Abb. 23); Kalium-Mangel (vgl. Abb. 22)

BK: nach chemischer Boden- und ggf. Blattanalyse und Umstände des Auftretens gleichmäßige Wasser- und ausgeglichene Nährstoffversorgung sicherstellen

Abb. 71: Weißlicher Überzug durch Echten Mehltaupilz (*Phyllactinia guttata*)

EM: besonders blattunterseits weißliche Fleckung, im späteren Stadium mit kleinen, schwarzen Pilzfruchtkörpern (Lupe)

VM: anderer Mehltaupilz (*Microsphaera alphitoides*), selten

BK: abgefallene Blätter entfernen

a

b

c

Abb. 72: Degeneration durch Virusinfektion (Kirschenblattrollvirus, Trespenmosaikvirus)

EM: bei älteren Bäumen Kronenverlichtung und Aststerben, Stauchung und Wuchsanomalie der Seitentriebe (a, b); chlorotische Blattscheckung oder Fleckung, Kleinblättrigkeit, teilweise Blattdeformation (c)

VM: Degeneration durch Ursachenkomplex (vgl. Abb. FAW); Differentialdiagnose durch Fachleute

BK: nicht möglich, Viren vermutlich samenübertragbar

Abb. 73: Blattbräune durch Pilzinfektion (*Apiognomonia errabunda*)

EM: unregelmäßige, zum Teil diffuse dunkle (links) oder zackige, bräunliche Flecke (rechts) oft von Gallenbildungen (vgl. Abb. 77) ausgehend (schwarze Punkte im Zentrum, Lupe), blattunterseits kleine, bräunliche Pilzfruchtkörper der *Discula*-Nebenfruchtform; Absterben junger Triebe bei starker Infektion

VM: Buchenspringrüßler (Abb. 76)

BK: nicht erforderlich, an Jungbäumen selten auftretend

Abb. 74: Verfärbung und Deformation durch Buchenblattbaumlaus-Befall (*Phyllaphis fagi*)

EM: blattunterseits, auch an jungen Trieben Läuse mit weißer Wachswolle, Häutungsreste

VM: Virusinfektion nach Abwanderung der Läuse

BK: s. Seite 11, B, I

Abb. 75: Weißliche Sprenkelung durch Zikaden-Befall (Buchenzirpe: *Typhlocyba douglasi*)

EM: winzige, eckige, weiße Flecke blattoberseits, besonders an Schattenblättern

VM: ähnliche, jedoch bräunliche Sprenkelung durch Witterungsextreme (vgl. Abb. FAW)

BK: bei starkem Befall von Jungbäumen chemische Behandlung s. Seite 11, B, II

Abb. 76: Fraßschaden durch Käfer und Larve des Buchenspringrüßlers (*Rhynchaenus fagi*)

EM: Lochfraß der Käfer an jungen Blättern; von der Mittelrippe ausgehende, sich verbreiternde Gangmine der Larve, die zur Vergilbung und später Vertrocknung des apikalen Blatteiles führt; Abfallen grüner Blätter durch Benagen der Blattstiele durch Käfer

VM: Hagelschaden; Pilzinfektion (Abb. 73); Trockenschäden (Abb. 70)

BK: an jungen Bäumen s. Seite 12, B, XIII

a b

c d

Abb. 77: Blattgallen durch Gallmücken und Gallmilben

EM: a) Buchengallmücke (*Hartigiola annulipes*): stumpfzylindrische, lederartige bis holzige, behaarte, bräunliche Gallen blattoberseits, bis 4 mm groß, mit weißer Larve; b, rechts) Gallmilbe (*Aceria nervisequa faginea*): weißlich bis bräunlicher Filzrasen als Flecke interkostal blattunterseits (bei Blutbuche leuchtend rot) oder (im Bild oberes Blatt) mit hellbraunen, streifenförmigen Filzrasen auf Seitenadern blattoberseits durch *Aceria nervisequa nervisequa*; b, links) Buchenblattgallmücke (Mikiola fagi: eiförmige, zugespitzte, blaßgrüne bis rötliche, dickwandige Gallen blattoberseits, bis 1 cm lang, große Kammer mit rötlicher Larve; c) Gallmilbe (*Aceria stenaspis stenaspis*): enge Blattrandrollung, Gallmilben (Mikro); d) Faltengallmücke (*Phegomyia fagicola*): Blatt mit einzelnen verdickten, gelb oder rot gefärbten Falten zwischen zwei Seitenadern mit gelblichen bis rötlichen Larven

VM: Gallen durch andere Insekten und Gallmilben (Spezialliteratur)

BK: nicht erforderlich

Abb. 78, links: Blattfraßschaden durch Schmetterlingsraupen (Buchenrotschwanz: *Dasychira pudibunda*)

EM: weiße, lang behaarte Raupe mit rötlichem Haarpinsel; Kahlfraß bei starkem Befall von oben nach unten fortschreitend

VM: andere Schmetterlingsraupen (s. Übersicht)

BK: bei starkem Befall biologische Bekämpfung s. Seite 12, B, XI

Abb. 79, rechts: Absterben junger Bäume und Äste durch Mäusefraß (Erdmaus: *Microtus agrestis*)

EM: bis ins Splintholz gehende Zahnspuren und bis 2 m Höhe am jungen Stamm, auch an Ästen und Wurzeln von Laub- und Nadelbäumen, besonders in vergrasten Kulturen

VM: andere Mäusearten (Feldmaus: *M. arvalis*; Rötelmaus: *Clethrionomys glareolus*, Abb. 197); Kaninchen (Abb. 143)

BK: Freihalten der Kulturen von Gras und Unkraut; bei Massenvermehrung PDS-Beratung

Abb. 80: Weißfäule durch Pilzinfektion (Riesenporling: *Meripilus giganteus*)
EM: Kleinblättrigkeit; Absterbeerscheinungen im Wurzelbereich und von dort sich ausbreitende Weißfäule im unteren Stamm; an Stammbasis oder Wurzeln gelbbraune, fächerförmige Pilzfruchtkörper, dachziegelartig übereinanderliegend bis 1 m Umfang
VM: andere Porlinge (vgl. Abb. 41, 42, 270, 305)
BK: Wurzelschäden vermeiden; bei Erkrankung und Auftreten von Fruchtkörpern PDS-Beratung

Abb. 81: Natürliche Astreinigung
EM: Verlust der unteren Äste aufgrund von Alterungserscheinungen, Licht- und Nährstoffmangel; Vermorschung der Astbasis durch holzabbauende Pilze; durch Bildung von Sperrzonen kein Vordringen in den Stamm
VM: Absterbeerscheinungen durch Pilzinfektion (*Nectria*-Arten, vgl. Abb. 20)
BK: Förderung der Ausbildung von Schutzzonen an Astbasis durch künstliche Ästung nach Vorschriften der Baumpflege

Forsythia (Forsythie)

- **an Blättern, Knospen**
- chlorotische Fleckung durch Virusinfektion (Arabismosaikvirus u.a.): vgl. Abb. 64, 84
- nekrotische Blattfleckung durch Pilzinfektion (graue, dunkelbraun umrandete Flecke auf beiden Blattseiten: *Marssonina forsythiae*; ähnliche Flecke blattoberseits: *Ascochyta forsythiae*); BK: s. Seite 10, A, VII
- weißlicher, mehlartiger Überzug durch Echten Mehltaupilz (*Oidium* sp.): vgl. Abb. 8, 31
- Blattminen mit Raupen der Fliedermotte (*Xanthospilapteryx syringella*): vgl. Abb. 287
- Knospenfraß durch Käfer des Dickmaulrüßlers (*Otiorrhynchus lugdunensis*): vgl. Abb. 184
- **an Trieben, Ästen, Stamm**
- Sproßanomalien durch Verbänderung: Abb. 82
- tumorartige Wucherungen durch Bakterieninfektion (*Agrobacterium tumefaciens*): Abb. 83
- Triebfäule durch Bakterieninfektion (*Pseudomonas syringae*): vgl. Abb. 288, s. auch Abb. 92
- Zweigsterben durch triebumfassende, lokale Nekrosen, später mit weißen, dann schwarzen Pilzdauerformen (Sklerotien) durch Pilzinfektion (*Sclerotinia sclerotiorum*); BK: erkrankte Triebe entfernen
- Zweigwelke während der Blüte, Querschnitt welker Zweige mit verbräuntem Gefäßbündelring durch Pilzinfektion (*Verticillium dahliae*); BK: kranke Sträucher roden, vgl. Abb. 248
- Ast- und Stammsterben; auf toter Rinde rote, stecknadelkopfgroße Pilzfruchtkörper, »Rotpustelkrankheit« durch Pilzinfektion (*Nectria*-Arten): vgl. Abb. 20
- Kolonien rötlichbrauner, halbkugelig gewölbter Läuse der Gemeinen Napfschildlaus (*Parthenolecanium corni*): vgl. Abb. 292
- **an Wurzeln**
- Fraßschäden durch Larven des Dickmaulrüßlers (*Otiorrhynchus lugdunensis*), siehe auch Knospen: vgl. Abb. 184

Abb. 82: Sproßanomalien durch Verbänderung

EM: bandartige Verbreiterung von Trieben durch vermehrte Teilung der Zellen des Vegetationspunktes in zwei entgegengesetzte Richtungen (genetisch bedingt, evtl. durch äußere Reize induziert)

VM: keine

BK: veränderte Äste abschneiden; bei verschiedenen Pflanzen (z.B. *Salix sachalinensis*) als Zierpflanzeneffekt verwertet

Abb. 83: Tumorartige Wucherungen durch Bakterieninfektion (*Agrobacterium tumefaciens*)

EM: an Trieben und Ästen, meist an Nodien bräunliche, bald verholzende Wucherungen; neben *A. tumefaciens* wurde auch *Phomopsis*-Pilz und Gallmilben(*Eriophyes* spp.) gefunden

VM: warzenartige Gallen besonders am Grunde von Jungtrieben an Stelle der Seitenknospen: andere Bakterien (*Corynebacterium fascians*)

BK: erkrankte Teile entfernen, nicht kompostieren (großer Wirtspflanzenkreis) siehe Register

Fraxinus (Esche)

- **an Blättern, Knospen, Blüten**
- Chlorotische Fleckung und Deformation junger Blätter durch Virusinfektion (Kirschenblattrollvirus): Abb. 84
- Deformation von Blättern in dichten oder lockeren Nestern durch Blattlaus-Befall (*Prociphilus*-Arten): Abb. 85
- Blattrandnekrose durch Trockenheit, Streusalzeinwirkung oder Kalium-Mangel: vgl. Abb. 70, 23, 22
- Blattfleckung durch Pilzinfektionen (*Cladosporium* sp., Echter Mehltau: *Phyllactinia fraxini*, *Kabatiella apocrypta*): Abb. 86, 88
- chlorotische Sprenkelung, Blattvertrocknung durch Spinnmilben-Befall (*Tetranychus*-, *Eotetranychus*-, *Metatetranychus*-Arten): vgl. Abb. 168, 258
- nestartig zusammengebogene, gekräuselte Blätter mit schaumbedeckten Larven von Schaumzikaden (*Aphrophora alni*, *Philaenus spumarius*) bes. im bodennahen Bereich: vgl. Abb. 259
- Läusekolonien mit weißem Wachs an Blättern und Zweigen (Gemeine Schmierlaus: *Phenacoccus aceris*): vgl. Abb. 103
- Blattverletzungen (aufreißende Saugstiche) und Blattdeformation durch Blattwanzen-Befall (*Lygus*-Arten u.a.): vgl. Abb. 181
- Einrollen der Blattränder durch Gallmilben-Befall (*Vasates fraxini*) oder Blattflöhe (*Psyllopsis fraxini*): Abb. 89
- hülsenartig zusammengerollte, verdickte Fiederblättchen mit weißen Larven von Gallmücken (*Dasineura acrophila*); BK: in der Regel nicht erforderlich
- bauschige, bis 1 cm lange Taschen an Mittelrippen blattunterseits oder an Blattstielen mit orangefarbigen Larven von Gallmücken (*Dasineura fraxini*) oder rundliche, pustelförmige Gallen blattunterseits mit gelblichen Larven von Gallmücken (*D. fraxinea*) oder hörnchenförmige, verfärbte Gallen blattoberseits, Milben (Mikro) von Gallmilben (*Aceria fraxinicola*) oder rötlichbrauner Haarfilz in Flecken blattunterseits, Milben (Mikro) durch Gallmilben (*Vasates epiphyllus*); BK: nicht erforderlich
- Blütendeformation (»Eschenklunkern«) durch Gallmilben-Befall (*Aceria fraxinivora*) Abb. 90
- Minierfraß und Lochfraß durch junge bzw. ältere Raupen an zusammengesponnenen Blättern, Knospenfraß mit Einbohrloch, der zur Zwieselbildung führt, durch Eschenzwieselmotten-Befall (*Prays curtisellus*); BK: Triebe mit befallenen Knospen abschneiden; ähnlicher Fraßschaden durch Fliedermotte (*Xanthospilapteryx syringella*), siehe *Syringa*: Abb. 287
- Blattfraß durch andere Schmetterlingsraupen (Pappelschwärmer: *Lanthoe populi*; Schlehenspinner: *Orgyia recens*, Abb. 302; Goldafter: *Euproctis chrysorrhoea*, Abb. 19); BK: s. Seite 12, B, XI und XII
- Blattfraß durch Larven des Eschenrüsselkäfers (*Cionus fraxini*): Abb. 87
- **an Trieben**
- Triebwelke durch Pilzinfektion (*Verticillium alboatrum*), s. Äste, Stamm

- Saugschäden an Trieben, Rindenrisse durch Napfschildläuse (*Eulecanium tiliae*, *Pulvinaria betulae*: vgl. Abb. 292, 29; Kommaschildlaus (*Lepidosaphes ulmi*, vgl. Abb. 190), oder durch unregelmäßige Vertiefungen mit erhabenem Rand in der Rinde und Schildläuse der Weidenschildlaus (*Chionaspis salicis*); BK: befallene Triebe entfernen; chemische Behandlung s. Seite 11, B, IV
- blumenkohlartige, bis 2 cm große Wucherungen an jungen Trieben durch Gallmilben-Befall, Milben (Mikro) von *Aceria fraxinivora*, siehe auch Blüten; BK: an Jungbäumen befallene Triebe entfernen
- **an Ästen und Stamm**
- Absterben von Ästen und jüngeren Bäumen, im Astquerschnitt Leitbündelverfärbung durch Pilzinfektion (*Verticillium alboatrum*): vgl. Abb. 27, 248
- Aststerben an jüngeren Bäumen durch Fraßgänge mit Raupen im Inneren von Ästen und Stamm durch Blausieb-Befall (*Zeuzera pyrina*, Abb. 174) oder Weidenbohrer-Befall (*Cossus cossus*, Abb. 267); BK: vgl. Abb. 267
- krebsartige Wucherungen an der Rinde durch Bakterieninfektion (*Pseudomonas syringae*): Abb. 92
- krebsartige Wucherungen mit regelmäßigen Überwallungswülsten durch Pilzinfektion (*Nectria galligena*): vgl. Abb. 20, 232
- Rindennekrose durch Befall von Eschenwollschildlaus (*Pseudochermes fraxini*); sehr kleine Läuse (orangerote Weibchen ca. 0,5 mm) besonders auf kränkelnden Bäumen; BK: s. Seite 11, B, IV
- Wundreaktionen mit rosettenartigen, rissigen Überwallungen auf der Rinde (»Käfergrind«) durch Befall von Eschenbastkäfer (*Leperesinus*-Arten(; BK: befallene Äste entfernen
- Stammdeformation durch Wundleistenbildung wiederholt aufgeplatzter Radialrisse: Abb. 93

Abb. 84: Blattverfärbung und -deformation durch Virusinfektion (Kirschenblattrollvirus)
EM: chlorotische Fleckung, Ringfleckung, Linienmuster auf jungen, deformierten Blättern; Fadenblättrigkeit; Virusnachweis durch Fachleute
VM: Saugschäden durch Insekten und Gallmilben, unsachgemäße Herbizidanwendung
BK: Therapie nicht möglich; erkrankte Bäume entfernen (Virus ist samenübertragbar)

Abb. 85: Blattdeformation durch Blattlaus-Befall (*Prociphilus*-Arten)
EM: Eschenblattnestlaus (*P. fraxini*): dichte Nester gekräuselter Blätter durch Blattstielstauchung und -krümmung; Läuse mit geringer Wachsausscheidung im Frühjahr, die auf *Abies*-Arten abwandern und Wurzeln besiedeln; Eschenzweiglaus (*P. bumeliae*): lockere Blattnester mit stark wachsausscheidenden Läusen; Wurzelläuse an *Abies*-Arten
VM: Virusinfektion (Abb. 84)
BK: Tannen und Eschen getrennt pflanzen

Abb. 86: Blattfleckung durch Pilzinfektion (a) *Cladosporium* sp.; b) Echter Mehltau: *Phyllactinia fraxini*)

EM: a) unregelmäßige, braune Blattflecke mit dunklem, samtartigem Pilzrasen bei hoher Feuchtigkeit (Lupe, Mikro)

b) chlorotische Fleckung, Blattdeformation; zunächst blattunterseits, später auf beiden Blattseiten weißlicher Pilzrasen mit schwarzen, rundlichen Pilzfruchtkörpern

VM: andere Blattfleckenkrankheiten; Differentialdiagnose durch Fachleute

BK: bei starkem Befall an jungen Bäumen chemische Behandlung s. Seite 10, A, VII bzw. A, I

Abb. 87: Fraßschäden durch Eschenrüsselkäfer-Befall (*Cionus* [*Stereonychus*] *fraxini*)

EM: plätzeweise Fraß blattunterseits durch beinlose, grünlichgelbe Larve mit schwarzem Kopf; Lochfraß durch Käfer (bis 3,5 mm lang, rotbraun mit schwarzer Markierung in Flügeldeckenmitte)

VM: Fraßschaden durch andere Käfer oder Schmetterlingsraupen

BK: bei starkem Befall an Jungbäumen chemische Behandlung s. Seite 12, B, XIII

Abb. 88, links: Blattfleckung durch Pilzinfektion (*Kabatiella apocrypta*) in Verbindung mit Gallmücken-Befall

EM: rundliche, braune Blattflecke, im Zentrum Gallenanlage nach Befall durch Gallmücke (*Dasineura fraxinea*)

VM: Blattfleckung durch andere Pilze (Abb. 86)

BK: nicht erforderlich

Abb. 89, rechts: Deformation durch Blattrandrollung nach Blattfloh-Befall (*Psyllopsis fraxini*)

EM: lose, nach unten gerichtete Blattrandrollung, eingerollter Teil verdickt, ohne starke Behaarung, chlorotisch mit teilweise rotvioletter Adernverfärbung; türkisfarbige Blattflohlarven mit Wachswolle (Lupe, vgl. Abb. 201)

VM: Gallmilben-Befall (*Vasates fraxini*) mit sehr enger, knorpeliger Blattrandrollung und innen starker Behaarung

BK: an jungen Bäumen befallene Blätter entfernen, bei starkem Befall chemische Behandlung s. Seite 11, B, I

Abb. 90, links: Blütendeformation (»Klunkern«) durch Gallmilben-Befall (*Aceria fraxinivora*)
EM: Blütenstände in höckerige, blumenkohlartige, bräunliche Massen umgebildet, mißgebildete Blütenstiele gekrümmt oder verbändert
VM: keine
BK: nicht erforderlich

Abb. 91, rechts: Rindenrisse an Ästen und jungen Stämmen durch Zwergzikaden-Befall (*Tettigella viridis*)
EM: sichelförmige, kleine Risse durch Zikaden bei der Eiablage
VM: Saugschäden durch Napfschildläuse (vgl. Abb. 292)
BK: bei starkem Befall junger Bäume chemische Behandlung s. Seite 11, B, II

Abb. 92: Wucherungen an Ästen und Stamm durch Bakterien-Infektion (*Pseudomonas syringae*)
EM: aufplatzende Rindenanschwellungen, gekröseartige, schwärzliche Rindenpartien durch gestörte Wundheilung
VM: Wucherungen (»Eschenrosen«) durch Fraß des Eschenbastkäfers (*Leperesinus varius*, Abb. FAW); Krebs durch Pilzinfektion (*Nectria galligena*, vgl. Abb. 232)
BK: erkrankte Pflanzenteile oder Bäume entfernen

a b

Abb. 93: Stammdeformation durch Bildung von Wundleisten

EM: längsverlaufende, leistenartige Rindenvorsprünge, die mehrere Meter lang sein können; Folge einer Stammfäule nach Ästung (a); im Querschnitt (b) zentrale Fäule, von der mehrere Radialrisse (»falsche Frostrisse«) zum Rindenmantel vordringen; Wundleisten können durch Frost periodisch aufreißen und erneut überwallen

VM: Blitzschäden; hier jedoch breitere, am ganzen Stamm verlaufende Wundstreifen mit lange getrennt bleibenden Überwallungsrändern, Schaden meist nur äußerlich (Prüfung des Querschnitts), vgl. Abb. 213

BK: Absägen von Ästen über 20 cm Durchmesser vermeiden oder Schnittstelle mit Wundverschlußmitteln (vgl. Abb. 6) behandeln

Hedera (Efeu)

- **an Blättern, Knospen, Trieben**
- kleine, durchscheinende »Fettflecke«, später größere, schwarze Blattflecke, krebsartige Stellen mit Rißbildungen an Trieben, die oberhalb absterben (»Efeukrebs«) durch Bakterieninfektion (*Xanthomonas hederae*): Abb. 94
- Blattfleckenkrankheit durch Pilzinfektion (*Colletotrichum trichellum*, *Phoma hedericola*): Abb. 94
- Blattverfärbung und -vertrocknung an trockenen Standorten und Hauswänden durch Spinnmilben-Befall (*Tetranychus urticae*): Abb. 95
- Saugschäden an Blättern, Honigtaubildung mit Ansiedlung von Rußtaupilzen durch Befall von Schild- und Schmierläusen (*Coccidae*, *Pseudococcidae*): Abb. 97
- Deformation, Blattverkleinerung und -vertrocknung, gestauchte Triebe durch Befall mit Weichhautmilben (*Tarsonemidae*), Milben (Lupe); BK: bei starkem Befall chemische Behandlung s. Seite 12, B, VIII
- Blattdeformation und Triebstauchung durch Blattlaus-Befall (*Aphis hederae*): Abb. 96
- Blattdeformation, spindelförmige Verdickungen an Blattstielen und jungen Trieben mit grubenförmigen Vertiefungen und Läusen unter gelbem Schild von Weinbergpockenläusen in warmen Gegenden (*Asterolecanium*-Arten); BK: bei starkem Befall Triebe entfernen, vor dem Austrieb chemische Behandlung s. Seite 11, B, IV

a b c

Abb. 94: Blattfleckung durch Bakterien-(*Xanthomonas hederae*, a) und Pilzinfektionen (*Phoma hedericola*, b; *Colletotrichum trichellum*, c)

EM: a) anfangs kleine, helle, durchscheinende Flecke (»Fettflecke«), die bald braun, 2 cm groß werden und später vertrocknen, am Stengel braune Nekrosen (»Efeukrebs«)

b) gelblichweiße, graue oder bräunliche Flecke mit oder ohne rotbraunem Rand, mit hellbraunen bis gelblichen Pilzfruchtkörpern (Lupe)

c) ausgedehnte, hellgraue, bräunlich umrandete Flecke (»Brennflecke«) mit schwarzen, halb eingesenkten Pilzfruchtkörpern (Lupe)

VM: Blattfleckung durch andere Pilze (Differentialdiagnose durch Fachleute)

BK: bei Efeukrebs erkrankte Triebe entfernen, starke Düngung meiden, infizierte Jungpflanzen entfernen; weniger anfällige Selektionen bevorzugen; bei Pilzinfektionen erkrankte Blätter entfernen, evtl. chemisch behandeln (s. Seite 10, A, VII)

Abb. 95: Weißliche Sprenkelung und Blattverdorren durch Spinnmilben-Befall (*Tetranychus urticae*)
EM: winzige Blattflecke, grüne oder rote, bis 0,4 mm große Milben mit Spinnfäden an Blättern und Trieben (Lupe); bei starkem Befall Verdorren der Blätter, vgl. auch Abb. 258
VM: keine
BK: an trockenen Standorten (Hauswände, Mauern) Pflanzen öfters mit Wasser besprengen; chemische Behandlung (s. Seite 12, B, VII)

Abb. 96: Blattdeformation und Triebstauche durch Blattlaus-Befall (*Aphis hederae*)
EM: dunkle Blattlauskolonien an Blättern und jungen Trieben
VM: andere Blattlausarten (Diagnose durch Fachleute)
BK: bei starkem Befall chemische Behandlung (s. Seite 11, B, I)

Abb. 97: Saugschäden durch Schild- und Schmierläuse (*Coccidae*, *Pseudococcidae*)
EM: *Asterolecanium fimbriatum*: 2–3 mm, graugelbliches Schild; Stengel spindelförmig verdickt; *Aspidiotus hederae*: 1–2 mm, weißliches bis gelbbraunes Schild; *Phenacoccus aceris*: ohne Schild, weiß bepudert (s. auch Abb. 103); Honigtaubildung, sekundäre Besiedlung durch Rußtaupilze
VM: Differentialdiagnose durch Fachleute
BK: bei starkem Befall chemische Behandlung (s. Seite 11, B, IV)

Hydrangea (Hortensie)

- **an Blättern, Knospen, Blüten**
- Blattdeformation und Verfärbung durch Virusinfektion (chlorotische Ringfleckung: Hortensienringfleckenvirus; mosaikartige Scheckung: Tabakmauchevirus; Adernverfärbung: Luzernemosaikvirus); Differentialdiagnose durch Fachleute; BK: vgl. Abb. 64
- Blattchlorose und Kümmerwuchs (»Gelbsucht«) infolge Störung des Nährstoffhaushaltes z.B. durch Eisenmangel (vgl. Abb. 216) oder Wurzelfäule (bei stauender Nässe) oder zuweilen durch Kälte oder starke Belichtung; BK: Blatt- und Bodenanalyse, Wurzeluntersuchung, kalkarme Pflanzenerde verwenden, optimale Standorte auswählen
- Blattröte durch starke Sonneneinstrahlung, Wind oder schroffen Temperaturwechsel; BK: optimale Standorte auswählen
- Blattverdorren und Blattfall durch zu starke Düngung oder durch Gülle (Wurzelschäden); BK: günstige Nährstoffversorgung (Beratung)
- chlorotische oder rötlichbraune Fleckung mit weißlichem oder grauviolettem, mehlartigem Belag durch Echten Mehltaupilz (*Microsphaera polonica*): Abb. 98
- wäßrige und rötliche Flecke mit hellem Hof durch Bakterieninfektion: Diagnose durch Fachleute
- Blattfleckung durch Pilzinfektion (*Ascochyta exigua*): Abb. 98
- rötliche Scheckung, Blattvergilbung durch Spinnmilben (*Tetranychus urticae*): vgl. Abb. 95, 168
- Blütenvergrünung, verlaubte Blütenteile durch Mykoplasmen-ähnliche Organismen: vgl. Abb. 253
- Blattfleckung, Knospen-, Blüten- und Triebfäule durch Grauschimmel (*Botrytis cinerea*): Abb. 99
- durchlöcherte oder aufreißende, weißliche bis braune Blattflecke an deformierten Blättern und Triebenden, kleine Flecke auf Blütenblättern durch Blattwanzen-Befall (*Lygus*-Arten): vgl. Abb. 230
- chlorotische Sprenkelung mit dunklem Kotträpfchen an Blättern und besonders an Blüten, 1 mm lange, gelbliche bis dunkle Insekten mit Fransenflügeln im adulten Stadium (Lupe) von Blasenfüßen (*Heliothrips femoralis*); BK: s. Seite 11, B, VI
- **an Trieben**
- Triebfäule durch Grauschimmelinfektion (*Botrytis cinerea*): Abb. 99
- Triebverdickung und Stauchung durch Stengel- oder Stockälchen (*Ditylenchus*-Arten): Abb. 100
- **an Wurzeln**
- am Wurzelhals walnußgroße Wucherungen durch Bakterieninfektion (*Agrobacterium tumefaciens*): vgl. Abb. 132
- Fäule am Stengelgrund, Wurzeln (»Schwarzbeinigkeit«) durch Pilzinfektion (*Pythium* spp.) in schlecht durchlüfteten Böden; BK: s. Seite 11, A, X

Abb. 98, links: Blattfleckung durch Pilzinfektion (*Ascochyta exigua*, links; Echter Mehltau, *Microsphaera polonica*, rechts)

EM: *A. exigua*: braune, zonierte unregelmäßige Flecke; *M. polonica*: rötliche Flecke mit weißlichem Überzug

VM: andere Pilzinfektionen (s. Abb. 99)

BK: s. Seite 10, A, VII bzw. A, I

Abb. 99, rechts: Blattfleckung, Knospen- und Blütenfäule durch Grauschimmel (*Botrytis cinerea*)

EM: braune, oft vom Blattrand ausgehende Flecke, Knospen- und Blütenstandfäule (hier an Kletterhortensie); Trieb- und Stengelfäule (vgl. Abb. 241)

VM: andere Pilzinfektionen (*Ascochyta-*, *Septoria-*, *Phyllosticta*-Arten); Diagnose durch Fachleute

BK: s. Seite 10, A, III

Abb. 100: Degenerationserscheinungen durch Nematoden-Befall (Stengel- oder Stockälchen: *Ditylenchus dipsaci*)

EM: Stengel verdickt, verkürzt, meist gekrümmt, brüchig; Blätter klein, deformiert; Nematodennachweis (Mikro) durch Fachleute

VM: Degeneration durch schlechte Standortbedingungen; Wurzelnematoden

BK: befallene Triebe oder bei starkem Befall gesamte Pflanze entfernen; in Befallslagen widerstandsfähige Sorten bevorzugen

Ilex (Stechpalme)

- **an Blättern**
- Blattfleckung durch Pilzinfektion (*Phyllosticta haynaldi*: unregelmäßige, weinrote Flecke blattoberseits; *P. terminalis*: gelbliche, unregelmäßige, bräunlich bis purpurfarbig umrandete Flecke; *P. concentrica*: ähnliche Flecke mit Pilzfruchtkörpern in konzentrischen Kreisen; *Mycosphaerella ilicis*: weiße Flecke mit purpurfarbenem Rand blattoberseits, dunkelbraun blattunterseits; *Cylindrosporium pollaccii*: ähnliche Flecke; *Cylindrocladium ilicicola*: rundliche, braune, später weißliche, braun umrandete Flecke; *Colletotrichum*-Stadium von *Glomerella cingulata*: unregelmäßige, weißliche oder graubraune Flecke; *Septoria ilicifolia*: graubraune Flecke mit braunem Rand); Differentialdiagnose durch Fachleute; BK: s. Seite 10, A, VII
- eckige, dunkelrote, bis 1,5 mm große Flecke mit rostbraunen Sporenlagern durch Rostpilzinfektion (*Puccinia ilicis*); BK s. Seite 10, A, II
- Blattminen durch Minierfliegen-Befall (*Phytomyza ilicis*): Abb. 101
- Blattrollen durch Blattlaus-Befall (*Aphis ilicis*): Abb. 102
- Saugschaden durch Schmierlaus-Befall (*Phenacoccus aceris*): Abb. 103
- Fraßschaden in Knospen und zusammengesponnene Triebspitzen durch Wickler-Befall (*Rhopobota naevana ilicifoliana*, *Argyrotaenia velutinana*); BK: befallene Triebe frühzeitig abschneiden
- **an Ästen, Stamm**
- Absterbeerscheinungen mit stecknadelkopfgroßen, roten Pilzfruchtkörpern auf toter Rinde im Winter durch Pilzinfektion (*Nectria*-Arten): vgl. Abb. 20

Abb. 101: Blattfleckung durch Minierfliegen-Befall (*Phytomyza ilicis*)
EM: hellgrün bis hellbraun gefärbte, blasige Blattmine mit Fliegenmade
VM: keine
BK: s. Seite 12, B, X

Abb. 102: Blattrollen durch Blattlaus-Befall (*Aphis ilicis*)
EM: junge Blätter an jungen Trieben eingerollt, fast schwarze Läuse und Häutungsreste
VM: keine
BK: bei starkem Befall s. Seite 11, B, I

Abb. 103: Saugschäden durch Schmierlaus-Befall (*Phenacoccus aceris*)
EM: schildlose, weiß bepuderte Läuse blattunterseits
VM: keine
BK: bei starkem Befall s. Seite 11, B, IV–V

Juglans (Walnuß)

- **an Blättern, Knospen, Früchten**
- chlorotische Linienmuster, gelbe Fleckung auf Blättern und Früchten durch Virusinfektion (vermutlich Stamm des Kirschenblattrollvirus); BK: nicht möglich, nicht als Vermehrungsmaterial benutzen
- weißliche, mehlartige Flecke oder unregelmäßige Überzüge blattunterseits durch Echten Mehltaupilz (*Phyllactinia guttata*): vgl. Abb. 71
- Blattfleckung durch Pilzinfektionen (*Marssonina juglandis, Phyllosticta juglandis*): Abb. 104
- Schmierlaus-Kolonien (*Phenacoccus aceris*): vgl. Abb. 103
- Blattrollung junger Fiederblätter durch Blattlaus-Befall (*Callaphis juglandis, Chromaphis juglandicola*); BK: s. Seite 11, B, I
- Blattgallen durch Gallmilben-Befall (*Aceria*-Arten): Abb. 105
- Blattfraß durch Schmetterlingsraupen (Buchenrotschwanz: *Dasychira pudibunda*, Abb. 78; Ahorneule: *Acronicta aceris*, Abb. 30; Baumweißling: *Aporia crataegi*, Abb. 61); BK: s. Seite 12, B, XI und XII
- **an Trieben**
- krebsartige Wucherungen an Trieben junger Bäume durch Bakterieninfektion (*Agrobacterium tumefaciens*): vgl. Abb. 83, 269
- Kolonien rötlichbrauner, halbkugelig gewölbter Napfschildläuse (*Eulecanium-, Parthenolecanium*-Arten, vgl. Abb. 292), Kommaschildlaus (*Lepidosaphes ulmi*, vgl. Abb. 190) oder rundlicher, schwach gewölbter, grauer Schildläuse (z.B. *Quadraspidiotus ostreaeformis*); orangerote Schildläuse (*Epidiaspis leperi*); Wollige Napfschildlaus (*Pulvinaria betulae*, vgl. Abb. 29); BK: s. Seite 11, B, VI
- **an Ästen und Stamm**
- Absterbeerscheinungen mit roten, stecknadelkopfgroßen Pilzfruchtkörpern auf toter Rinde durch Pilzinfektion (*Nectria*-Arten): vgl. Abb. 20
- Absterben von Ästen junger Bäume durch Fraßgänge mit Raupen von Blausieb (*Zeuzera pyrina*): vgl. Abb. 174
- Absterbeerscheinungen durch Fraßgänge im Stamm mit Raupen von Weidenbohrer (*Cossus cossus*): vgl. Abb. 267
- Weißfäule im Stammholz durch Zottigen Rostporling (*Inonotus hispidus*) mit 15–30 cm breiten, rostroten bis dunkelbraunen Konsolen an der Rinde älterer Bäume; Wundparasit; BK: vorbeugend Wundpflege mit Wundverschlußmitteln, vgl. Abb. 41, 42, 305

Abb. 104: Blattfleckung durch Pilzinfektionen
EM: *Marssonina juglandis* (links): braune bis graubraune Flecke, Pilzfruchtkörper in konzentrischen Kreisen meist blattunterseits (Lupe); *Phyllosticta juglandis* (rechts): unregelmäßige, braune bis weißliche, oft dunkel umrandete Flecke, Fruchtkörper oberseits (Lupe)
VM: andere Pilzinfektionen; Differentialdiagnose durch Fachleute
BK: s. Seite 10, A, VII

Abb. 105: Blattgallen durch Gallmilben-Befall (*Aceria*-Arten)
EM: *A. erinea* (links): Emporwölbungen oberseits mit Haarfilz unterseits; *A. tristriata* (rechts): knötchenförmige, später schwarzbraune Gallen auf beiden Blattseiten
VM: keine (Milbennachweis: Mikro)
BK: s. Seite 12, B, IX

Juniperus (Wacholder)

- **an Nadeln, Knospen**
- Nadelverfärbung an jüngsten Trieben durch Pilzinfektion (*Phomopsis juniperovora*): Abb. 106
- bleichgrüne bis graue Nadelverfärbung mit scheibenförmigen, orangeroten, 2–3 mm großen Pilzfruchtkörpern (Lupe), besonders an *J. virginiana* durch Pilzinfektion (*Pithya cupressina*), siehe auch Triebe; BK: erkrankte Triebe entfernen
- braune Nadelverfärbung mit kleinen, dunklen Pilzfruchtkörpern (Lupe) durch Pilzinfektion (*Didymascella tetraspora*); BK: nur bei Jungbäumen gefährlich; Anzuchtgärten von Infektionsquellen freihalten
- Verfärbung älterer, unterdrückter Nadeln mit kleinen, schiffchenförmigen, dunklen Pilzfruchtkörpern (Lupe) durch Pilzinfektion (*Lophodermium juniperinum*): vgl. Abb. 106
- verfärbte oder abgestorbene Nadeln mit kleinen, dunklen, bei Feuchtigkeit gelatinösen, bei Trockenheit hornartigen Pilzfruchtkörpern (Lupe) durch Pilzinfektion (*Chloroscypha sabinae*); BK: erkrankte Triebe entfernen
- wulstartige Nadeldeformation mit gallertartigen Sporenlagern von Rostpilzen: Abb. 108
- graue bis braune Nadelverfärbung, Milben mit Spinnfäden von Nadelholzspinnmilbe (*Oligonychus ununguis*): Abb. 107
- bis 3 mm bzw. bis 12 mm lange Gallen aus stark verkürzten, verbreiterten, sich gegenseitig deckenden Nadeln eines Quirls bzw. mehrerer Quirle mit orangefarbigen Larven von Gallmücken (*Schmidtiella gemmarum* bzw. *Oligotrophus*-Arten); BK: befallene Triebspitzen entfernen
- Knospen und Triebspitzen im Inneren ausgefressen durch Raupen von Trieb-/Knospenmotten (*Blastotere*-Arten); BK: befallene Triebe entfernen, vgl. auch Abb. 141
- **an Trieben, Ästen**
- Triebspitzensterben durch Pilzinfektion (*Pithya cupressina*), siehe Nadeln
- Zweigsterben durch Pilzinfektion (*Kabatina thujae*): vgl. Abb. 297
- Nadelverbräunung und Absterben ausgehöhlter Triebspitzen durch Wacholder-Miniermotten-Räupchen (*Argyresthia trifasciata*): vgl. Abb. 298
- bis 2 mm große Eindellungen an Trieben mit wallartiger Umrandung und Schildläusen (*Carulaspis visci*); BK: befallene Triebe entfernen
- spindelförmige Anschwellungen an Ästen mit Sporenpolstern von Rostpilzen, die bei Feuchtigkeit gallertartig aufquellen (*Gymnosporangium*-Arten): Abb. 108
- knollenförmige Deformation an Ästen mit Fraßgängen von Schmetterlingsraupen (Palpenmotte: *Chionodes electella*; Fichtenrindenwickler: *Laspeyresia duplicana*); BK: befallene Äste entfernen
- Triebstauche mit Anschwellungen basaler Nadelteile durch Gallmilben-Befall (*Trisetacus quadrisetus juniperinus*); BK: befallene Äste ausschneiden

a b

Abb. 106: Nadelverfärbung durch Pilzinfektion (*Phomopsis juniperovora*)
EM: Nadelverbräunung an jüngsten Trieben (a); kleine, dunkle, linsenförmige Sporenlager (Lupe) an Nadeln und nicht verholzten Trieben (b); Zweigsterben
VM: andere Pilzinfektionen (z. B. *Lophodermium juniperinum*: an älteren, unterdrückten Nadeln dunkle, bis 1 cm lange Sporenlager); Differentialdiagnose durch Fachleute; Trockenschäden (vgl. Abb. 295)
BK: erkrankte Triebe entfernen; Bäume nicht zu dicht pflanzen; bei Befall im Herbst und Frühjahr chemische Behandlung wie bei *Nectria*-Pilzen (s. Seite 11, A, XI)

Abb. 107: Nadelverfärbung durch Nadelholzspinnmilbe (*Oligonychus ununguis*)
EM: chlorotische Fleckung, später graue bis braune Verfärbung, Nadelfall; Spinnfäden mit Milben (Lupe)
VM: keine
BK: s. Seite 12, B, VII

Abb. 108: Zweiganschwellungen durch Rostpilzinfektion (*Gymnosporangium*-Arten)
EM: spindelförmige Anschwellungen an Zweigen und Stamm mit braunen, braunroten oder orangeroten bis gelbbraunen, warzen- oder zapfenförmigen Sporenlagern, die bei Feuchtigkeit bis zu 2 cm langen, zungenförmigen, gallertartigen Gebilden anschwellen *G. clavariaeforme*: an *J. communis*, *J. nana*, Wirtswechsel mit *Crataegus*-, *Amelanchier*-Arten
VM: *G. sabinae*: Wirtswechsel mit *Pyrus*, Abb. 199; *G. confusum*: Wirtswechsel mit *Cotoneaster*-, *Crataegus*-, *Cydonia*-, *Sorbus*-Arten, gelbe bis rote Blattfleckung, Abb. 282; *G. juniperinum*: auf Nadeln von *Juniperus*-Arten, Wirtswechsel mit *Sorbus aucuparia* (Abb. 282); *G. tremelloides*: Wirtswechsel mit *Malus*-und *Sorbus*-Arten
BK: Anpflanzung von Wacholder in Nähe von entsprechenden Wirtspflanzen im Wechsel vermeiden; erkrankte Teile entfernen

Laburnum (Goldregen)

- **an Blättern**
- mosaikartige Fleckung und Blattdeformation durch Virusinfektion: Abb. 109
- weißlicher, mehlartiger Überzug, Blattdeformation und Triebmißbildungen durch Echten Mehltaupilz (*Oidium laburni*): vgl. Abb. 31
- Blattfleckung durch Pilzinfektionen (Falscher Mehltaupilz: *Peronospora cytisi*, chlorotische, eckige Flecke mit hell violettbraunem Pilzrasen; Rostpilz: *Uromyces laburni*, chlorotische Flecke mit orangefarbigen und braunen Sporenlagern; *Mycosphaerella laburni*: unregelmäßige, graue, später zerreißende Flecke); BK: s. Seite 10, A, VI und VII
- Blattdeformation und Blattkräuselung durch Blattlaus-Befall (*Aphis cytisorum*) oder durch Schmierläuse (*Phenacoccus aceris*): vgl. Abb. 69, 68, 103
- breite Blattminen mit Maden von Minierfliege (*Phytomyza atricornis*) oder Raupen von Miniermotte (*Cemiostoma laburnella*): Abb. 110
- **an Trieben**
- wallartig umrandete Vertiefungen mit Schildläusen an jungen Trieben durch Weidenschildlaus-Befall (*Chionaspis salicis*); BK: befallene Triebe ausschneiden, chemische Behandlung s. Seite 11, B, IV
- **an Ästen und Stamm**
- Aststerben, kleine, rote Pilzfruchtkörper auf toter Rinde durch Pilzinfektion (*Nectria*-Arten): vgl. Abb. 20
- Absterben mit dunklen Pilzfruchtkörpern auf der Rinde, »Braunpustelkrankheit« (*Cucurbitaria laburni*); BK: erkrankte Äste entfernen
- offene, elliptische Krebswunden an dickeren Stämmen durch Pilzinfektion (*Stereum*-Arten): Abb. 111

Abb. 109: Blattverfärbung durch Virusinfektion

EM: mosaikartige, chlorotische und dunkelgrüne Flecke, gelbe Verfärbung längs der Blattadern, später Nekrosen, Blattdeformation; in anderen Fällen Vergilbung der Blätter (»Gelbsucht«); Virusnachweis durch Fachleute (mehrere Virusarten)

VM: Pilzinfektionen, Blattlaus-Befall (s. Übersicht)

BK: nicht möglich; kein Vermehrungsmaterial von kranken Pflanzen benutzen

Abb. 110: Minierfraß durch Minierfliegen (*Phytomyza atricornis*)

EM: breite Blattminen mit ca. 4 mm langen Maden

VM: Minierfraß durch Raupen der Miniermotte (*Cemiostoma laburnella*): hellgrüne, später vertrocknende Minen mit kreisförmigen Kotlinien und Raupen

BK: nicht erforderlich; ggf. s. Seite 12, B, X

Abb. 111: Stammkrebs durch Pilzinfektion (*Stereum*-Arten)

EM: offene, elliptische Krebswunden an dickeren Stämmen, von toten Aststummeln ausgehend; Wundränder werden während der Vegetationsruhe immer wieder vom Pilz abgetötet; auf abgestorbener Rinde flache, unregelmäßig geformte, bräunliche Pilzfruchtkörper (vgl. Abb. 196, 212)

VM: krebsartige Wunden durch *Nectria*-Infektion (vgl. Abb. 20)

BK: Verhütung durch zeitige, sachgemäße Ästung bodennaher Zweige; Wundpflege (Wundparasit) vgl. Abb. 6

Larix (Lärche)

- **an Nadeln, Knospen**
- Nadelverfärbung durch Nährstoffmangel: vgl. Abb. FAW
- Nadelverfärbung und Kräuselung im Sommer an gekrümmten Langtriebspitzen durch Befall von 1 mm langen Insekten mit Fransenflügeln (Lupe) und gelben Larven des Lärchenblasenfuß (*Taeniothrips laricivorus*): vgl. Abb. 223
- wachsbedeckte Läusekolonien an Maitriebnadeln (»Wolläuse«): Abb. 112
- Fraß an zusammengesponnenen Nadeln aufbrechender Kurztriebe, grünliche Raupen in Gespinströhre durch Befall des Grauen Lärchenwicklers (*Zeiraphera diniana*); BK: s. Seite 12, B, XI
- Nadelverbräunung durch Minierfraß von Raupen der Lärchenminiermotte (*Coleophora laricella*): Abb. 113
- Nadelverbräunung durch Minierfraß in Nadeln mit zusammengesponnenen Spitzen von Raupen des Lärchennadelwicklers (*Spilonota laricana*); BK: s. Seite 12, B, XI
- Nadelfraß durch andere Schmetterlingsraupen (z. B. Schlehenspinner: *Orgyia recens*, Abb. 302); BK: s. Seite 12, B, XI
- Nadelfraß durch graue oder grüne Larven im Sommer nach Befall durch Lärchenblattwespen (*Pristiphora*-Arten); BK: s. Seite 12, B, XI
- **an Trieben**
- Triebwelke durch Trockenheit: Abb. FAW
- Triebsterben durch Frost oder an Straßen durch Streusalzeinwirkung: Abb. FAW
- Triebsterben durch Pilzinfektion (Grauschimmel: *Botrytis cinerea*): Abb. FAW
- Absterben von Langtrieben durch Pilzinfektion nach Schwächung durch Witterungsextreme oder andere Ursachen, auf toter Rinde schwarze Pilzfruchtkörper (*Cytospora* sp.): Abb. FAW
- Triebsterben durch Raupenfraß unter der Rinde an Triebbasis nach Lärchentriebmotten-Befall (*Blastotere laevigatella*): Abb. FAW; BK: rechtzeitiges Entfernen befallener Triebe
- Stauchungen und Nadelfall an Frühjahrstrieben mit Kolonien der Lärchentrieblaus (*Cholodkovskya viridana*); BK: s. Seite 11, B, I
- Benadelungslücken an Langtrieben durch vorangegangenen Besatz mit männlichen Blüten: vgl. Abb. FAW
- Umbildung von Triebspitzen zu erbsengroßen Gallen mit Harzbedeckung und orangegelben Larven im Inneren von Lärchenknospengallmücke (*Dasineura laricis*) oder ähnliche Gallen ohne Harz, Milben (Mikro) im Inneren von Gallmilbe (*Trisetacus pinilaricis*); BK: befallene Triebspitzen an jüngeren Bäumen entfernen
- **an Ästen und Stamm**
- Rindennekrose durch Pilzinfektion (*Lachnellula willkommii*): Abb. FAW

- Wipfel- und Aststerben durch Rindennekrose mit Rindenwülsten an jungen Bäumen oder Einschnürungen bei stammumfassender Infektion, Absterbeerscheinungen oberhalb der Infektionsstelle, kleine Pilzfruchtkörper (Lupe) auf toter Rinde: »Rindenschildkrankheit« bei älteren Bäumen durch Pilzinfektion (*Phacidium coniferarum*): vgl. Abb. 6, 195
- Fraßgänge unter der Rinde durch Borkenkäfer-Befall (*Ips cembrae*); BK: s. Seite 12, B, XIII
- knotige Anschwellungen an Ästen und jungen Stämmen durch Fraß gelblichgrüner, schwarzköpfiger Raupen im Inneren, graue Harzbeulen durch Befall von Lärchengallwickler (*Laspeyresia zebeana*); BK: befallene Jungbäume roden
- Degeneration mit hexenbesenartigen Wuchsanomalien durch Rickettsienähnliche Bakterien (RLB): Abb. 114
- **an Wurzeln/Stammbasis**
- Absterben nach Hallimasch-Infektion (*Armillaria* spp.): vgl. Abb. 144

Abb. 112: »Wolläuse« an Maitrieben

EM: verfärbte, winkelig abgebogene Nadeln (Pfeil) mit wachsbedeckten Läusekolonien der Fichtengallenläuse (*Adelges laricis*, *Sacchiphantes viridis*: Abb. 142) oder (hier im Bild) der Lärchenwollaus (*Sacchiphantes segregis*)

VM: Differenzierung der Arten durch Fachleute

BK: bei Fichtengallenläusen Wirtswechsel mit Fichten in der Nachbarschaft beachten (vgl. Abb. 142); Behandlung s. Seite 11, B, V

Abb. 113: Verbräunung der Nadelspitzen durch Lärchenminiermotten-Befall (*Coleophora laricella*)

EM: braune, abgeknickte, durch kleine Raupen ausgefressene Nadelspitzen

VM: Frostschaden; Nährstoffmangel (vgl. Abb. FAW); Minierfraß durch Raupen des Lärchennadelwicklers (*Spilonota laricana*): hier aber zusammengesponnene Spitzen

BK: Vogelschutz fördern; bei starkem Befall vor Austrieb (zwei Räupchen je Kurztriebknospe) mit Austriebspritzmitteln behandeln (s. Seite 11, B, IV), nach Austrieb s. Seite 12, B, XI

Abb. 114: Lärchendegeneration durch Rickettsien-ähnliche Bakterien (RLB)
EM: hexenbesenartiger Wuchs durch vermehrten Knospenaustrieb; abwärts geneigte, gestauchte, später absterbende Äste; Erregernachweis (Mikro) durch Fachleute
VM: Degeneration durch schlechte Standortverhältnisse
BK: erkrankte Bäume roden; widerstandsfähigere Japanische Lärche an gefährdeten Standorten bevorzugen

Ligustrum (Liguster)

- **an Blättern, Blüten**
- Gelb- und Ringfleckigkeit, Kräuselmosaik durch Virusinfektion (Kirschenblattrollvirus, Arabismosaikvirus oder Himbeerringfleckenvirus); BK: infizierte Pflanzen entfernen, nicht als Vermehrungsmaterial benutzen, vgl. auch Abb. 271
- Blattfleckung durch Trockenheit: Abb. 115
- Blattfleckung durch Pilzinfektionen (*Puccinia isiacae*: chlorotische Fleckung mit becherförmigen Rostpilzsporenlagern (Lupe) meist blattunterseits; *Cercospora adusta* oder *C. ligustri*: rundliche, braune 1–2 cm große bzw. graue, dunkel umrandete, 2–5 mm große Flecke; *Ramularia ligustrina*: rundliche bis ovale, ockerfarbige, dunkel umrandete, 3–10 mm große Flecke; *Ascochyta*-Arten: unregelmäßige, ockerfarbige Flecke, teilweise braun umrandet; *Septoria ligustri*: unregelmäßige, blaßockerfarbige Flecke mit teilweise rotem Rand; *Phyllosticta ligustri*: Abb. 115
- Blattfleckung und Blattdeformation durch Befall der Ligusterblattlaus (*Myzus ligustri*): Abb. 116
- Buchtenfraß an Blättern durch Käfer des Fliederblattrüßlers (*Otiorrhynchus rotundatus*): vgl. Abb. 225
- Blattfraß durch Schmetterlingsraupen (z. B. Ligusterschwärmer: *Sphinx ligustri*, Abb. 177) oder Weißer Bär (*Spilosoma lubricipeda*) mit variablen, grüngelblichen bis braunen, behaarten Raupen (bis 5 cm lang), sehr polyphag, Kulturfolger im Garten- und Obstbau; BK: s. Seite 12, B, XI
- Blattminen mit kleinen, grünlichen Raupen der Fliedermotte (*Xanthospilapteryx syringella*); vgl. Abb. 287; BK: regelmäßiger Heckenschnitt
- verdickte, geschlossen bleibende Blütenknospen mit gelblicher Larve im Inneren durch Gallmücken-Befall (*Placochela ligustri*); BK: Knospen frühzeitig entfernen
- **an Trieben**
- verkürzte Maitriebe und Blattstiele mit Kolonien der Eschenzweiglaus (*Prociphilus bumeliae*): vgl. Abb. 85; BK: s. Seite 11, B, I
- absterbende Triebe mit rötlichen, stecknadelkopfgroßen Pilzfruchtkörpern auf toter Rinde besonders im Winter durch Pilzinfektion (*Nectria cinnabarina*): vgl. Abb. 20
- Kolonien rötlichbrauner, halbkugelig gewölbter Napfschildläuse (*Parthenolecanium-, Eulecanium-Arten):* vgl. Abb. 292
- **an Wurzeln/Stammbasis**
- am Pflanzengrund dunkelbraune, bald verholzende Wucherungen durch Bakterieninfektion (*Agrobacterium tumefaciens*): vgl. Abb. 132
- Absterbeerscheinungen durch Wurzelfäule nach Pilzinfektion (*Rosellinia necatrix*); BK: erkrankte Pflanzen roden

Abb. 115: Blattfleckung durch Pilzinfektion (*Phyllosticta ligustri*) und durch Trockenheit
EM: *P. ligustri*: rundliche, braune, dunkel umrandete Flecke, Blattfall; Trockenschaden: Blattspitzennekrose, zum übrigen Blattgewebe schwarz abgesetzt, vorzeitige Vergilbung
VM: andere Pilzinfektionen (s. Übersicht, Differentialdiagnose durch Fachleute); Blattlaus-Befall (Abb. 116)
BK: Pilzinfektion: abgefallene Blätter entfernen, regelmäßiger Heckenschnitt; Behandlung s. Seite 10, A, VII

Abb. 116: Blattverfärbung und -deformation durch Ligusterblattlaus (*Myzus ligustri*)
EM: gelbe bis rotfleckige Blätter, zum Teil nach unten eingerollt, verdreht, später Nekrose, Blattfall; gelbliche Läuse blattunterseits
VM: Virusinfektion
BK: s. Seite 11, B, I

Abb. 117: Fraßschaden durch Raupen des Ligusterschwärmers (*Sphinx ligustri*)
EM: bis 12 cm lange, hellgrüne Raupe mit weißen und violetten Querstreifen und schwarzem Horn
VM: andere Schmetterlingsraupen
BK: selten geworden, deshalb nach Möglichkeit Raupen zur Zucht Entomologen zur Verfügung stellen; auch an *Fraxinus*, *Liburnum*, *Syringa*

Lonicera (Geißblatt)

- **an Blättern, Knospen, Blüten**
- Blattverfärbungen durch Virusinfektion (Gurkenmosaikvirus: chlorotische Ringfleckung und Bandmusterung; Gelbnetzvirus: leuchtend gelbe Verfärbung längs der Blattadern von *Lonicera japonica*): Abb. 118
- weißlicher Überzug auf beiden Blattseiten oder blattunterseits durch Echte Mehltaupilze (*Microsphaera lonicerae* bzw. *Phyllactinia guttata*): vgl. Abb. 31, 98, bzw. 35, 71
- graugrüne Fleckung blattoberseits, kalkartiger Belag blattunterseits, Blattvertrocknung, »Kalkfleckenkrankheit« durch Pilzinfektion (*Herpobasidium deformans*); BK: erkrankte Blätter entfernen, staunasse Böden meiden
- gelbe Flecke durch Sporenlager von Rostpilz an Blattadern und Blattstiel (*Puccinia festucae*); BK: erkrankte Blätter entfernen
- Blattfleckung durch andere Pilzinfektionen (*Phyllosticta caprifolii*): Abb. 119
- Buchten- und Lochfraß durch Käfer von Fliederblattrüßler (*Otiorrhynchus rotundatus*): vgl. Abb. 225
- gelbliche, pustelförmige, bis 3 mm große Blattgallen mit weißlichen Larven oder fleischige Einrollung der Blattränder mit weißen, gelbroten oder gelblichen Larven von Gallmücken (*Dasineura*-Arten); BK: befallene Blätter entfernen
- enge, gekräuselte Einrollung der Blattränder, Milben (Mikro) durch Gallmilben-Befall (*Eriophyes xylostei*): vgl. Abb. 67
- Blattrollung und Deformation von Blättern und Blüten, hexenbesenartige, bis 20 cm lange, buschig herabhängende Gebilde mit fädigen Trieben durch Blattläuse (*Hyadaphis-*, *Rhopalomyzus*-Arten); Blattläuse mit Wachswolle auch an Zweigen (*Pemphigus xylostei*); BK: s. Seite 11, B, I
- Blattdeformation durch Schmierlaus-Befall (*Phenacoccus aceris*): vgl. Abb. 103
- angeschwollene, geschlossen bleibende Blütenknospen mit gelber Raupe der Federmotte (*Alucita hexadactyla*) oder mit gelben oder orangefarbigen Larven von Gallmücken im Inneren (*Contarinia lonicerarum*, *Placochela nigripes*); BK: befallene Knospen entfernen
- **an Trieben**
- Anschwellungen unterhalb gestauchter Triebspitzen mit weißer Larve im Mark, Triebvertrocknung durch Blattwespen-Befall (*Hoplocampoides xylostei*); BK: befallene Triebe abschneiden
- **an Wurzeln/Stammbasis**
- Wucherungen an älteren Sproßteilen, Stammbasis und Wurzeln durch Bakterieninfektion (*Agrobacterium tumefaciens*): vgl. Abb. 132

Abb. 118: Gelbfärbung längs der Blattadern bei *Lonicera japonica* durch Virusinfektion (Gelbnetzvirus)

EM: leuchtend gelbe Adernbänderung

VM: keine

BK: hier nicht, da beliebter Zierpflanzeneffekt; im Gegensatz dazu andere Virusinfektionen (zum Beispiel Gurkenmosaikvirus: durch Blattläuse übertragbar, großer Wirtskreis)

Abb. 119 Blattfleckung durch Pilzinfektion (*Phyllosticta caprifolii*)

EM: unregelmäßige, graugrüne bis braune, dunkel umrandete Flecke auf beiden Blattseiten

VM: andere Pilzinfektionen mit Ausbildung sehr ähnlicher Blattflecke; Differentialdiagnose durch Fachleute

BK: abgefallene Blätter entfernen; bei sehr starker Erkrankung Pflanzen zurückschneiden; Standortbedingungen für die jeweiligen *Lonicera*-Arten berücksichtigen; evtl. chemische Behandlung (s. Seite 10, A, VII)

Magnolia (Magnolie)

- **an Blättern, Knospen, Blüten**
- chlorotische Ring- und Linienmuster auf Blättern durch Virusinfektion (vermutlich Gurkenmosaikvirus); BK: nicht möglich
- Blattfleckung durch Pilzinfektionen (*Ascochyta magnoliae*: unregelmäßige, weißliche, zerreißende und herausfallende Flecke; *Phyllosticta*-Arten: unregelmäßige, weißliche oder rundliche, graue, schwarz umrandete Flecke; *Septoria caerulescens*: weißliche Flecke mit braunem Rand; *Macrosporium cladosporioides*: unregelmäßige, gelbbraune Flecke mit olivfarbigem Rand); Differentialdiagnose durch Fachleute; BK: Standortbedingungen (schnelles Abtrocknen der Blätter) beachten, abgefallene Blätter entfernen
- Knospenfäule und Blütenwelke durch Pilzinfektion (Grauschimmel: *Botrytis cinerea*): vgl. Abb. 241
- Blütenverbräunung im Frühjahr durch Frosteinwirkung: Abb. 120a
- **an Trieben/Ästen**
- Aststerben, rote, stecknadelkopfgroße Pilzfruchtkörper auf toter Rinde durch Pilzinfektion (*Nectria*-Arten): Abb. 120b

a

b

Abb. 120: Blütenverbräunung durch Spätfrost, Triebsterben durch anschließende Pilzinfektion (*Nectria cinnabarina*)

EM: Blütenknospen- und Blütenverbräunung nach Spätfrost (a); nachfolgende Pilzinfektion, die im Sommer zum Absterben der inzwischen beblätterten Triebe führt (b); auf toter Rinde blaßrote, stecknadelkopfgroße Pilzfruchtkörper (vgl. Abb. 20)

VM: Grauschimmelinfektion (*Botrytis cinerea*), vgl. Abb. 241

BK: erkrankte Triebe entfernen

Mahonia (Mahonie)

- **an Blättern**
- chlorotische Fleckung durch Virusinfektion: Abb. 121
- weißlicher Überzug durch Echten Mehltaupilz (*Microsphaera berberidis*): Abb. 122
- Blattfleckung durch Pilzinfektion (*Ascochytella mahoniae, Septoria mahoniae*): Abb. 123
- bräunliche Blattfleckung mit rostfarbigen Sporenlagern blattunterseits durch Rostpilz (*Cumminsiella mirabilissima*): Abb. 124
- Blattkräuselung durch Blattlaus-Befall (*Liosomaphis berberidis*); BK: s. Seite 11, B, I

Abb. 121: Chlorotische Ringfleckung durch Virusinfektion

EM: an jungen Blättern von den Seitenadern ausgehende gelbe Verfärbungen, die sich meist ringförmig entwickeln; Virusnachweis durch Fachleute

VM: chlorotische Fleckung im Frühstadium von Mehltauinfektion (*Microsphaera berberidis*, Abb. 122)

BK: stark erkrankte Pflanzen roden; nicht als Vermehrungsmaterial benutzen; Bekämpfung nicht möglich, Vektor unbekannt

Abb. 122: Weißlicher Überzug durch Echten Mehltau (*Microsphaera berberidis*)

EM: mehlartiger, weißlicher Überzug auf beiden Blattseiten (siehe auch *Berberis*)

VM: keine

BK: Mahonien nicht mit Berberitzen zusammenpflanzen; Behandlung s. Seite 10, A, I

a

b

Abb. 123: Blattfleckung durch Pilzinfektion (*Ascochytella mahoniae*, a; *Septoria mahoniae*, b)

EM: a) zunächst chlorotische, diffuse Flecke, dann große, unregelmäßige, dunkelbraune oder graue Flecke mit rotem oder rotviolettem Rand
b) rötliche, dann hellbraune Flecke mit dunkelbraunem Rand

VM: andere Pilzinfektionen (rundliche, graue Flecke (1 mm): *Colletotrichum*-Stadium von *Glomerella cingulata*; unregelmäßige, graubraune bis weiße Flecke: *Phyllosticta aquifolii*; Rostpilze (vgl. Abb. 124)

BK: s. Seite 10, A, VIII

Abb. 124: Blattfleckung durch Rostpilzinfektion (*Cumminsiella mirabilissima*)

EM: rostbraune Sporenlager blattunterseits; braune bis leuchtend rote, rundliche Flecke blattoberseits

VM: andere Rostpilzinfektion (*Puccinia graminis*), auch auf *Berberis* (Wirtswechsel mit Gramineen); Differentialdiagnose durch Fachleute

BK: bei starker Erkrankung Rückschnitt; s. Seite 10, A, II

Malus (Zierapfel)

- **an Blättern, Knospen, Blüten**
- mosaikartige Blattfleckung durch Virusinfektion (Apfelmosaikvirus): Abb. 125
- weißlicher, mehlartiger Überzug auf deformierten Blättern, jungen Trieben, Blüten oder fleckiger Belag blattunterseits durch Echte Mehltaupilze (*Podosphaera leucotricha* bzw. *Phyllactinia mali*): vgl. Abb. 238 bzw. 71
- dunkle Blattflecke durch Apfelschorfinfektion (*Spilocaea pomi*): Abb. 126
- gelbliche Pilzsporenlager blattunterseits durch Rostpilzinfektion (*Gymnosporangium tremelloides*); BK: Wirtspflanzenwechsel mit *Juniperus* beachten: vgl. Abb. 108
- Blattfleckung durch andere Pilze (*Sphaceloma pirinum*); *Phyllosticta angulata*): Abb. 127
- Blattfleckung durch Raupen der Fleckenminiermotte (*Cemiostoma scitella*): Abb. 128
- Blattrandrollung mit oder ohne starke Behaarung, Milbennachweis (Mikro) durch Gallmilben-Befall (*Eriophyes*-Arten): vgl. Abb. 67
- Blattrandrollung mit knorpeliger Verdickung und gelblich-rötlicher Verfärbung, anfangs weißliche, später rote Larven der Apfelblattgallmücke (*Dasineura mali*); BK: bei Zierapfelbäumen nicht erforderlich
- braune Stichflecke und Löcher besonders längs der Blattmittelrippe durch Blattwanzen-Befall (*Lygus*-Arten): vgl. Abb. 181
- Blattkräuselung verfärbter, junger Blätter durch Blattlaus-Befall (*Dysaphis-*, *Sappaphis-*, *Yezabura*-Arten); Differentialdiagnose durch Fachleute; BK: s. Seite 11, B, I
- Blattdeformation an verkümmernden Triebenden mit grünen Läusekolonien (Grüne Apfelblattlaus: *Aphis pomi*) oder mit schwarzen Läusen (Schwarze Bohnenlaus: *Aphis fabae*) oder gelblichgrünen Läusen (Apfelgraslaus: *Rhopalosiphum insertum*); BK: s. Seite 11, B, I
- Blattkräuselung mit Schaumabsonderungen durch Schaumzikade (*Philaenus spumarius*): vgl. Abb. 259
- Blattdeformation durch Schmierlaus-Befall (*Phenacoccus aceris*): vgl. Abb. 103
- bronzefarbige Blattverfärbung und -vertrocknung, Spinnfäden mit gelblichroten Milben, rote Wintereier an Trieben der Obstbaumspinnmilbe, »Rote Spinne« (*Metatetranychus ulmi*, *Bryobia rubrioculus*): vgl. Abb. 168, 258
- Blattverbräunung und Triebendenvertrocknung, Milben (Mikro) durch Gallmilben-Befall (*Vasates schlechtendali*); BK: befallene Triebe entfernen
- 2 bis 4 mm große Pocken auf beiden Blattseiten, Milben (Mikro) der Apfelpockenmilbe (*Eriophyes mali*); BK: nicht erforderlich
- Fraßschäden durch Käfer (Maikäfer: *Melolontha*-Arten; Junikäfer: *Amphimallon solstitiale*; Gartenlaubkäfer: *Phyllopertha horticola*): vgl. Abb. 210, 245

- Lochfraß an jungen Blättern und Knospenfraß durch Rüsselkäfer (Schmalbauch: *Phyllobius oblongus*); BK: s. Seite 12, B, XIII
- schlangen-, kreis- oder blasenförmige Miniergänge in Blattspreiten mit gelblichweißen, braunköpfigen Raupen von Obstbaumminiermotten (*Lyonetia-*, *Cemiostoma-*, *Lithocolletis-*, *Nepticula*-Arten): vgl. Abb. 128
- Blattfraß durch Schmetterlingsraupen (Frostspanner: *Operophthera brumata, Abb. 49, Hibernia defoliaria*, Abb. 208; Goldafter: *Euprotis chrysorrhoea*, Abb. 19; Apfelschalenwickler: *Adoxophyes reticulana*; Gespinstmotten: *Yponomeuta*-Arten, vgl. Abb. 66; Apfelblattmotte: *Simaethis pariana*, Skelettierfraß durch gelbliche, schwarzgefleckte Raupen; Grauer und Roter Knospenwickler: *Olethreutes variegana*, *Tmetocera ocellana*, Entfaltungshemmung austreibender Blätter und Blüten mit Spinnfäden und grünlichen bzw. bräunlichen, schwarzköpfigen Raupen, später Skelettierfraß; Ringelspinner: *Malacosoma neustria*, Abb. 183; Differentialdiagnose durch Fachleute; BK: s. Seite 12, B, XI und XII
- geschlossen bleibende, verbräunende Blütenknospen durch Käfer-Befall (Apfelblütenstecher: *Anthonomus pomorum*): Abb. 130
- Entfaltungshemmung von Blatt- und Blütenknospen, Honigtaubildung mit Rußtaupilzbelag, Knospenvertrocknung durch Frühjahrs-Apfelblattsauger (*Psylla mali*); später an gekräuselten Blättern mit starker Honigtauausscheidung, Kottröpfchen und Larven des Sommer-Apfelblattsaugers (*Psylla costalis*): vgl. Abb. 201
- **an Trieben**
- Triebsterben mit wie verbrannt aussehenden Blättern (»Feuerbrand«) durch Bakterieninfektion (*Erwinia amylovora*): vgl. Abb. 58, 62
- Triebsterben (»*Monilia*-Spitzendürre«) durch Pilzinfektion (*Monilia*-Arten): vgl. Abb. 186
- Schildlauskolonien an Trieben mit Deformationen oder Absterbeerscheinungen (*Parthenolecanium-*, *Eulecanium-*, *Epidiaspis-*, *Lepidosaphes-*, *Quadraspidiotus*-Arten; *Palaeolecanium bituberculatum*; *Pulvinaria betulae*): vgl. Abb. 292, 190, 29
- **an Ästen und Stamm**
- Wucherungen auf der Rinde mit weißflockigen Läusekolonien der Apfelblutlaus (*Eriosoma lanigerum*): Abb. 129
- Absterbeerscheinungen an Ästen durch Schildlaus-Befall, s. Triebe
- wulstig umrandete Krebswunden durch Pilzinfektion (*Nectria galligena*): vgl. Abb. 20, 232
- Kümmern und Baumsterben mit Fraßgängen unter der Rinde durch Obstbaumsplintkäfer *Scolytus mali*): Abb. 131
- **an Wurzeln/Stammbasis**
- knotige Anschwellungen, krebsartige Wucherungen mit Apfelblutlauskolonien: vgl. Abb. 129
- kropfartige Wucherungen durch Bakterien (*Agrobacterium tumefaciens*): Abb. 132
- Fäule an Stammbasis (»Kragenfäule«) und Wurzeln durch Pilzinfektion (*Phytophthora cactorum*); BK: s. Seite 11, A, X, vgl. auch Abb. 65, 289

Abb. 125, links: Blattverfärbung durch Virusinfektion (Apfelmosaikvirus)
EM: leuchtend gelbe, teilweise weiße Fleckung, Sprenkelung oder linienartige Musterung; bei verschiedenen *Malus*-Arten/Sorten (auch Virusstamm-abhängig) nur chlorotische Scheckung
VM: andere Virusinfektionen; Differentialdiagnose durch Fachleute
BK: erkrankte Pflanzen nicht als Vermehrungsmaterial benutzen, natürliche Übertragung tritt fast nur bei Wurzelverwachsungen mit Nachbarbäumen auf

Abb. 126, rechts: »Apfelschorf« (*Spilocaea pomi*)
EM: nach der Blüte zarte, schwarzgrüne Anflüge blattoberseits aus baumartig verästelten Pilzfäden (Lupe), später rundliche, oberseits chlorotische, unterseits braune Flecke, dann beiderseits dunkelbraune Flecke, die zur Blattvertrocknung führen können; auch an Früchten (Deformation, Rißbildung) und an jungen Zweigen (Pusteln)
VM: keine
BK: s. Seite 10, A, IV

Abb. 127, links: Blattfleckung durch Pilzinfektion (*Phyllosticta angulata*)
EM: runde bis eckige, kleine braune Flecke, die zu großen Flecken zusammenfließen können
VM: andere Pilzarten (*Sphaceloma pirinum*: weißliche bis bräunliche, rotbraun umrandete Flecke, bis 3 mm)
BK: abgefallene Blätter entfernen; siehe auch Seite 10, A, VII

Abb. 128, rechts: Blattfleckung durch Raupen der Fleckenminiermotte (*Cemiostoma scittella*)
EM: kreisförmige, bis pfenniggroße, weißliche, später braune Minen, konzentrische Zonierung mit Kot und kleinen Räupchen (Lupe)
VM: andere Obstbaumminiermotten (*Lyonetia*-, *Lithocolletis*-, *Nepticula*-Arten; Differentialdiagnose durch Fachleute); Blattfleckung durch Pilze
BK: an Zierapfelbäumen in der Regel nicht erforderlich

Abb. 129: Wucherungen und Absterbeerscheinungen durch Blutlaus-Befall (*Eriosoma lanigerum*)
EM: krebsartige oder knotige Anschwellungen besonders auf Stammrinde junger Bäume, auch an Wurzeln und Trieben; braune, durch weiße, watteähnliche Wachsausscheidung bedeckte Läuse, bei Zerdrücken roter Saft
VM: Schildlaus-Befall
BK: Wundpflege; stark befallene Pflanzenteile entfernen; bei beginnender Wachswollebildung chemische Behandlung s. Seite 11, B, V

a

b

Abb. 130: Blütenvertrocknung durch Apfelblütenstecher (*Anthonomus pomorum*)

EM: rotbraun verfärbte, geschlossen bleibende und vertrocknende Blütenknospen (a) mit weißlichgelber Käferlarve oder später mit Puppe im befressenen Inneren; 5 mm langer, graubrauner Rüsselkäfer mit heller Querbinde auf den Flügeldekken (b) frißt an Knospen im März und bohrt sie zur Eiablage an; unbedeutender Fraß im Sommer an den Blättern (b)

VM: Apfelblattsauger (*Psylla mali*)

BK: an kleinen Zierapfelbäumen befallene Knospen rechtzeitig entfernen

Abb. 131, links: Absterbeerscheinungen durch Obstbaumsplintkäfer-Befall (*Scolytus mali*)

EM: Äste oder Stamm mit vielen 2 mm großen Löchern in der Rinde (Pfeil) und Fraßgängen unter der Rinde mit weißlichen Käferlarven; Rinde löst sich ab

VM: Holzbohrer-Befall (*Anisandrus dispar, Xyleborus saxeseni*) mit Bohrgängen tief ins Holz und wenigen, mit Bohrmehl verschlossenen Bohrlöchern

BK: befallene Äste oder Bäume entfernen

Abb. 132, rechts: Krebsartige Wucherungen an Wurzeln durch Bakterieninfektion (*Agrobacterium tumefaciens*)

EM: knotige Anschwellungen, die sich zu krebsartigen, verholzenden Wucherungen erweitern können (»Wurzelkropf«), vgl. auch Abb. 52; Analyse durch Fachleute

VM: Apfelblutlaus-Befall (*Eriosoma lanigerum*): Abb. 129

BK: erkrankte Pflanzen sorgfältig roden, nicht kompostieren (bodenbürtiger Erreger mit großem Wirtskreis)

Picea (Fichte)

- **an Nadeln, Knospen**
- Nadelbäume der Serbischen Fichte, »Omorikasterben«: Abb. 133
- Nadelverfärbung durch Nährstoffmangel (gelbe Verfärbung mehrjähriger Nadeln, nicht des jüngsten Nadeljahrgangs: Mg-Mangel, Abb. 133; blaßgelbe bis violettbraune Verfärbung von der Nadelspitze ausgehend: K-Mangel, Abb. FAW); BK: nach chemischer Nadelanalyse entsprechende Düngung, gute Wasserversorgung
- Nadelverfärbung durch Frosttrocknis oder Streusalzeinwirkung: Abb. 134, Abb. FAW
- Nadelverbräunung nach Trockenperioden: vgl. Abb. 295
- Nadelverbräunung durch Pilzinfektion (*Lophodermium*-Arten): vgl. Abb. FAW
- Nadelverfärbung durch Hallimaschinfektion (*Armillaria* sp.), siehe Wurzeln/Stammbasis
- Nadelchlorose durch Herbizideinwirkung: vgl. Abb. 3
- Nadelverfärbung durch Pilzinfektion (*Rhizosphaera kalkhoffii*): Abb. 135
- Nadelverfärbung durch Rostpilzinfektion (Fichtennadelrost: *Chrysomyxa abietis*): Abb. 136
- Nadelverfärbung durch Fichtenröhrenlaus (*Liosomaphis abietina*): Abb. 137
- Nadelverfärbung durch Nadelholzspinnmilbe (*Oligonychus ununguis*): vgl. Abb. 107
- Nadelverfärbung durch Fichtenquirlschildläuse (*Physokermes*-Arten); BK: s. Seite 11, B, IV
- Nadelfraß durch Schmetterlingsraupen (Schlehenspinner: *Orgyia recens*, Abb. 302; Fichtennestwickler: *Epinotia tedella*, Abb. 138; Fichtennadelmarkwickler: *Epinotia nanana*, *E. pygmaeana*, Minierfraß in zusammengesponnenen Nadeln, keine Kotanhäufung; Fichtennadelminiermotte: *Eustaintonia pinicolella*, Minierfraß in Nadeln, Gespinste mit Kotkrümel; Fichtentriebwickler: *Parasyndemis histrionana*, Minierfraß in Nadeln, Schartenfraß, Gespinste, besonders an jüngeren Fichten; weitere Raupenarten); Differentialdiagnose durch Fachleute; BK: s. Seite 12, B, XI/XII
- fadenartig gekrümmte Nadelreste an Maitrieben, Triebsterben durch Larvenfraß der Kleinen Fichtenblattwespe (*Pristiphora abietina*): Abb. FAW; BK: für gute Standortbedingungen sorgen (meist Befall gestreßter Bäume), bei starkem Befall chemisch behandeln (s. Seite 12, B, XI)
- Nadelfraß durch Fichtengespinstblattwespe (*Cephalcia abietis*): Abb. 138
- Knospensterben oder Sitzenbleiben von Terminalknospen durch Pilzinfektion (*Gemmamyces piceae*) oder Frühfrost: Abb. 139
- Schwellung nicht austreibender Knospen, Milben im Inneren (Mikro) durch Gallmilben-Befall (*Trisetacus* sp.); BK: an Jungbäumen befallene Knospen entfernen

- Knospensterben durch Minierfraß in Knospen und Triebspitzen durch Raupen von Fichtenknospenmotten (*Blastotere*-Arten), siehe Triebe
- **an Trieben**
- Welke und Absterben junger Triebe durch Grauschimmelinfektion (*Botrytis cinerea*): vgl. Abb. 5, 191, 278
- Triebsterben, stecknadelkopfgroße, schwarzbraune Pilzfruchtkörper auf toten, entnadelten Trieben durch Pilzinfektion (*Sirococcus strobilinus*) besonders an Jungbäumen von *Picea pungens* in Gesellschaft von Altkiefern in feuchten Lagen
- Absterben von Wipfeltrieben junger Bäume durch Raupen von Fichtenzapfenzünsler (*Dioryctria abietella*): Abb. 140
- Welke und Absterben der Maitriebe durch Spätfrost: Abb. 141
- Welke und Absterben von Triebspitzen durch Raupenfraß der Miniermotte (*Blastotere glabratella*): Abb. 141
- Absterben und Verkahlen von Trieben durch Frosttrocknis und Streusalzeinwirkung, siehe Nadeln
- Triebstauchung durch Baumläuse (*Cinaropsis*-Arten) zwischen den Nadeln, an Zweigen auch durch *Lachniella costata*: vgl. Abb. 4, 211
- posthornähnliche Verkrümmung junger Triebe durch Raupenfraß des Fichtentriebwicklers (*Parasyndemis histrionana*), siehe auch Nadeln
- Gallenbildungen durch Fichtengallenläuse: Abb. 142
- Anschwellungen der Triebrinde, innen mehrkammerig mit orangeroten Larven der Fichtentriebgallmücke (*Dasineura abietiperda*): BK: befallene Triebe frühzeitig ausschneiden
- Anschwellung der Triebe mit Einsenkungen der Rinde, dicht stehende, verfärbte Nadeln vorzeitig abfallend, an Schuppenbechern orangerote, 2 mm lange Larven der Fichtennadelgallmücke (*Dasineura piceae*); BK: befallene Triebe frühzeitig entfernen
- Algenbelag auf Nadeln und Trieben: vgl. Abb. FAW
- Schildlaus-Befall an Trieben und Ästen (*Physokermes*-Arten; *Lepidosaphes newsteadi*); BK: s. Seite 11, B, IV
- **an Ästen und Stamm**
- krebsartige Wunden mit Überwallungsrändern am Stamm, besonders bei Sitkafichten, »Fichtenrindenkrankheit« durch Pilzinfektion (*Nectria fuckeliana*): vgl. Abb. 20, 232
- rötliche Stammfäule nach Rindenverletzung durch Pilzinfektion (Blutender Schichtpilz: *Stereum sanguinolentum*): vgl. Abb. 196; BK: vorbeugend Wundpflege
- »Wolläuse« auf Astrinde und Stamm von Weißwolliger Fichtenstammlaus (*Pineus pineoides*), besonders bei geschwächten *Picea abies* und *P. omorika*; BK: s. Seite 11, B, V
- Absterben durch Fraßgänge mit ca. 1 cm langen, weißlichrötlichen, braunköpfigen Raupen im Rindengewebe besonders im Astquirlbereich, Kotauswurf und Harzaustritt, Überwallung der Rindenverletzung bei jungen Fichten nach Befall durch Fichtenrindenwickler (*Laspeyresia pactolana*); BK: für optimale Standortverhältnisse sorgen, da besonders geschwächte Bäume (z. B. durch Frostschaden) befallen werden, stark befallene Jungfichten roden
- Nadelverbräunung und Absterben der Bäume durch Brutgänge auf Rinden-

innenseite am Stamm oder Ast oder Wurzelhals geschwächter Bäume (z. B. nach Trockenperioden) durch Borkenkäfer-Befall (Buchdrucker: *Ips typographus*; Kupferstecher: *Pityogenes chalcographus*; Riesenbastkäfer: *Dendroctonus micans* und andere Käferarten, vgl. Abb. FAW); Differentialdiagnose durch Fachleute; BK: befallene Bäume beseitigen, PSD-Beratung

- Absterbeerscheinungen mit Fraßgängen in der Stammrinde durch Bockkäfer-Befall (Fichtenbock: *Tetropium luridum*, *T. fuscum*; Schneiderbock: *Monochamus sartor*; Schusterbock: *M. sutor*); BK: befallene Bäume beseitigen, PSD-Beratung
- Stämme durch Harzaustritt weiß bespritzt, Fraßgänge im Bast besonders an älteren, geschwächten Bäumen durch Käfer-Befall (Harzrüßler: *Pissodes harcyniae*); BK: befallene Fichten beseitigen
- Rindeneinsenkung und Harzaustritt durch mechanische Rindenschäden; BK: Wundpflege (Eintrittspforten für Pilze), vgl. Abb. 6
- Absterben junger Bäume durch Wildkaninchenfraßschaden (*Oryctolagus cuniculus*): Abb. 143
- **an Wurzeln/Stammbasis**
- Absterbeerscheinungen durch Hallimaschinfektion (*Armillaria* spp.): Abb. 144
- Absterbeerscheinungen mit Fraßgängen in Wurzeln, Wurzelhals und unterem Stammbereich junger Fichten durch Käfer-Befall (Fichtenwurzelbrüter: *Hylastes cunicularius*); BK: befallene Bäume beseitigen, PSD-Beratung

a b

Abb. 133: Nadelverfärbung an Serbischer Fichte (»Omorikasterben«) vor allem durch Chloridtoxizität

EM: Erkrankung von außen (Triebspitzen) nach innen fortschreitend (a); ab Juli chlorotische Fleckung und Verbräunung der Nadeln von der Nadelspitze her (b); Chloridgehalt in Nadeln über 0,2–0,3%; oft begleitet mit Magnesium-Mangel (c, hier an *P. abies*: Vergilbung der älteren Nadeln, nicht des jüngsten Nadeljahrgangs); besonders auf schweren, zur Verdichtung neigenden Böden

c

VM: Insektensaugschäden (Abb. 137); Hallimaschinfektion (Abb. 144); K-Mangel (Abb. FAW); Herbizideinwirkung (Abb. FAW)

BK: chloridhaltige Dünger (Thomaskali, »blaue Volldünger«, teilweise auch sog. Tannen- und Gartendünger) meiden; an Gehsteigen, Garageneinfahrten keine chloridhaltigen Streumittel im Winter anwenden; jährlich im April und Juni mit Mg-haltigen, chloridfreien Düngern (Bittersalz, N-P-Dünger) behandeln; Anpflanzung auf tiefgründigen, lockeren Böden (ohne Bauschutt!); Bodenanalyse, pH-Wert von 5,5 bis 6,5; bei Trockenheit ausreichend wässern

Abb. 134, oben: Nadelverfärbung der jüngsten Triebe durch Frosttrocknis
EM: Nadeln im Spätwinter fahlgelbbraun, später rotbraun
VM: Streusalzschäden an Wegrändern (chemische Analyse, vgl. Abb. FAW)
BK: im Herbst mit guter Wasserversorgung vorbeugen

Abb. 135, links: Verfärbung durch Pilzinfektion (*Rhizosphaera kalkhoffii*)
EM: braune Fleckung, Nadeln dort oft eingeschnürt, später fahlbraune Verfärbung mit linienförmig angeordneten Pilzfruchtkörpern nadelunterseits (Lupe, vgl. Abb. FAW)
VM: Infektion durch andere Pilze (Abb. 136, Übersicht); Insektenbefall
BK: gute Nährstoff- und Wasserversorgung, zu dichte Pflanzung meiden

Abb. 136, rechts: Vergilbung durch Fichtennadelrost (*Chrysomyxa abietis*)
EM: Verfärbung des jüngsten Nadeljahrgangs mit braunroten bis orangegelben, wulstartigen Sporenlagern bei noch grüner Nadelbasis; später Verbräunung der gesamten Nadel
VM: Frostschäden (Abb. 134); Pilzinfektion (*Lophodermium macrosporum* mit schwarzen Fruchtkörpern; *Rhizosphaera kalkhoffii*, Abb. 135)
BK: s. Seite 10, A, II (Pilz hat keinen Wirtswechsel)

a

b

Abb. 137: Verfärbung und Nadelfall durch Fichtenröhrenlaus (*Liosomaphis abietinum*), »Sitkalaus«

EM: gelbliche Fleckung zuerst der alten Nadeln, später Verbräunung und Nadelfall von innen nach außen fortschreitend (a); gelbgrüne Läuse mit rotbraunen Augen (Lupe, b); besonders an Blau-, Sitkafichte, Omorikafichte

VM: Verfärbung und Absterben durch Pilzinfektion (vgl. Abb. 135); Omorikasterben (Abb. 133)

BK: innere Zweigpartien über heller Unterlage abklopfen (Läusekontrolle, bereits ab November); in warmen Wintern bei Befall mit Austriebspritzmitteln (vgl. Seite 11, B, IV), nach Austrieb: Behandlung nach B, I

a

b

Abb. 138: Nadelverlust durch Fichtengespinstblattwespe (*Cephalcia abietis*, a) und Fichtennestwickler (*Epinotia tedella*, b)

EM: a) *Cephalcia*: in Zweiggabeln Gespinste mit braunen Kotkörnern und Blattwespenlarven, befressene ein- bis mehrjährige Nadeln; zunächst im oberen Kronenbereich, selten an Maitrieben; hier an Omorikafichte
b) *Epinotia*: von Raupen ausgefressene, braune Nadeln (Lupe) in Nestern (mit Kotkörnern) zusammengesponnen; besonders in Gruppen von Blau- und Omorikafichten

VM: andere *Epinotia*-Arten (Fichtenadelmarkwickler): Raupen besonders in Maitriebnadeln

BK: Befallnester herausschneiden, bei starkem Befall chemisch behandeln (s. Seite 12, B, XI)

Abb. 139: Sitzenbleiben der Terminalknospen bei Stechfichte durch Frühfrost

EM: im Herbst oft bereits stark angeschwollene Knospen, die im Frühjahr nicht austreiben und absterben

VM: Pilzinfektion (*Gemmamyces piceae*): in feuchten Jahren mit schwarzen Pilzfruchtkörpern besetzte Knospen, die nicht oder unvollständig austreiben

BK: bei Pilzinfektion erkrankte Knospen entfernen; bei anhaltender Feuchtigkeit während des Knospenschiebens Euparen spritzen

Abb. 140: Absterben von Wipfeltrieben junger Bäume durch Fichtenzapfenzünsler (*Dioryctria abietella*)

EM: Endknospen und Triebe durch Raupen ausgehöhlt, unter Einkrümmung braun, vertrocknet; Kotanhäufung, Harzfluß; Fraß in Zapfen

VM: Wickler-Befall (vgl. Abb. 138 b)

BK: befallene Triebe entfernen

a

b

Abb. 141: Welke und Absterben der Maitriebe durch Spätfrost (a) oder Miniermotten-Befall (*Blastotere glabratella*, b)

EM: a) herabhängende, gelblichbräunliche Maitriebe mit Knickstelle an der Basis nach Nachtfrost
b) herabhängende, bräunliche Maitriebe mit Fraßschaden von Raupen in Knospen und benachbarten Triebteilen

VM: Grauschimmelinfektion (*Botrytis cinerea*), hier aber Knickstelle meist in Triebmitte (vgl. Abb. 194) und Entwicklung von silbrig glänzenden, dunklen Pilzfäden bei hoher Feuchtigkeit (Abb. 5); bei Spätfrostschäden sind sämtliche oder zumindest die unteren Triebe eines Baumes geschädigt, die Grauschimmelfäule tritt dagegen nur an einzelnen Trieben auf

BK: a) frostgefährdete Muldenlagen mit Grasbewuchs möglichst meiden
b) befallene Triebe frühzeitig entfernen

a

b

c

Abb. 142: Gallenbildung durch Befall von Fichtengallenläusen

EM: a, b) Gelbe Fichtengallenlaus (*Sacchiphantes abietis*): Maitriebverkrümmung, an Triebbasis ananasförmige, dunkelgrüne Galle mit rötlichen Schüppchenrändern (a), später verholzt (b), bis 35 mm groß, innen gelbe Läuse
c) Kleine (Rote) Fichtengallenlaus (*Adelges laricis*): an Triebenden bleichgrüne, gelbliche Galle, 10 mm groß

VM: andere Gallenläuse (Grüne Fichtengallenlaus; *S. viridis*: an Maitriebbasis grüne, eiförmige bis kugelige Galle mit Nadelresten an Spalträndern der Gallenkammern, innen grüne Läuse; *Gilleteella cooleyi*: hellgrüne bis purpurfarbige, langgestreckte, große Galle; Hauptwirt Sitkafichte, Wirtswechsel mit Douglasie, siehe Abb. 193

BK: »Wolläuse« auf Nebenwirten bekämpfen (s. Seite 11, B, V); Haupt- und Nebenwirte nicht zusammenpflanzen; Gallen rechtzeitig abschneiden, überwinternde Läuse (weiße Wachsansammlungen im Frühjahr) bekämpfen (s. Seite 11, B, V)

Abb. 143: Absterben junger Bäume durch Wildkaninchen-Fraßschaden (*Oryctolagus cuniculus*)

EM: Entrindung von Bäumen und Zweigen in Bodennähe, Zahnspuren ca. 5 mm breit, lose Rindenfetzen; auch an anderen Baumarten

VM: Nageschäden durch Mäuse (vgl. Abb. 78, 197)

BK: Drahtgeflecht ca. 1,20 m hoch, 20 cm tief im Boden um junge Bäume oder Einbinden der Baumstämme mit Maschendraht, Kunststoffspiralen oder Reisig

a

b

c

Abb. 144: Wurzel- und Stammfäule durch Hallimasch-Infektion (*Armillaria* spp.)

EM: äußerlich am Stamm im Herbst hutförmige, bräunliche Pilzfruchtkörper (a) mit beringtem Stiel; weißfaule Wurzeln, im Stamm weißfaules Holz, unter der Rinde weiße Pilzfädenmatten (b) oder schwarzbraune Stränge (»Rhizomorphen«, c); Nadelvergilbung, Harzfluß, Absterben des Baumes

VM: andere Pilzarten (z. B. *Pholiota squarrosa*, *Heterobasidion annosum*, vgl. Abb. FAW)

BK: zur Verhütung ausreichend wässern; erkrankte Bäume mit Wurzelstumpf entfernen (Infektionsquelle); kein Nadelholz nachpflanzen an Befallsstellen

Pinus (Kiefer)

- **an Nadeln, Knospen**
- Nadelverfärbung und Nadelfall (»Kiefernschütte«) durch Pilzinfektion (*Lophodermium seditiosum*): Abb. 145
- Nadelverfärbung älterer Nadeljahrgänge durch normale Alterung, auch jüngerer Nadeln durch Streß (vorzeitige Seneszenz): Abb. 146
- Nadelverbräunung durch Pilzinfektion (*Dothistroma septospora*): Abb. 147
- Verbräunung jüngster Nadeln und Nadelfall durch Streusalzeinwirkung: vgl. Abb. 296; Abb. FAW
- von Nadelspitzen ausgehende Vergilbung, evtl. später Verbräunung durch Nährstoffmangel; Differentialdiagnose durch chemische Analyse; BK: gezielte Düngemaßnahmen, Bodenverbesserung: Abb. FAW
- fahlgelbe Verfärbung der Nadelspitzen mit brauner oder gelbgrüner Bänderung nach Frosteinwirkung: Abb. FAW
- von Nadelspitzen ausgehende, scharf begrenzte Verfärbung vorwiegend an jungen Nadeln durch Luftschadstoffeinwirkung: Abb. FAW
- Nadelverfärbung und Fleckung durch Wolläuse (*Pineus*-Arten): Abb. 148
- Nadelverfärbung und Fleckung durch Schildläuse (*Leucaspis*-Arten, *Lepidosaphes newsteadi*) Abb. 149 oder Schmierläuse (*Heliococcus bohemicus*): vgl. Abb. 158
- gelbliche bis weiße Sprenkelung der Nadeln durch Zwergzikaden (vor allem *Empoasca flavescens*) oder durch Wanzen-Befall (*Gastrodes grossipes*), BK: s. Seite 11, B, II/III
- gelbliche Sporenlager mit weißlicher, aufgerissener Hülle an Nadeln durch Kiefernnadelblasenrost (*Coleosporium*-Arten): Abb. FAW
- Nadelfraß durch Schmetterlingsraupen (Nonne: *Lymantria monacha*, Fraß in Knospen, Abbiß oberer Nadelhälften, Fraß der Nadelstümpfe, Spinnfäden, bis 3 cm lange, schmutzig weißschwarzbraune, lang behaarte Raupen mit graublauen, gelb und grau behaarten Warzen und zwei roten Warzen im hinteren Bereich, schwarze, durch hellen Fleck unterbrochene Rückenlinie; Kiefernspanner: *Bupalus piniarius*; Schartenfraß bis zur Mittelrippe, weiße Harztröpfchen, bis 3 cm lange, graugrüne Raupen mit gelbweißen Rücken- und Seitenstreifen; Forleule: *Panolis flammea*, Fraß in Knospen, an Nadeln und Rinde von Maitrieben, später an älteren Nadeln durch dunkel mattgrüne, bis 3 cm lange Raupe mit gelbrotem bis bräunlichem Kopf und hellen Streifen; Kiefernspinner: *Dendrolimus pini*, Totalfraß der Nadeln, Spinnfäden von braunen, auf Bauchseite grauen, gelbbraun gefleckten, dicht behaarten Raupen mit zwei stahlblauen Nackenflecken; Schlehenspinner: *Orgyia recens*, Abb. 302; Kiefernnadelmotte: *Ocnerostoma piniariellum*, Minierfraß in Nadeln, Gespinströhre aus mehreren Nadeln zur Verpuppung; weitere Raupen-Arten); Differentialdiagnose (Fachleute); BK: s. Seite 12, B XI/XII
- Harzfluß an abgestorbenen, ausgehöhlten Knospen durch Raupen von Kiefernknospenwickler *Blastethia turionella*): Abb. 150

- ausgefressene, nicht austreibende Knospen durch Raupen von Kiefernwickler (*Rhyacionia*-Arten), s. Triebe
- **an Trieben**
- Benadelungslücken durch Blütenbildung: Abb. FAW
- Absterben gekrümmter Triebspitzen mit grauem Pilzrasen bei Feuchtigkeit durch Grauschimmel-Infektion (*Botrytis cinerea*): vgl. Abb. 5, 194, 278
- Absterben jüngster Triebe: Harzfluß; kugelige, dunkelbraune Pilzfruchtkörper (Lupe) auf toter Rinde und Basis toter Nadeln durch Pilzinfektion (»*Diplodia*-Triebsterben«): *Sphaeropsis sapinea*; BK: erkrankte Triebe entfernen
- Triebsterben an geschwächten, meist jungen Bäumen mit kugeligen, bei Feuchtigkeit schüsselförmigen, 1–2 mm großen Pilzfruchtkörpern (Lupe) auf toter Rinde durch Pilzinfektion (*Cenangium ferruginosum*): Abb. FAW; BK: vorbeugend für gute Standort- und Wuchsbedingungen sorgen
- s-förmige Triebverkrümmung mit orangefarbigen Sporenlagern, Triebsterben durch Kieferndrehrost-Infektion (*Melampsora pinitorqua*): Abb. FAW; BK: erkrankte Triebe entfernen
- Triebverkrümmung (»Posthorn«) und Triebvertrocknung durch Raupen von Kiefernknospentriebwickler (*Rhyacionia buoliana*): Abb. 151
- Triebvertrocknung mit Fraßgang und Raupe in der Triebspitze von Kiefernquirlwickler (*Rhyacionia duplana*); BK: befallene Triebe entfernen
- Fraßschaden an jungen Trieben mit kotgefüllten Gespinsten der Kiefernkulturgespinstblattwespe (*Acantholyda hieroglyphica*): Abb. 152
- Fraß in Knospen und Trieben, Kot an Spinnfäden, kein Harzaustritt an Jungbäumen durch Raupen von Kiefernknospentriebzünsler (*Dioryctria mutatella*): vgl. Abb. 140; BK: befallene Triebe entfernen
- Triebspitzenabwurf durch Käferfraßgang des Großen Waldgärtners (*Blastophagus piniperda*): Abb. 153
- Knospenverbräunung und -verharzung; Triebsterben; kleine, braunschwarze Pilzfruchtkörper (Lupe) auf toter Rinde und abgestorbenen Knospen, besonders an Schwarzkiefern durch Pilzinfektion (»*Scleroderris*-Krankheit«: *Ascocalyx abietina*): Abb. FAW; BK: kühle, feuchte Standorte meiden, weniger anfällige Kiefernarten und -herkünfte bevorzugen, erkrankte Pflanzenteile entfernen
- Harzgallen an Trieben mit Raupen von Kiefernharzgallenwickler (*Petrova resinella*): Abb. 154
- **an Ästen und Stamm**
- Hexenbesen an Seitenästen, seltener gipfelständig durch verschiedene Ursachen: Abb. 155
- Saugschäden an Ästen durch Schmierlaus-Befall (*Heliococcus bohemicus*): vgl. Abb. 158
- Ast- und Baumsterben mit eingesunkenen Rindennekrosen und orangegelben Sporenlagern durch Rostpilzinfektion (*Cronartium ribicola*, *Endocronartium pini*, *Cronartium flaccidum*): Abb. 156
- von toten Aststummeln ausgehende, rötlichbraune Holzfäule am oberen Stamm alter Kiefern, später Weißlochfäule, braune Pilzkonsolen von Kiefern-Feuerschwamm (*Phellinus pini*): vgl. Abb. 270; BK: zeitige Stammholznutzung

- Absterbeerscheinungen durch Fraßgänge im Stamm mit Larven von Rüsselkäfern (*Hylobius abietis*, *Pissodes piniphilus*); BK: befallene Bäume roden
- **an Wurzeln/Stammbasis**
- Baumsterben, Harzaustritt, weißes Pilzmyzel unter der Rinde am Stammfuß, Wurzelfäule durch Hallimasch-Infektion (*Armillaria* sp.): vgl. Abb. 144
- gangförmiger Fraß in Wurzeln und Stammbasisrinde durch Befall wurzelbrütender Borkenkäfer (z. B. *Hylastes*-Arten); BK: befallene Bäume roden

a  b

Abb. 145: »Kiefernschütte« durch Pilzinfektion (*Lophodermium seditiosum*)

EM: gelbe Nadelfleckung ab September, später Nadelverbräunung (a), Nadelfall (»Schütte«) besonders im Frühjahr; auf abgefallenen Nadeln im Sommer schwarze schiffchenförmige Pilzfruchtkörper (1–1,5 mm lang); b) bei Trockenheit geschlossen (links), bei Feuchtigkeit offen (rechts); als Folgepilz oft *L. pinastri*: saprophytisch lebender Pilz mit ähnlichen Fruchtkörpern; befallene Nadeln jedoch zusätzlich mit schwarzen Querlinien

VM: Verfärbung im Spätsommer bis Herbst (physiologische Schütte) durch Nadelalterung oder durch andere Pilzinfektionen (Abb. 147)

BK: sehr feuchte Standorte meiden, keine dichte Pflanzung, abgefallene Nadeln entfernen

a

b

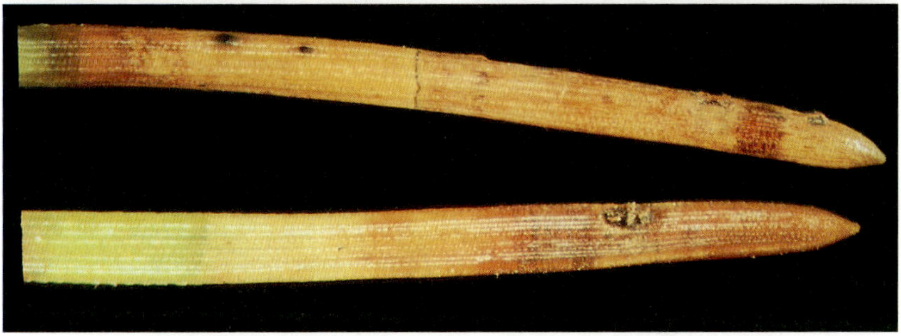

Abb. 146: Verfärbung und Nadelfall durch Nadelalterung
EM: ab Spätsommer gelbe bis braune Verfärbung zwei- bis mehrjähriger Nadeln durch normale Seneszenz der Nadeln am 3. bis 5. Jahrgang oder vorzeitige Seneszenz bereits am 2. Nadeljahrgang durch Streßeinwirkung (z. B. Trockenheit, auch durch subletale Kiefernschütte-Infektion, Abb. 145); Verfärbung von der Nadelspitze fortschreitend
VM: Pilzinfektionen bereits im Frühjahr (Abb. FAW, Abb. 145, 147)
BK: ausreichende Nährstoff- und Wasserversorgung

Abb. 147: Nadelbräune durch Pilzinfektion (*Dothistroma septospora*)
EM: bei *Pinus mugo* (a) zunächst Verbräunung der Nadelspitze, später der gesamten Nadel; bei *P. nigra* (b) anfangs vereinzelt braune Flecke und Bänder auf der Nadel verteilt; stecknadelkopfgroße, schwarze Pilzfruchtkörper aus der Nadel hervorbrechend
VM: andere Pilzinfektionen, Frostschäden, Nadelalterung
BK: s. Seite 11, A, VIII

Abb. 148: Saugschäden durch Kiefernwolläuse (*Pineus*-Arten)
EM: besonders an Jungbäumen Läuse mit watteähnlichen Wachswollknäueln an Zweigen, Stämmchen und Nadeln; Nadeln gelblichbraun verfärbt, an Saugstellen abbrechend; *Pineus pini*: besonders an *Pinus sylvestris*; *Eopineus strobus*: an *Pinus strobus*; *Pineus orientalis*: Triebgallen an *Pinus orientalis*, Wolläuse an Nadeln von *Pinus sylvestris, Pinus mugo*
VM: Nadelschildlaus-Befall (Abb. 149); Zweigläuse (*Cinara*-Arten): große Läuse an 1–2jährigen Zweigen zwischen den Nadeln, starke Honigtaubildung
BK: wiederholt starken Wasserstrahl auf Stamm und Äste richten; chemische Behandlung s. Seite 11, B, V

a b

Abb. 149: Saugschäden durch Nadelschildläuse (*Leucaspis*-Arten, a; Kommaschildlaus: *Lepidosaphes newsteadi*, Syn. *Mytilococcus newsteadi*, b)

EM: gelbliche Nadelfleckung, weißer Belag durch Schildläuse (Lupe); Nadelfall bei Massenauftreten; *Lepidosaphes newsteadi* oft mit *Leucaspis loewi* oder *L. pini* vergesellschaftet und dann besonders schädigend (Zweigsterben); auch auf *Picea*-Arten

VM: Wolläuse (Abb. 148); Nadelblasenrost (*Coleosporium senecionis*, vgl. Abb. FAW)

BK: s. Abb. 148; vorbeugend gute Wachstumsbedingungen, da Befall bes. auf geschwächten Bäumen

Abb. 150: Harzfluß an abgestorbenen Knospen durch Kiefernknospenwickler (*Blastethia turionella*)

EM: ausgehöhlte Knospen (vor allem Endknospen) durch braungelbe Raupen mit rötlichen Querbinden, Verpuppung im Frühjahr (Puppe ohne Stachelkranz) in der Endknospe; starke Harzbildung; am Maitrieb Spitzen sich streckender Nadelpaare von Räupchen umsponnen und von der Basis her ausgefressen, später Knospenbefall

VM: Kieferntriebwickler (Abb. 151), hier Puppe mit feinen Stacheln; Kiefernwickler (*Evetria turionana*): Knospen bereits im Spätherbst völlig ausgehöhlt, treiben nicht mehr aus

BK: befallene Triebe und Knospen entfernen

Abb. 151: Triebverkrümmung durch Kiefernknospentriebwickler (*Rhyacionia buoliana*)

EM: abknickende, ausgehöhlte Terminaltriebe mit rötlichbrauner Raupe im unteren Abschnitt; Triebe vertrocknen oder wachsen gekrümmt weiter (»Posthorn«), vgl. Abb. FAW

VM: andere Wicklerarten (z. B. *Rhyacionia duplana*); Pilzinfektion (Kieferndrehrost: *Melampsora pinitorqua*), vgl. Abb. FAW

BK: befallene Triebe entfernen

Abb. 152, links: Fraßschaden an Maitrieben durch Kiefernkulturgespinstblattwespe (*Acantholyda hieroglyphica*)

EM: rötlichbraune, gesprenkelte Larven (2,5 cm lang) solitär in röhren- oder sackförmigen, mit Kot gefüllten Gespinsten an Maitrieben junger Bäume

VM: andere Gespinstblattwespen, teilweise auch an Altnadeln; Differenzierung durch Fachleute

BK: befallene Triebe entfernen; für gute Kulturbedingungen sorgen (Befall besonders an geschwächten Pflanzen); bei gravierendem Befall (selten) PSD-Beratung

Abb. 153, rechts: Fraßschaden durch Borkenkäfer-Befall (Großer Waldgärtner: *Blastophagus piniperda*)

EM: Einbohrloch mit Harztrichter (Pfeil), Fraßgang anschließend im oberen Abschnitt von einjährigem Trieb, im Sommer auch Maitrieb durch Reifungsfraß des Käfers; Triebe im Herbst abbrechend (vgl. Abb. FAW); Brutfraßgänge in der Rinde lagernder Stämme oder stark geschädigter Bäume

VM: Kronenverlichtung durch Hagelschlag, Pilzinfektionen, Blattwespen-Befall, Schmetterlingsraupen (s. Übersicht)

BK: in Gärten befallene Triebe umgehend entfernen, in Anlagen lagernde Stämme entrinden und entfernen; wertvolle Einzelpflanzen chemisch behandeln (s. Seite 12, B, XIII)

Abb. 154: Harzgallen durch Kiefernharzgallenwickler (*Petrova resinella*)

EM: meist an Seitentrieben kirschgroße, aus Harz und Gespinstfäden bestehende Galle, mit Fraßgang und gelbbrauner Raupe, versehen mit dunklen Warzen; zweimalige Überwinterung in der Galle, im Anschnitt 2 Kammern; Verpuppung im 2. Frühjahr, Eiablage der bis 2 cm großen Falter am Maitrieb; bevorzugt an geschwächten jüngeren Kiefern

VM: keine

BK: Vorbeugung durch gute Standortverhältnisse; Zweige mit Gallen entfernen; Schäden in Gärten meist gering

Abb. 155: Hexenbesenbildung vermutlich durch Knospenmutation

EM: meist an Seitenästen örtlich gehäuft auftretende, kurze, dicht verästelte Zweige durch Massenaustrieb schlafender oder neu gebildeter Knospen; bei Kiefer vermutlich Knospenmutation, da Stecklinge aus solchen Gebilden dichtverästelte Solitärpflanzen liefern können; bei anderen Baumarten sind als Ursache Mykoplasmen-ähnliche Organismen, Bakterien oder Pilze bekannt (vgl. Abb. 114)

VM: keine

BK: ausschneiden, wenn der Baum beeinträchtigt wird

Abb. 156: Nadelvergilbung und Rindennekrose durch Pilzinfektion (Strobenrost: *Cronartium ribicola*) an Weymouthskiefer

EM: bei jungen Bäumen Kümmerwuchs und Nadelvergilbung, nach mehrjähriger Erkrankung Absterben von Ästen oder des Baumes; dann an Ast- und Stammbasis eingesunkene Rindennekrosen mit Harzaustritt und orangegelben Sporenlagern; Wirtswechsel mit *Ribes*-Arten (Abb. 229); auch an anderen fünfnadeligen Kiefernarten

VM: Nadelvergilbung durch Eisen/Mangan-Mangel (vgl. Abb. FAW); Harzfluß durch Dürreschäden oder Hallimasch-Infektion (vgl. Abb. 144)

BK: räumliche Trennung von Weymouthskiefern und *Ribes*-Arten (Wirtswechsel); kranke Pflanzen oder Pflanzenteile entfernen; ggf. chemisch behandeln (s. Seite 10, A, II)

Platanus (Platane)

- **an Blättern**
- Vergilbung und Blattfall durch Wassermangel: Abb. 157
- Blattvergilbung durch Rebenschmierlaus-Befall (*Heliococcus bohemicus*): Abb. 158
- helle Sprenkelung in Blattadernnähe, Bronzefärbung durch Platanennetzwanze (*Corythucha ciliata*): Abb. 159
- zackenartig geformte, braune Blattflecke durch Pilzinfektion (*Apiognomonia veneta*): Abb. 160 s. auch Äste
- Blattfleckung durch andere Pilzinfektionen (*Stigmina platani*: hell bis dunkelbraune, bis 3 mm große Flecke; *Mycosphaerella circumdans*: Blattnekrose, vom Blattrand her eintrocknend; *Phyllosticta platani*: dunkle, später im Zentrum helle, kleine, meist undeutliche Flecke); Differentialdiagnose durch Fachleute; BK: s. Seite 10, A, VII
- weißliche, 2–3 cm große Platzminen durch Platanenminiermotte (*Lithocolletis platani*): Abb. 161
- Blattkräuselung durch Gallmilben-Befall (*Rhyncaphytoptus platani*): Abb. 162
- Blattwelke durch Pilzinfektion (*Ceratocystis fimbriata* f. *platani*): s. Äste und Stamm
- **an Ästen und Stamm**
- Rindennekrose, Absterbeerscheinungen durch Pilzinfektion (*Ceratocystis fimbriata* f. *platani*: Abb. 163
- Nekrosen an Ästen, Absterben des Neuaustriebs, Blattfleckung (s. Blätter) durch Pilzinfektion (*Apiognomonia veneta*): Abb. 160
- Schildlauskolonien, Läuse mit kommaförmigem Schild (Gemeine Kommaschildlaus: *Lepidosaphes ulmi*): vgl. Abb. 190; Schmierlaus-Befall (*Heliococcus bohemicus*): Abb. 158
- Absterben an jüngeren Bäumen durch Fraßgänge im Holz mit Raupen von Blausieb (*Zeuzera pyrina*): vgl. Abb. 174
- Holzfäule im Inneren von Stamm und dickeren Ästen mit konsolenförmigen Pilzfruchtkörpern (20–30 cm breit, oberseits mit zottigem, gelb bis rotbraunem, später rostbraunem Filz bedeckt, nach Absterben im Winter schwarz verfärbt; Weißfäuleerreger): Zottiger Rostporling (*Inonotus hispidus*); BK: vgl. Abb. 305

Abb. 157: Blattvergilbung durch Wassermangel
EM: Verfärbung oft nur weniger älterer Blätter im gesamten Kronenbereich, gefolgt von Sommerlaubfall; nach Trockenzeiten im Sommer
VM: Insekten-Befall (Abb. 158); Pilzinfektion (Abb. 160)
BK: ausreichende Wasserversorgung

a

b

Abb. 158: Blattverfärbung (a) durch Rebenschmierlaus-Befall (*Heliococcus bohemicus*)
EM: mehrere Millimeter lange Läuse (weiblich) mit weißem Wachsbelag auf Dorsalseite (b)
VM: keine
BK: stark befallene Jungpflanzen chemisch behandeln (s. Seite 11, B, V, auch B, I)

a

c

b

Abb. 159: Blattverfärbung durch Platanennetzwanze (*Corythucha ciliata*)

EM: anfangs zahlreiche, helle, zusammenfließende Punkte in Blattadernnähe durch Saugtätigkeit der Larven (a, c); später bronzeartige Verfärbung der gesamten Blattfläche (b); schwarze Larven mit schwarzglänzenden Sekrettröpfchen und flugfähigen, 3–4 mm langen Wanzen mit hellen, netzartigen Deckflügeln auf Blattunterseite (c)

VM: Blattverfärbung durch Trokkenperioden (Abb. 157); Spinnmilben (vgl. Abb. 168)

BK: bei kleinen Bäumen möglichst morgens Blattspritzungen (s. Seite 11, B, III); bei größeren Bäumen Stamminjektionen mit systemischen Insektiziden (PSD-Beratung)

Abb. 160: Blattbräune und Rindennekrose durch Pilzinfektion (*Apiognomonia veneta*)

EM: zackenartig geformte, größere braune Blattflecke, geringer Blattfall; auf Blattadern kissenförmige Pilzfruchtkörper der *Discula*-Nebenfruchtform (Lupe); Nekrosen an Zweigen; bei dünnen Ästen auch Absterben des Neuaustriebs (Pfeil)

VM: Trockenschäden (Abb. 157); Insekten-Befall (*Lithocolletis platani*): Abb. 161

BK: Fallaub entfernen; erkrankte Äste ausschneiden; bei Jungbäumen im April-Mai wiederholte chemische Behandlung empfehlenswert, um Triebschäden zu vermeiden (s. Seite 10, A, VII)

Abb. 161: Blattfleckung durch Platanenminiermotte (*Lithocolletis platani*)
EM: 2–3 cm große, weißliche, bräunlich umrandete Platzminen mit grünlichen Räupchen unter der durchscheinenden Epidermis
VM: Blattbräune durch *Apiognomonia veneta* (Abb. 160)
BK: abgefallene Blätter entfernen

Abb. 162: Blattkräuselung und -deformation durch Gallmilben-Befall (*Rhyncaphytoptus platani*)
EM: verdickte Blattfläche vom Rand her nach oben, löffelförmig; braune Verfärbung und Vertrocknung der Blätter, bei starkem Befall totale Entlaubung; Milben blattunterseits (Mikro)
VM: keine
BK: befallene Blätter entfernen; chemische Behandlung s. Seite 12, B, IX

a

b

c

Abb. 163: Welke und Rindennekrose durch Pilzinfektion (*Ceratocystis fimbriata* f. *platani*)

EM: Blattwelke und vorzeitiger Blattfall (a); längsverlaufende, erst schmale (b), dann breite, braune, nicht verheilende Rindennekrosen (c) mit violettem Rand; nach wenigen Jahren Absterben des Baumes (»Platanenkrebs«); bisher nur in südlichen Ländern aufgetreten; etwaige Pilzinfektion, besonders an Bäumen mit radikalem Rückschnitt, durch PDS diagnostizieren lassen

VM: Welke durch Dürreperioden; Rindennekrose durch *Apiognomonia veneta* (Abb. 160), hier Wunden überwallend

BK: starken Rückschnitt vermeiden; erkrankte Bäume entfernen

Populus (Pappel)

- **an Blättern, Knospen, Blüten**
- Vergilbung und vorzeitiger Blattfall durch Trockenheit: Abb. FAW
- chlorotische Fleckung oder Mosaik durch Virusinfektion (Pappelmosaikvirus): Abb. 164
- chlorotische Blattfleckung mit orangegelben Sporenlagern durch Rostpilzinfektion (*Melampsora*-Arten): Abb. 165
- Blattfleckung durch Pilzinfektionen (*Marssonina*-, *Septoria*-, *Pollaccia*-Arten): Abb. 166
- weißer Überzug auf beiden Blattseiten mit kleinen, kugeligen Pilzfruchtkörpern (Lupe) durch Echten Mehltaupilz (*Uncinula adunca*) oder blattunterseits (*Phyllactinia guttata*): vgl. Abb. 8, 71
- fleckige Blattaufwölbungen durch Pilzinfektion (*Taphrina populina*): Abb. 167
- Blattverfärbung durch Spinnmilben-Befall (*Metatetranychus, Tetranychus, Schizotetranychus* spp.: Abb. 168
- Blattverfärbung und -deformation mit Kolonien der Blasenlaus (*Asiphon tremulae*) an Zitterpappel: vgl. Abb. FAW
- Blattdeformation und Blattrollung, teilweise mit Verfärbung durch wirtspezifische Blattlaus-Arten; BK: s. Seite 11, B, I
- Blattrollung ohne oder mit starker Behaarung durch Gallmücken-Befall (*Contarinia tremulae*: an *Populus tremula*; *Dasineura populeti*: an *P. tremula, P. canescens, P. alba*); BK: kaum erforderlich
- Lockere bzw. feste Aufwärtsrollung des Blattrandes durch Blattfloh-Befall (*Camarotoscena speciosa*: verschiedene *Populus*-Arten) bzw. durch Gallmilben-Befall (*Aceria dispar*: *Populus tremula*); BK: nicht erforderlich
- blasenförmige, lokale Aufwölbungen blattoberseits mit weißlichem bis bräunlichem Filzrasen an entsprechenden Stellen blattunterseits durch Gallmilben-Befall (*Aceria*-, *Vasates*-, *Phyllocoptes*-Arten), vgl. Abb. FAW; BK: nicht erforderlich
- Blatt- und Blattstielgallen durch Läuse-Befall (*Pemphigus*-Arten): Abb. 169
- Blattgallen mit orangefarbigen oder gelblichen Larven von Gallmücken (*Harmandia*-, *Lasioptera*-, *Syndiplosis*-Arten) oder rötlichen Warzengallen durch Gallmilben (*Eriophyes diversipunctatus*); BK: nicht erforderlich
- blumenkohlartige Wucherungen der Knospen durch Pappelknospengallmilbe (*Aceria populi*), Milbennachweis (Mikro); BK: befallene Triebe abschneiden
- Verdickung geschlossen bleibender Knospen mit Larven von Gallmücken im Inneren (*Dasineura populnea*); BK: befallene Knospen entfernen
- Blattdeformation, Saugschaden an Trieben durch Schaumzikaden (*Aphrophora* sp.): vgl. Abb. 259
- Fraß in Knospen, Trieben, Blütenkätzchen, Blattminierfraß durch Raupen

von Pappelknospenwickler und Pappeltriebwickler (*Epinotia*-Arten); BK: befallene Triebe entfernen

- Blattfraß durch Schmetterlingsraupen (bunte, behaarte Raupen des Weiden-/ Pappelspinners: *Leucoma salicis*; Ringelspinner: *Malacosoma neustria*, Abb. 183; Goldafter: *Euproctis chrysorrhoea*, Abb. 19; hellgrüne Raupen mit gabelartigem Fortsatz am Hinterende von Gabelschwanz-Arten: *Cerura* spp.; nackte oder behaarte, in Ruhestellung ringförmig gekrümmte Raupen von Eulenspinner und Eulen: *Cymatophora*-, *Ipimorpha*-, *Cosmia*-, *Acronicta*-Arten (Abb. 30, 38, 246); Eichenwickler: *Tortrix viridana*, Abb. 208; gelblichgrüne Raupen, bis 9 cm lang, mit Horn am Hinterende von Pappelschwärmer: *Lanthoe populi*); BK: s. Seite 12, B, XI/XII
- Minierfraß an Blättern mit Raupen von Zwergmotten (*Stigmella*-Arten); Faltenmotten (*Lithocolletis*-Arten), Sackträgermotte (*Coleophora serratella*) oder Larven von Blattkäfern (*Zeugophora*-Arten) oder Minierfliegen (*Agromyza*-, *Paraphytomyza*-Arten); BK: selten erforderlich; nur bei starkem Befall chemische Behandlung (s. Seite 12, B, X, XIII)
- Blattfraß durch Blattkäfer-Befall (*Phyllodecta*-Arten): Abb. 170
- Fraß blattunterseits durch hellgrüne, schwarzköpfige, 2 cm lange Larven der Gelben Pappelblattwespe (*Trichiocampus viminalis*); BK: bei starkem Befall an Jungbäumen chemische Behandlung (s. Seite 12, B, XI)
- **an Trieben**
- Triebsterben bei Zitterpappel durch Pilzinfektion (*Pollaccia radiosa*): Abb. 171
- Triebspitzenwelke mit Grübchen durch Käferfraß von Erlenrüßler (»Erlenwürger«: *Cryptorrhynchus lapathi*), siehe auch Äste, Stamm
- beutelförmige, verholzende Gallen an Trieben durch Triebgallenläuse (*Pemphigus*-Arten), vgl. auch Abb. 169; BK: bei starkem Befall an Jungbäumen vor Gallenbildung chemisch behandeln (s. Seite 11, B, I)
- Saugschäden durch Schaumzikaden (*Aphrophora*-Arten): vgl. Abb. 259; Schmierläuse (*Heliococcus bohemicus*): vgl. Abb. 158
- wallartig umrandete Vertiefungen an jungen Trieben mit weißen Schildläusen (Weidenschildlaus: *Chionaspis salicis*); BK: s. Seite 11, B, IV
- Kolonien rötlichbrauner, halbkugelig gewölbter Napfschildläuse (*Eulecanium tiliae*, *Pulvinaria betulae*): vgl. Abb. 292, 29; Kommaschildlaus (*Lepidosaphes ulmi*): vgl. Abb. 190
- spindelförmige Anschwellungen an Triebspitzen mit Fraßgang im Inneren und bräunlicher Raupe von Pappeltriebwickler (*Gypsonoma aceriana*); BK: befallene Triebe abschneiden
- beutelförmige Anschwellungen an Trieben mit Larvenkammern von Weidenmarkblattwespe (*Euura amerinae*); BK: befallene Triebe abschneiden
- **an Ästen und Stamm**
- Rindenbrand und Absterben von Ästen durch Pilzinfektion (*Cryptodiaporthe populea*): Abb. 172; teilweise in Verbindung mit Frost: Abb. FAW
- Zweigsterben im gesamten Kronenbereich durch Grundwassersenkung
- gekröseartige Krebswunden durch Bakterieninfektion (*Xanthomonas populi*): Abb. 173
- Aststerben und Baumdegeneration bei Zitterpappel durch Mykoplasmenähnliche Organismen (MLO): Abb. FAW

- krebsartige Auftreibungen an Ästen mit roten, stecknadelkopfgroßen Pilzfruchtkörpern auf toter Rinde im Winter durch Pilzinfektion (*Nectria coccinea*): vgl. Abb. 20
- Anschwellung an Ästen mit grünlichweißer Made im Splintholz durch Minierfliegen-Befall (*Melanagromyza*-Arten); BK: befallene Äste entfernen
- vertikale Fraßgänge mit Raupen unter der Rinde, im 2. Jahr im Holz besonders im unteren Stammbereich, Absterben junger Bäume durch Hornissenglasflügler-Befall (*Aegeria apiformis*); ähnliche Fraßschäden durch Raupen von Blausieb (*Zeuzera pyrina*): Abb. 174
- Anschwellungen mit Fraßgängen und Larven in Ästen und Stamm durch Käfer-Befall, Pappelbock: *Saperda*-Arten: Abb. 175
- Anschwellungen an jungen Ästen und Stämmchen, Fraßgänge mit weißgelben, braunköpfigen Raupen vom Kleinen Pappelglasschwärmer (*Paranthrene tabaniformis*); BK: befallene Pflanzenteile entfernen
- Absterbeerscheinungen mit Fraßgängen von Larven im Bast des unteren Stammbereiches durch Käfer-Befall (Erlenrüßler: *Cryptorrhynchus lapathi*); BK: befallene Jungbäume oder Triebe entfernen
- Fraßgänge mit 8–10 cm langen, weißen bzw. rötlichen Raupen in älteren Pappeln durch Pappelbohrer besonders in Zitterpappel (*Lamellococcus terebra*) bzw. Weidenbohrer (*Cossus cossus*, vgl. Abb. 267); BK: befallene Bäume entfernen
- **an Wurzeln/Stammbasis**
- verholzende, braune Wucherungen (»Wurzelkropf«) durch Bakterieninfektion (*Agrobacterium tumefaciens*): vgl. Abb. 52, 132

Abb. 164, links: Chlorotische Fleckung durch Virusinfektion (Pappelmosaikvirus)

EM: asteroid- oder ringförmige Flecken in Verbindung mit feinen Blattadern, teilweise nekrotisierend; art- und klonabhängig auch mosaikartige Fleckung; Virusnachweis durch Fachleute

VM: keine

BK: zur Vermehrung nur virusfreies Material benutzen; Virusübertragung erfolgt offenbar nur bei dicht stehenden Bäumen über Wurzelverwachsungen (Vektor nicht bekannt)

Abb. 165, rechts: Blattfleckung und Vergilbung durch Rostpilzinfektion (*Melampsora larici-populina*)

EM: chlorotische, später auch nekrotische Sprenkelung blattoberseits; orangegelbe Sporenlager meist blattunterseits; Blattvergilbung und vorzeitige Kronenverlichtung bei schwerer Infektion

VM: weitere Rostpilzarten; Blattfleckung durch andere Pilze (Abb. 166)

BK: resistente Pappelklone verwenden; Lärchen in Nachbarschaft vermeiden (Wirtswechsel); bei jungen Kulturen können chemische Behandlungen erforderlich sein (s. Seite 10, A, II)

a

b

c

Abb. 166: Blattfleckung durch Pilzinfektion (*Marssonina*-Arten, *Septoria populi*)

EM: Vergilbung und Kronenverlichtung von unten nach oben fortschreitend

a) *Marssonina populi-nigrae*: rundliche, braune Flecken mit diffusem Rand, an Schwarzpappeln, -Hybriden und Balsampappeln

b) *Marssonina brunnea*: punktförmige, schwarzbraune Flecke, die zusammenfließen können; an Schwarzpappeln und -Hybriden

c) *Septoria populi*: 1–3 mm große, rundliche, schwarzbraune, im Zentrum weiße Flecke

VM: Blattfleckung durch andere Pilze (*Septotinia populiperda*: große, rundliche, zonierte, braune Flecke; *Pollaccia elegans*: hellbraune, dunkel umrandete Flecke (vgl. Abb. 171); Differentialdiagnose durch Fachleute; Kronenverlichtung durch Trockenheit

BK: abgefallene Blätter entfernen; in feuchten Lagen möglichst resistente Klone anpflanzen; erkrankte Jungbäume bei starker Infektion chemisch behandeln (s. Seite 10, A, VII)

Abb. 167: Blattfleckung durch Pilzinfektion (*Taphrina populina*) »Goldfleckigkeit«
EM: gelbe, später dunkle Auftreibungen der Blattfläche; blattunterseits mit goldgelbem Reif überzogen (Sporenschläuche, Mikro)
VM: Gallmilben-Befall (s. Übersicht, vgl. Abb. FAW)
BK: nicht erforderlich

Abb. 168: Blattverfärbung durch Spinnmilben (*Tetranychus, Schizotetranychus, Metatetranychus* spp.)
EM: gelblich gesprenkelte Blätter, die bald vertrocknen; blattunterseits gelbliche, rötliche oder dunkel gefärbte Milben mit Spinnfäden (Lupe); vor allem an trockenen Standorten
VM: Saugschäden durch Insekten (s. Übersicht)
BK: trockene Standorte meiden, bei jungen Bäumen chemische Behandlung (s. Seite 12, B, VII)

a

b

c

Abb. 169: Gallen an Blättern oder Blattstielen durch Blasenläuse (*Pemphigus* spp.) Wurzelläuse an Sekundärwirten

EM: *Pemphigus filaginis* (a): dickwandige Galle auf Blattmittelrippe blattoberseits mit spaltförmiger Öffnung blattunterseits, Läuse im Inneren (hier Galle aufgeschnitten) an *Populus nigra*
Pemphigus bursarius (b): sackförmige Galle am Blattstiel mit schnabelförmiger Öffnung; an *P. pyramidalis*; Wurzelläuse (c) bei Wirtswechsel besonders an *Compositae*

VM: andere Blasenlausgallen (z.B. *Pemphigus spirothecae*: spiralförmige Galle am Blattstiel, seltener an jungen Sproßachsen, bisweilen gerötet, bis 3 cm lang; an *Populus pyramidialis*, *P. nigra*, Reife im Herbst; *P. protospirae*: ähnliche Galle, aber Reife im Mai bis Juli an *Populus pyramidalis*; *P. populi*: eiförmige oder beulig mehrlappige Galle am Blattspreitengrund); Triebgallenläuse (*Pemphigus*-Arten); s. Spezialliteratur

BK: meist nicht erforderlich; Jungbäume ggf. chemisch behandeln (s. Seite 11, B, I)

a

b

Abb. 170: Blattfraßschäden durch Blattkäfer-Befall (*Phyllodecta*-Arten)

EM: Lochfraß durch metallisch bronze- oder kupferfarbige oder bläuliche Käfer, 4–5 mm lang (a); Skelettierfraß durch flache, hellgelbe Larven mit schwarzen Borsten, Junglarven geordnet in Reihen fressend (b), später einzeln; an Weiden und Pappeln

VM: andere Blattkäfer (*Plagiodera-*, *Melasoma*-Arten; *Agelastica alni*, Abb. 185); Differentialdiagnose durch Fachleute

BK: an Jungbäumen Käfer absammeln, Blätter mit Larven entfernen; bei starkem Befall chemische Behandlung (s. Seite 12, B, XIII)

Abb. 171, links: Triebsterben durch Pilzinfektion (*Pollaccia radiosa*) an Zitterpappel

EM: braune, dunkel umrandete Blattflecke; braunschwarze Verfärbung nach unten gekrümmter, welker Triebspitzen; auf erkranktem Gewebe olivbraune Sporenlager (Lupe); auch an Weiß- und Graupappeln; *Pollaccia elegans*: an Schwarz- und Balsampappeln

VM: Spätfrostschaden

BK: in starken Befallslagen weniger anfällige Klone verwenden; erkrankte Triebe bei jungen Bäumen ausschneiden

Abb. 172, rechts: Rindenbrand und Aststerben durch Pilzinfektion (*Cryptodiaporthe populea*)

EM: bräunliche Rindennekrosen am Stamm meist an Zweigbasis; bei mehrjähriger Pilz-Wirt-Interaktion Bildung krebsartiger Stellen durch Überwallungsversuche; Absterben von Kronenteilen oberhalb der Nekrosen (vgl. Abb. FAW); auf toter Rinde Pilzfruchtkörper (Lupe), später sekundäre Besiedlung durch *Cytospora chrysosperma* mit orangefarbigen Sporenranken

VM: Bakterienkrebs (*Xanthomonas populi*): Abb. 173

BK: weniger anfällige Pappelklone verwenden; Wasserversorgung regulieren; kranke Bäume entfernen

Abb. 173: Krebs durch Bakterieninfektion (*Xanthomonas populi*)
EM: gekröseartig aufbrechende Krebswunden an Ästen und Stamm; an jungen Trieben zunächst kleinere Rindenrisse mit Schleimfluß
VM: Rindenbrand durch Pilzinfektion: *Cryptodiaporthe populea* (Abb. 172) Differentialdiagnose durch Fachleute
BK: erkrankte Äste bzw. Stämme entfernen; vorbeugend resistente Arten / Klone bevorzugen (z. B. *Populus tremula* oder krebsfeste euro-amerikanische Hybriden)

Abb. 174: Fraßschaden durch Schmetterlingsraupen (Roßkastanienbohrer, »Blausieb«: *Zeuzera pyrina*)
EM: Fraßgänge von Jungraupen in Trieben (Welke), später lange Fraßgänge in Ästen und jungen Stämmen (Gegensatz zu *Cossus cossus*) mit 6 cm langen, gelbweißen Raupen mit rotbraunem gelbgezeichnetem Kopf und dunklen Punktwarzen; Auswurflöcher mit Kot und Nagespänen, Öffnungen oft zugesponnen; Puppe in Nähe der verstopften Auswurfstelle; besonders an jungen Baumschulpflanzen, auch Obstbäumen schädlich
VM: andere Holzbohrerraupen (*Cossus cossus*, Abb. 267; *Lamellococcus terebra*; *Aegeria apiformis*; *Paranthrene tabaniformis*, s. Übersicht); Käfer-Befall (Abb. 175)
BK: an Jungbäumen befallene Triebe entfernen; bei Stammbefall Bäume roden oder mit Draht durch Auswurfloch Raupe versuchen abzutöten

a

d

b

c

Abb. 175: Fraßschäden in Ästen und Stamm durch Käfer-Befall (Großer Pappelbock: *Saperda carcharias*; Kleiner Pappelbock: *Saperda populnea*)

EM: *S. carcharias*: in Ästen und glattrindigem Stamm vertikale, große Fraßgänge mit Larven im Holz (a); Auswurflöcher mit Holzspänen (b); Lochfraß an Blättern durch Käfer (c) *S. populnea*: knotenförmige Anschwellungen an dünnen Ästen und jungem Stamm (d), Fraßgang mit Larve im Inneren; besonders an Zitter- und Balsampappeln

VM: Fraßschäden durch Schmetterlingsraupen (Abb. 174)

BK: vorbeugend gute Wachstumsbedingungen schaffen; befallene Bäume entfernen, benachbarte Bäume im Mai bis Juni chemisch behandeln (s. Seite 12, B, XIII)

Prunus (Zierformen Kirsche, Pflaume, Mandelbäumchen, Kirschlorbeer, Schlehe)

- **an Blättern, Knospen, Blüten, Früchten**
- chlorotische oder mosaikartige Blattfleckung, Blattdeformation durch Virusinfektionen: Abb. 176
- silbrige, bleiartig glänzende Blattverfärbung; »Bleiglanz« durch physiologische Störungen oder Pilzinfektion (*Chondrostereum purpureum*): Abb. 177
- weißlicher Überzug auf den Blättern durch Echten Mehltaupilz (*Podosphaera oxyacanthae*): vgl. Abb. 31, 98
- olivbraune bis schwarze Flecke auf Blättern und Früchten, »Schorf« durch Pilzinfektion (*Venturia [Fusicladium] cerasi*): vgl. Abb. 126, 198
- Blattfleckung durch Pilzinfektionen: Abb. 178
- blasige Auftreibungen von Blattpartien mit grauem Flaum blattunterseits durch Pilzinfektion (*Taphrina cerasi*, *T. pruni*, *T. padi*), siehe Äste (Hexenbesen): Abb. 188
- Blattkräuselung mit und ohne Verfärbung an Triebspitzen durch Blattlaus-Befall: Abb. 179
- Deformation durch Schmierlaus-Befall (*Phenacoccus aceris*): vgl. Abb. 68, 103
- bleiche bis bräunliche Blattverfärbung und -vertrocknung, Spinnfäden mit Milben durch Spinnmilben-Befall (*Bryobia*-Arten): Abb. 180
- Blattdeformation mit schaumbedeckten Larven der Schaumzikade (*Philaenus spumarius*): vgl. Abb. 259
- Blattfleckung und -deformation an Kirschlorbeer durch Blattwanzen-Befall (*Lygus*-Arten): Abb. 181
- verdickte, ineinandergerollte, dicht stehende Blätter an gestauchten Trieben oder verfärbte, verdickte, aufwärts gerollte Blattränder durch Gallmücken-Befall (*Dasineura*-Arten): vgl. Abb. 202; BK: bei starkem Befall Bekämpfung (s. Seite 12, B, IX)
- verfärbte Blattränder nach unten geklappt, mit grünen Larven der Schlehenblattwespe (*Micronematus monogyniae*); BK: selten erforderlich, vgl. Abb. 243
- weißliche bis bräunliche Filzrasen blattunterseits in Interkostalfeldern oder Blattaderwinkeln, schwache Aufwölbung blattoberseits durch Gallmilben-Befall (*Eriophyes*-Arten): vgl. Abb. 301
- beutelförmige oder hornförmige Gallen blattoberseits durch Gallmilben-Befall (*Eriophyes padi*) an Traubenkirsche: Abb. 182
- Fraßschäden durch Schmetterlingsraupen (Schlehenspinner: *Orgyia recens*, Abb. 302; Ringelspinner: *Malacosoma neustria*, Abb. 183; Goldafter: *Euproctis chrysorrhoea*, Abb. 19; Baumweißling: *Aporia crataegi*, Abb. 61; Gespinstmotten (*Swammerdamia-*, *Yponomeuta*-Arten): vgl. Abb. 66; Wickler: *Batodes, Archips* spp., Abb. 56, 207; Miniermotte: *Lyonetia clercella*; weitere Arten); BK: s. Seite 12, B, XI/XII

- Blattfraß durch Käfer-Befall (Gefurchter Dickmaulrüßler: *Otiorrhynchus sulcatus*; Blauer Erlenblattkäfer: *Agelastica alni*): Abb. 184, 185
- Fraß in Blütenknospen, Blattfraß im Gespinst an Triebenden durch Raupen der Kirschenblütenmotte (*Argyresthia ephippiella*); BK: geschädigte Blütenknospen entfernen, Raupennester absammeln
- verdickte, nicht austreibende Knospen mit weißlicher, später gelbroter Larve von Gallmücke (*Asphondylia prunorum*); BK: selten erforderlich, befallene Knospen entfernen
- geschlossen bleibende, absterbende Blüten mit gelblichen, braunköpfigen Larven im befressenen Knospeninneren durch Käfer-Befall (»Blütenstecher«: *Anthonomus humeralis*): vgl. Abb. 200; BK: befallene Blütenknospen umgehend ausbrechen
- stark vergrößerte, hohle Früchte (»Narrentaschen«), später mit grauem Pilzflaum durch Pilzinfektion (*Taphrina pruni*; an *Prunus padi*: *Taphrina padi, T. confusa*); BK: bei starker Infektion erkrankte Zweige abschneiden
- **an Trieben**
- Triebspitzendürre und Blütenvertrocknung durch Pilzinfektion (*Monilinia laxa*): Abb. 186
- Welke und Triebsterben mit Gummose durch Bakterieninfektion (*Pseudomonas mors-prunorum*): Abb. 187
- Triebspitzensterben durch Fraßgang mit Larve von Rüsselkäfer (*Magdalis ruficornis*), Fraß blattunterseits durch kleine, schwarze Käfer; BK: befallene Triebe entfernen
- Triebwelke durch Pilzinfektion (*Verticillium*-Arten), siehe Äste
- schwielenartige Auftreibungen an jungen Trieben, gelblich, bis 4 cm lang an *Prunus padus* durch Pilzinfektion (*Taphrina padi*), siehe auch Früchte; BK: erkrankte Triebe abschneiden
- spindelförmige Anschwellungen an Trieben mit Fraßgang und Raupe im Inneren durch Befall der Gespinstmotte (*Argyresthia semifusca*); BK: befallene Triebe entfernen
- rundliche, kleine Gallen an Trieben durch Gallmilben-Befall (*Aceria phloeocoptes*), Milbennachweis (Mikro); BK: nicht erforderlich
- **an Ästen und Stamm**
- ansehnliche Hexenbesen mit deformierten Blättern und grauem Pilzrasen auf der Blattfläche durch Pilzinfektion (*Taphrina*-Arten): Abb. 188
- krebsartige Wucherungen an Ästen und Stamm durch Pilzinfektion (*Nectria galligena*): vgl. Abb. 232
- absterbende Äste durch Infektion rinden- und holzzerstörender Pilze mit konsolenartigen Fruchtkörpern: Abb. 189
- in absterbenden Ästen Fraßgänge mit Larven von Kirschbaumborkenkäfer (*Polygraphus grandiclava*); BK: befallene Äste entfernen, stark befallenen Baum beseitigen
- Astwelke, in Trockenperioden absterbend, oft Gummifraß durch Pilzinfektion (*Verticillium*-Arten), besonders an Mandelbäumchen: vgl. Abb. 27, 248
- wallartig umrahmte Vertiefungen auf der Rinde mit Schildläusen, in wärmeren Gebieten durch Rote Austernschildlaus (*Epidiaspis betulae*); BK: s. Seite 11, B, IV/V
- Kolonien rötlichbrauner, halbkugelig gewölbter Schildläuse (*Sphaeroleca-*

nium prunastri, Palaeolecanium bituberculatum); Kommaschildlaus (*Lepidosaphes ulmi*); *Pulvinaria betulae*: vgl. Abb. 29, 190, 292

- krebsartige Wunden am Stamm, Bohrmehlauswurf, Raupen von Rindenwickler (*Laspeyresia woeberiana*); BK: Befallsstellen ausschneiden, Wundpflege
- Baumdegeneration durch Mykoplasmen-ähnliche Organismen: Abb. 191
- **an Wurzeln/Stammbasis**
- bis faustgroße, verholzende Wucherungen (»Wurzelkropf«) durch Bakterieninfektion (*Agrobacterium tumefaciens*): vgl. Abb. 52, 132
- knötchenartige Anschwellungen an Wurzeln durch Wurzelgallenälchen (*Meloidogyne*-Arten): vgl. Abb. 32
- Wurzelfraßschaden durch Larven des Gefurchten Dickmaulrüßlers (*Otiorrhynchus sulcatus*): Abb. 184

a

b c

Abb. 176: Fleckung, Ringfleckung und Linienmuster durch Virusinfektion

EM: a, links) chlorotische Linien und Ringflecken durch Pflaumenverzwergungsvirus auf *Prunus avium*; a, rechts) chlorotische bis nekrotische Ringfleckung, später teilweise ausbrechend durch Nekrotisches Ringfleckenvirus auf *Prunus avium*; b) Ringfleckung durch Scharkavirus auf *Prunus domestica*; c) Gelbfleckung durch Pflaumenbandmosaikvirus auf *Prunus padus*; zahlreiche weitere Virusarten; Differentialdiagnose durch Fachleute

VM: bei nekrotisierender Blattfleckung: Pilzinfektion (vgl. Abb. 178)

BK: erkrankte Bäume entfernen; nicht als Vermehrungsmaterial benutzen

a

b

Abb. 177: Silbrige Blattverfärbung (»Bleiglanz«) durch physiologische Störung oder Pilzinfektion (*Chondrostereum purpureum*)

EM: Blätter (hier bei Mandelbäumchen) silbrig, bleifarbig glänzend (a), teilweise lederig nach Ernährungsstörungen, Verwundungen an jungen Bäumen oder extremen Witterungsbedingungen; dasselbe Symptom durch Toxine des Violetten Schichtpilzes (*Chondrostereum purpureum*): auf toter Rinde mehr oder weniger aufliegende, 2–4 cm große Pilzfruchtkörper mit violett oder schwach purpur gefärbter Unterseite, oft in Nähe von Verletzungen (b); Weißfäuleerreger

VM: Diagnose (Bleiglanzursache) durch Fachleute

BK: physiologische Störungen vermeiden; bei Pilzinfektion erkrankte Bäume roden; nur entrindete Laubholzpfähle benutzen, mit Holzschutzmittel streichen (Fruchtkörperbildung an totem Holz vieler Baumarten)

a b c d e f

Abb. 178 a: Blattfleckung durch Rostpilzinfektion (*Tranzschelia discolor*), »Pflaumenrost«

EM: gelbe Flecke blattoberseits, mit Vergilbung der Blattfläche Infektionsherde mit grün bleibendem Rand; kleine zimtbraune und schwarzbraune Sporenlager blattunterseits; bei starker Infektion Vergilbung und vorzeitiger Blattfall (hier an *Prunus domestica*-Wildform)

VM: andere Rostpilzarten (*T. pruni-spinosae*), Differentialdiagnose durch Fachleute

BK: Erkrankung von Anemonen beachten (Wirtswechsel); sehr anfällige *Prunus*-Sorten in Nähe von Obstanlagen meiden; ggf. chemische Behandlung (s. Seite 10, A, II)

Abb. 178 b: Blattfleckung an Traubenkirsche durch Pilzinfektion (*Aureobasidium prunicola*)

EM: rundliche, oft zusammenfließende, bräunliche Blattflecke durch im Blattinneren lebenden Pilz (Endophyt) unter Streßbelastung (z. B. Insektenschaden, Frost) sich entwickelnd

VM: Blattfleckung durch andere Pilze (Abb. 178), Differentialdiagnose durch Fachleute

BK: Streßbelastung reduzieren

Abb. 178 c, d: Blattfleckung durch Pilzinfektionen (*Cylindrosporella padi* und *Ascochyta pruni*) hier an *Prunus avium*

EM: c) *Cylindrosporella padi*: unscharf begrenzte, rötlichviolette bis braune Flecke, vorzeitige Vergilbung und Blattfall bei starker Infektion, »Sprühfleckenkrankheit«
d) *Ascochyta pruni*: kleine, runde, bräunliche Flecke mit dunklerem Rand

VM: Blattfleckung durch andere Pilze (Abb. 178); Differentialdiagnose durch Fachleute

BK: abgefallene Blätter regelmäßig entfernen; Nährstoffversorgung der Pflanzen prüfen; für gute Abtrocknung des Laubes sorgen (s. Seite 10, A, VII)

Abb. 178 e: Blattfleckung durch Pilzinfektion (*Phyllosticta passerini*) hier an *Prunus serotina*

EM: scharf abgesetzte, rötlichbraune, teilweise zonierte Flecke, die leicht ausbrechen

VM: andere Pilzinfektionen (Abb. 178); Differentialdiagnose durch Fachleute

BK: vgl. Abb. 178 c, d

Abb. 178 f: Blattfleckung an Kirschlorbeer durch Pilzinfektion (*Gloeosporium phacidiellum*), »Brennfleckenkrankheit«

EM: runde, rotbraune Flecke mit hellem Hof, später ausbrechend, auch an grünen Trieben

VM: Blattfleckung durch andere Pilze, Blattminiermotte (*Lyonetia clercella*)

BK: erkrankte und abgefallene Blätter sowie infizierte Triebe frühzeitig entfernen

a

b

c

Abb. 179. Blattkräuselung durch Blattlaus-Befall

EM: starke Kräuselung oft schopfartig zusammenstehender Blätter an Triebspitzen mit Läusekolonien
a) *Myzus cerasi*: dunkle Blattläuse
b) *Brachycaudus helichrysi*: grüne bis gelbe Blattläuse
c) *Hyalopterus pruni*: wachsbedeckte, grüne Blattläuse

VM: andere Blattlausarten; Differentialdiagnose durch Fachleute

BK: nach Befall im Vorjahr vor Austrieb Paraffinöl-haltige Präparate (vgl. B, IV) einsetzen, bei Befall des jungen Austriebs, bevor Blätter zusammenrollen, weitere Behandlung (s. Seite 11, B, I)

Abb. 180: Blattverfärbung durch Spinnmilben-Befall (*Metatetranychus ulmi, Bryobia rubrioculus*)

EM: Blätter weißlich gesprenkelt, später bronzefarbig; gelbliche bis rötliche Milben mit Spinnfäden, Häutungsreste, Eier (Lupe); im Winter rote Eier in Zweiggabeln

VM: keine; Differentialdiagnose durch Fachleute

BK: s. Seite 12, B, VII

Abb. 181: Blattfleckung durch Blattwanzen-Befall an Kirschlorbeer (*Lygus*-Arten)

EM: an jüngsten Trieben chlorotische Blattflecke, die nekrotisieren und zerreißen oder ausbrechen, Blätter gekräuselt; Wanzen (vgl. Abb. 53)

VM: Saugschäden durch Blattläuse (vgl. Abb. 179)

BK: s. Seite 11, B, III

Abb. 182: Blattgallen durch Gallmilben-Befall (*Eriophyes padi padi*) an Traubenkirsche

EM: beutel- bis hörnchenförmige, bis 4 mm lange Gallen blattoberseits in der Blattflächenmitte, unterseits mit behaarter Öffnung (Lupe), Gallmilben (Mikro) im Inneren; auch an Blattstielen

VM: Gallenbildungen durch andere Erreger (s. Spezialliteratur)

BK: nicht erforderlich

Abb. 183, unten: Fraßschaden durch Schmetterlingsraupen (Ringelspinner: *Malacosoma neustria*)

EM: Raupen anfangs schwarz, später gelblichbraun mit weißer Rückenlinie und blauen und roten Längsstreifen, bis 5 cm lang (a); Eigelege in spiraligem Bogen an dünnen Ästen (b), Gespinste in Astgabeln im Frühjahr, später Gespinststraßen mit Knospen- und Blattfraß, Kahlfraß besonders an Straßenbäumen und Sträuchern; polyphag

VM: andere Schmetterlingsraupen (s. Übersicht)

BK: Eigelege vernichten, Raupen absammeln; bei starkem Befall Behandlung s. Seite 12, B, XI/XII

a

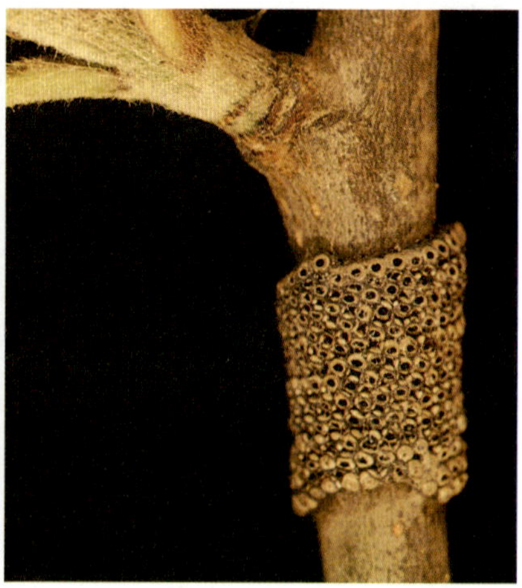

b

a   b

Abb. 184: Fraßschaden durch Käfer-Befall (Gefurchter Dickmaulrüßler: *Otiorrhynchus sulcatus*)

EM: Fraß an Knospen und vom Blattrand her durch Käfer (a); Wurzelfraß durch weißliche, bis 12 mm lange, dicke, bauchwärts etwas eingekrümmte, braunköpfige Larve (b); hier an Kirschlorbeer

VM: Blattfraß durch andere Insekten (s. Übersicht), Wurzelfraß durch Maikäfer- und Laubkäfer-Engerlinge (Abb. 210, 245)

BK: Käfer frühmorgens oder abends absammeln, biologische Bekämpfung (s. Seite 12, B, XIV); stark befallene Pflanzen beseitigen (Bodenschädling für viele Pflanzenarten)

a   b

Abb. 185: Fraßschaden durch Blauen Erlenblattkäfer (*Agelastica alni*)

EM: Blattfraß durch etwa 6 mm lange, schwarzblaue bis violette Käfer im Frühjahr und August (a); im Juni bis Juli 10 mm lange schwarze Larven (b) anfangs Fensterfraß, später Loch- und Skelettierfraß; neben Erle als Hauptwirt auch an *Prunus* u.a. Pflanzen

VM: Fraßschaden durch andere Insekten

BK: an Jungbäumen Käfer absammeln, Blätter mit Larven entfernen; bei starkem Befall chemische Bekämpfung (s. Seite 12, B, XIII)

Abb. 186, links: Triebspitzendürre durch Pilzinfektion (*Monilinia laxa*)

EM: Blätter und Blüten welken und werden braun, einzelne Triebe trocknen von der Spitze her ein und sterben ab (hier an Mandelbäumchen); Pilznachweis durch Fachleute

VM: Frostschaden (hier entweder nur Blüten und Blätter betroffen oder – bei extremen Spätfrösten – sekundäres Welken der gesamten Krone durch Rindenschäden (Frostplatten) am Stamm; Grauschimmelinfektion (*Botrytis cinerea*): Erkrankung auf Triebspitzen beschränkt, später grausilbrige Pilzfäden auf abgestorbenen Knospen oder Blättern

BK: welke Zweige bis ins gesunde Holz zurückschneiden; weitere Behandlung s. Seite 10; A, III

Abb. 187, rechts: Triebsterben und Gummose durch Bakterien (*Pseudomonas mors-prunorum*)

EM: an jungen Blättern dunkelgrüne, durchwässert erscheinende, später rotbraune Flecke mit hellem Hof; Schrotschußeffekt; an Zweigen Rindennekrose mit Gummifluß (im Bild angeschnitten); Absterben der Zweige oberhalb der Infektionsstelle; Bakteriennachweis durch Fachleute

VM: Blattfleckung durch Pilze (Abb. 178); Triebspitzendürre (Abb. 186); Gummifluß durch Beschädigungen; Differentialdiagnose durch Fachleute

BK: erkrankte Pflanzenteile entfernen; Wundpflege vor der Blüte (vgl. Abb. 6)

Abb. 188: Hexenbesenbildung durch Pilzinfektion (*Taphrina cerasi*) an Kirschbaum

EM: besenartige, gebündelte Triebe mit dichter, früher Belaubung und Unterdrückung der Blütenbildung; *T. minor* verursacht eine Kräuselkrankheit der Blätter

VM: keine

BK: ausschneiden

a

b

Abb. 189: Absterben von Ästen und Stammpartien durch Infektion holzzerstörender Pilze

EM: a) Schmetterlingsporling (*Trametes versicolor*): auf Ästungsflächen oder toter Rinde konsolenartige, dünne, meist fächerförmige, 5–8 cm breite Pilzfruchtkörper mit oberseits bunter, seidenglänzender Zonierung und unterseits gelblichweißer Röhrenschicht; im Holz Weißfäule

b) Pflaumenfeuerschwamm (*Phellinus pomaceus*): 2–7 cm breite, auf der Rinde anliegende oder wenig abstehende Pilzfruchtkörper mit grauer bis gelbbrauner Röhrenschicht; im Holz Weißfäule

VM: andere holz- und rindenzerstörende Pilze (z. B. *Chondrostereum*, Abb. 177; *Fomitopsis*, Abb. 41; *Laetiporus*, Abb. 236)

BK: in frühen Stadien erkrankte Äste abschneiden, Wundpflege, kranke Bäume im fortgeschrittenen Stadium entfernen

Abb. 190: Absterbeerscheinungen durch Befall der Gemeinen Kommaschildlaus (*Lepidosaphes [Mytilococcus] ulmi*)

EM: lichtbraun glänzende, später dunkelbraune bis schwärzliche, 1–4 mm lange Schildläuse (Weibchen) mit kommaförmigem, hinten abgerundetem Schild, Männchen 1–1,5 mm mit schmalem Schild; polyphag (s. Register); stark befallene Äste vertrocknen und sterben ab

VM: andere Schildläuse (s. Übersicht)

BK: befallene Pflanzenteile im Juni chemisch behandeln (s. Seite 11, B, IV), Winterspritzung zwecklos; Schildlauskrusten am Stamm mit Drahtbürste entfernen

Abb. 191: Degenerationserscheinungen durch Mycoplasmen-ähnliche Organismen (MLO) an *Prunus avium*

EM: Blattverfärbung, schwaches Blattrollen, Kleinblättrigkeit, Blattfall, Triebhemmung; allmähliche Degeneration des gesamten Baumes; Erregernachweis durch Fachleute

VM: Degeneration durch Stamm- und Wurzelschäden (Pilze, Insekten, Nagetiere, abiotische Faktoren)

BK: erkrankte Bäume entfernen, nicht als Vermehrungsmaterial nutzen

Pseudotsuga (Douglasie)

- **an Nadeln**
- Nadelfleckung und Nadelfall durch Schüttepilze (*Rhabdocline pseudotsugae, Phaeocryptopus gaeumannii*): Abb. 192
- Nadelverfärbung und Nadelfall durch Nährstoffmangel: Abb. FAW
- Nadelverfärbung durch Streusalzeinwirkung an Straßen und Wegen: vgl. Abb. 296
- gelbe bis rotbraune Verfärbung besonders der Spitzen älterer Nadeln durch Winterfrost oder vollständige Verfärbung jüngster Nadeln durch Frosttrocknis: Abb. FAW
- Nadelverfärbung durch Pilzinfektionen (Hallimasch: *Armillaria* sp., Wurzelschwamm: *Heterobasidion annosum*), siehe Wurzeln/Stammbasis
- chlorotische Fleckung, wollige Wachsausscheidungen durch Läuse der Douglasienwollaus (*Gilletteella coweni*) oder Sitkafichtengallenlaus (*G. cooleyi*): Abb. 193
- **an Trieben**
- Welke und Absterben von Maitrieben durch Spätfrost: Abb. FAW
- Welke und Absterben von Maitrieben durch Grauschimmel-Infektion (*Botrytis cinerea*): Abb. 194
- **an Ästen und Stamm**
- Aststerben durch Rindennekrose an älteren Bäumen, Gipfelsterben an jungen Bäumen durch Pilzinfektion (*Phacidium coniferarum*): Abb. 195
- Wundfäule mit dachziegelartig übereinanderliegenden Pilzfruchtkörpern des Blutenden Schichtpilzes (*Stereum sanguinolentum*): Abb. 196
- Absterben durch Borkenkäfer-Befall, Fraßgänge und Bohrlöcher an geschwächten, vorgeschädigten Bäumen (z. B. Fichtenborkenkäfer: *Cryphalus*-Arten); BK: s. Seite 12, B, XIII
- **an Wurzeln/Stammbasis**
- Absterben junger Bäume mit konsolenförmigen Pilzfruchtkörpern am Stammfuß und Wurzelhals durch Wurzelschwamm-Infektion (*Heterobasidion annosum*): Abb. FAW
- Absterben von Bäumen durch Hallimasch-Infektion mit weißem Pilzmyzel unter der Rinde am Stammfuß, Wurzelfäule, charakteristische Pilzfruchtkörper (*Armillaria* sp.): vgl. Abb. 144
- Absterben junger Bäume nach Fraßschaden am Stamm durch Rötelmaus (*Clethrionomys glareolus*): Abb. 197

Abb. 192, links: Nadelverfärbung und Nadelfall durch Pilzinfektion (»Rostige Douglasienschütte«: *Rhabdocline pseudotsugae*)

EM: im Sommer hellgrüne, im Herbst orangegelbe bis violettbraune Nadelflecke; unterseits orangegelbe bis rostbraune Pilzfruchtkörper, bei Feuchtigkeit kissenförmig aufwölbend (Lupe); später braune Nadelverfärbung und Nadelfall

VM: »Rußige Douglasienschütte« (*Phaeocryptus gaeumannii*): schwarze Fruchtkörper (Abb. FAW)

BK: geringer anfällige »viridis«-Formen bevorzugen

Abb. 193, rechts: Wollaus-Befall (*Gilleteella coweni, G. cooleyi*)

EM: an jüngsten Nadeln gelbgrüne, an älteren gelbe bis braune Flecke, an Saugstellen oft gekrümmt, Läuse mit weißer Wachswolle

VM: Nadelverfärbung durch Frost oder Pilzinfektion

BK: für *G. cooleyi* Wirtswechsel mit Fichten beachten (vgl. Abb. 142); Behandlung s. Seite 11, B, V

Abb. 194: Welke und Absterben von Maitrieben durch Grauschimmel (*Botrytis cinerea*)

EM: Umbiegen der Triebspitze mit Verbräunung der Triebmitte, später Absterben und Abbrechen des gesamten Maitriebs, Grauschimmelentwicklung bei hoher Feuchtigkeit (vgl. Abb. 5)

VM: Spätfrostschaden: dann aber Umbiegen an der Triebbasis (vgl. Abb. 141)

BK: s. Seite 10, A, III

Abb. 195: Rindenbrand durch Pilzinfektion (*Phacidium coniferarum*)
EM: an älterem Stamm Rindennekrose (»Rindenschild«), im Zentrum oft Aststummel; an Jungbäumen stammumfassende Einschnürung (Abb. 6); auf toter Rinde kleine schwarze Pilzfruchtkörper (Lupe) der *Phomopsis*-Nebenfruchtform, s. auch Abb. FAW
VM: Frosttrocknisschäden
BK: vgl. Abb. 6

Abb. 196: Wundfäule durch Pilzinfektion (Blutender Schichtpilz: *Stereum sanguinolentum*)
EM: von Wunden ausgehende Weißfäule mit rötlicher Verfärbung des jüngeren Holzes; auf toter Rinde dachziegelartig übereinanderliegende, muschelförmige Pilzfruchtkörper, bei Verletzung rötlich werdende Flüssigkeit abgebend
VM: andere Pilze
BK: größere Rindenverletzungen vermeiden, Wundpflege

Abb. 197: Fraßschaden durch Rötelmaus (*Clethrionomys glareolus*)
EM: Entrindung mit Bastresten an höheren Stammteilen und Ästen; Zahnzüge ca. 1,6 mm breit (nicht bis ins Splintholz); auch Ausnagen von Knospen und Benagen von Zweigspitzen; in Kulturen und an beerentragenden Sträuchern (*Rubus, Ribes*), besonders an Eiche, Haselnuß, Linde, Ahorn, Holunder; Samen- und Keimlingsschäden bei Rotbuche
VM: andere Mäusearten (vgl. Abb. 78); Wildverbiß (vgl. Abb. FAW)
BK: ggf. Ködermittel verwenden (PSD-Beratung)

Pyracantha (Feuerdorn)

- **an Blättern, Blüten, Früchten**
- weißlicher, mehlartiger Überzug durch Echten Mehltaupilz (*Podosphaera clandestina*): vgl. Abb. 31, 98
- olivbraune bis schwarze Fleckung auf Blättern, Blüten, Früchten durch Schorfpilz-Infektion (*Spilocaea pyracanthae*), siehe auch Triebe: Abb. 198
- gelbliche bis braune, polsterartige Auftreibungen blattunterseits, später zerschlitzte Pilzfruchtkörper hervorbrechend (Lupe) durch Rostpilz-Infektion (*Gymnosporangium clavariiforme*), siehe *Juniperus* (Wirtswechsel) und *Sorbus*: Abb. 108
- enge, abwärts gerichtete Blattrandrollung, Milben (Mikro) durch Gallmilben-Befall *Eriophyes* sp.): vgl. Abb. 67
- **an Trieben**
- schwärzliche Flecke, aufplatzende Rindenpartien (»Grind«) durch Schorfpilz-Infektion (*Spilocaea pyracanthae*), s. Blätter: Abb. 198
- Triebwelke, Triebverkrümmung mit braunschwarzer Verfärbung durch Bakterieninfektion, »Feuerbrand« (*Erwinia amylovora*): vgl. Abb. 58, 62

a

b

Abb. 198: Blattfleckung und »Grind« durch Schorfpilzinfektion (*Spilocaea pyracanthae*)

EM: olivbraune bis schwarze Flecke auf Blättern (a), Blüten und Früchten; Früchte schrumpfen (b), Blätter fallen vorzeitig ab; an Trieben aufplatzende Rindenpartien (»Grind«); starke Erkrankung vor allem in nassen Sommern

VM: keine

BK: s. Seite 10, A, IV

Pyrus (Zierbirne)

- **an Blättern, Knospen**
- Fleckung, Ring- und Linienmuster durch Virusinfektion (Chlorotisches Blattfleckenvirus des Apfels); BK: nicht als Vermehrungsmaterial benutzen
- weißlicher, mehlartiger Überzug auf beiden Blattseiten oder vornehmlich blattunterseits durch Echte Mehltaupilze (*Podosphaera*-Arten bzw. *Phyllactinia mali*): vgl. Abb. 31, 71
- olivbraune bis schwärzliche Fleckung mit samtartiger Oberfläche auf Blättern, Knospen, Trieben (»Grind«) durch Schorfpilz-Infektion (*Fusicladium pyrorum*): vgl. Abb. 198
- gelbrote Blattfleckung durch Rostpilz-Infektion (*Gymnosporangium sabi nae*): Abb. 199
- Blattfleckung durch andere Pilzinfektionen (*Ascochyta piricola*: weißgraue, glänzende Flecke; *Mycosphaerella sentina*: kleine, runde, silbrig glänzende Flecke; *Septoria pyricola*: graue bis hellbraune, schwarz umrandete, bis 2 mm große Flecke, *Colletotrichum*-Stadium von *Clomerella cingulata*: unregelmäßige, im Zentrum trockene Flecke); Differentialdiagnose durch Fachleute; BK: s. Seite 10, A, VII
- abgestorbene Knospen durch Birnenknospenstecher-Befall (*Anthonomus pyri*): Abb. 200
- Blattkräuselung durch Birnenblattsauger-Befall (*Psylla pirisuga*): Abb. 201
- rötliche bis braune Pocken auf beiden Blattseiten, Milben (Mikro) durch Birnenpockenmilben-Befall (*Eriophyes piri*); BK: bei Zierbirnen nicht erforderlich
- Schabefraß blattoberseits mit schneckenartigen Larven der Kirschenblattwespe (*Eriocampoides limacina*); vgl. Abb. 300
- Deformation durch Gallmücken: Abb. 202
- **an Trieben**
- Absterbeerscheinungen (»Feuerbrand«) durch Bakterieninfektion (*Erwinia amylovora*): vgl. Abb. 58, 62
- Triebverkrüppelung durch Birnenblattsauger (*Psylla pirisuga*): Abb. 201
- **an Ästen und Stamm**
- Welke und Absterbeerscheinungen, Verfärbung im Leitbündel (Astquerschnitt) durch Pilzinfektion (*Verticillium alboatrum*): vgl. Abb. 27, 248
- Rindennekrose am Stammgrund durch Pilzinfektion (*Phytophthora cactorum*): vgl. Abb. 289
- Schildläuse (*Eulecanium tiliae, Epidiaspis leperi, Palaeolecanium bituberculatum, Pulvinaria betulae*): vgl. Abb. 29, 190, 292
- Aststerben mit roten, stecknadelkopfgroßen Pilzfruchtkörpern auf toter Rinde im Winter durch Pilzinfektion (*Nectria*-Arten): vgl. Abb. 20
- Aststerben durch zickzackartige Fraßgänge unter der Rinde, Rißbildungen durch Larven von Birnbaumprachtkäfer (*Agrilus sinuatus*); BK: befallene Äste abschneiden

a   b

Abb. 199:Blattfleckung durch Birnengitterrost (Wacholderrost)-Infektion (*Gymnosporangium sabinae*)

EM: leuchtend gelbe bis rötliche Flecke blattoberseits (a, b);: Pilzfruchtkörper als gitterartige Pusteln blattunterseits (b); Wirtswechsel mit *Juniperus* (vgl. Abb. 108)

VM: keine

BK: *Pyrus*- und *Juniperus*-Arten nicht im selben Areal pflanzen (Abstand mindestens 500 m); an kleinen Bäumen erkrankte Blätter entfernen; ggf. chemische Behandlung (s. Seite 10, A, II)

Abb. 200: Knospensterben durch Rüsselkäfer-Befall (Birnenknospenstecher: *Anthonomus pyri*)

EM: in abgestorbenen, ausgefressenen Blütenknospen kleine, weißliche bis gelbe Käferlarven; Fraßschaden an Triebspitzen und Blattstielen im Frühling durch graubraune Käfer (vgl. Abb. 130); Reifungsfraß im Herbst mit anschließender Eiablage in Blütenknospen

VM: keine

BK: befallene Knospen entfernen, Käfer im Herbst absammeln

a
b
c

d

Abb. 201: Blatt- und Triebschädigung durch Birnenblattsauger (*Psylla pirisuga*)

EM: junge Blätter gekräuselt (a), Knospenbüschel verklebt, Triebe verkrüppelt mit aufreißender Rinde (b); starke Honigtauabscheidungen, Aststerben unter Schwarzverfärbung; platte, rotäugige, gelbbraune Larvenkolonien an den Befallsstellen mit Eiern und Kotträpfchen (a, c); ab Frühsommer geflügelte, zunächst grüne, dann rotbraune blattlausähnliche Insekten (d); auf Honigtauauflagerung siedeln sich Rußtaupilze an

VM: keine

BK: stark befallene Triebe entfernen; chemische Behandlung s. Seite 11, B, I

a b

Abb. 202: Blattrollung und Fraßschaden in Früchten durch Gallmücken-Befall (a: Birnenblattrollmücke, *Dasineura pyri*; b: Birnengallmücke, *Contarinia pyrivora*)

EM: a) beide Blatthälften vom Rand her nach oben eingerollt, eingerollter Teil verdickt, vergilbt oder gerötet, vorzeitig braun verfärbt, Larven weiß bis rötlich; besonders an oberen Blättern von Wurzelschößlingen oder an jungen Bäumchen auftretend

b) befallene Früchte angeschwollen, bis haselnußgroß, verbeult, bald schwarzfleckig; innen schwammig, später hohl, dann abfallend; Larven im Inneren weiß bis hellgelb, springend

VM: keine

BK: gegen *Contarinia pyrivora* unmittelbar vor der Blüte und zu Blühbeginn mit Pyrethrum- oder Piperonylbutoxid-enthaltenden Präparaten spritzen

Quercus (Eiche)

- **an Blättern, Knospen, Blüten**
- Blattrandnekrosen durch Trockenheit und Hitze, siehe auch Triebe: vgl. Abb. 70
- Absterben der Blattspitzen durch Spätfrosteinwirkung: Abb. FAW
- Blattverfärbung und Nekrosen durch Nährstoffmangel; BK: nach chemischer Analyse gezielte Düngemaßnahmen; vgl. Abb. FAW
- chlorotische Scheckung, Fleckung, Blattdeformation durch Virusinfektion: Abb. 203
- Blattfleckung durch Pilzinfektionen (*Apiognomonia quercina, Kabatiella apocrypta, Tubakia dryina, Septoria quercicola*): Abb. 204
- weißer Überzug auf deformierten Blättern durch Eichenmehltaupilz (*Microsphaera alphitoides*): vgl. Abb. 203
- Schmierlaus-Befall (*Phenacoccus aceris, Heliococcus bohemicus*): vgl. Abb. 103, 158
- Blattfleckung durch Eichenzwergläuse (*Phylloxera*-Arten): Abb. 205
- weißliche Sprenkelung durch Zikaden-Befall (*Typhlocyba quercus*): vgl. Abb. 75
- Gallenbildungen an Knospen und Blättern als typische Gallen, Filzrasen, Blattrandrollungen durch Gallwespen, Gallmücken oder Gallmilben: Abb. 206
- Aufrollen und Vertrocknen der Blattspitzen (Büchsenrolle) durch Käfer-Befall (*Attelabus nitens*): Abb. 207
- Knospen- und Blattfraßschäden durch Schmetterlingsraupen (Eichenwickler: *Tortrix viridana*, Abb. 208; *Capua*-Wickler: *Batodes angustiorana*, Abb. 207; Schwammspinner: *Lymantria dispar*, Abb. 302; Ringelspinner: *Malacosoma neustria*, Abb. 183; Schlehenspinner: *Orgyia recens*, Abb. 302; Eichenspinner: *Lasiocampa quercus*; Großer Frostspanner: *Hibernia defoliaria, Operophthera brumata*, Abb. 208, 49; Eichentriebzünsler: *Acrobasis* spp., Abb. 208; Goldafter: *Euproctis chrysorrhoea*, Abb. 19; Mondvogel: *Phalera bucephala*, Abb. 208; Baumweißling: *Aporia crataegi*, Abb. 61; Buchenrotschwanz: *Dasychira pudibunda*, Abb. 78); BK: vgl. Abb. 208
- Blattfraßschäden durch Käfer und Käferlarven (Eichenspringrüßler: *Rhynchaenus quercus*, vgl. Abb. 76; Grünrüßler: *Phyllobius arborator*; Feldmaikäfer (*Melolontha melolontha*: Abb. 210); BK: s. Seite 12, B, XIII
- Blattminen durch Raupen der Eichenminiermotte (*Tischeria complanella*): Abb. 209
- **an Trieben**
- Welke und Absterben von Mai- und Johannistrieben durch Spätfrost: Abb. FAW, vgl. auch Abb. 120
- Abwerfen bis zu 20 cm langer, beblätterter Triebe (»Astabsprünge«) im Sommer nach anhaltender Trockenheit: Abb. FAW
- Welke und Absterben angeschwollener Triebe, Fraßgang im Inneren durch

weiße, braunköpfige Raupe der Eichentriebmotte (*Stenolechia gemmella*): Abb. 209
- Anschwellungen an jungen Trieben mit Stauchungen oder Verkrümmungen, auch knötchenförmige, kleine Gallen mit Larven von Gallwespen (*Andricus*-Arten); BK: Triebe bei starkem Befall an Jungbäumen abschneiden, s. auch Abb. 206
- spindelförmige Auftreibungen an jungen Trieben mit Fraßgang und Larve im Inneren durch Befall des Eichenprachtkäfers (*Agrilus biguttatus*); BK: s. Seite 12, B, XIII
- aufplatzende Wucherungen mit Rindenläusen (*Schizodryobius longirostris*), mit Honigtaubildung bei *Lachnus*-Arten; siehe Äste (*Lachnidae*)
- flache, wulstartig umrandete Vertiefungen an Trieben mit Schildläusen (*Eulecanium tiliae, Parthenolecanium rufulum, Chionaspis salicis*): vgl. Abb. 292
- **an Ästen und Stamm**
- Absterben von Ästen und allmähliche Degeneration des Baumes durch Ursachenkomplex: Abb. FAW
- Saugschäden an Ästen durch Baumläuse (*Lachnidae*): Abb. 211
- Stammdeformation mit Absterben der Rinde an Roteichen durch Pilzinfektionen (*Pezicula cinnamomea*, Abb. FAW; *Stereum rugosum*): Abb. 212
- konsolenförmige Pilzfruchtkörper auf der Rinde nach Pilzinfektionen (Eichenwirrling: *Daedalea quercina; Schwefelporling: Laetiporus sulphureus*, vgl. Abb. 236; Feuerschwamm: *Phellinus robustus*, vgl. Abb. 270); BK: vgl. Abb. 236, 270
- kegelförmige Gallen an wulstig aufgeworfener Astrinde oder angeschwollenen Astpartien mit Larven im Inneren durch Gallwespen-Befall (*Andricus*-Arten); BK: befallene Äste an Jungbäumen abschneiden
- Risse und Rinnen längs am Stamm durch Witterungsextreme: Abb. 213
- verfärbte Rindenläsionen, Fraßgänge mit Raupen der Eichenrindenminiermotte (*Gracilaria simploniella*) an jungen Stämmchen; BK: Staunässe vermeiden, Wachstum durch Düngung nach Bodenuntersuchung fördern; befallene Bäumchen entfernen
- Absterbeerscheinungen an jungen Bäumen mit Fraßgängen und Larven von Eichen- und Buchenprachtkäfern (*Agrilus*-Arten); Fraßgänge meist quer zur Faserrichtung (*A. bigutatus*), Zickzackgänge (*A. viridis*); BK: befallene junge Bäume beseitigen
- Fraßgänge im Splintholz vertrocknender Äste und Stämme durch Käfer-Befall (Veränderlicher Scheibenbock: *Phymatodes testacius*): Abb. 214
- **an Wurzeln/Stammbasis**
- konsolenförmige Pilzfruchtkörper am Stammgrund, Weißfäule im Holz (Wulstiger Lackporling: *Ganoderma adspersum*, Schwächeparasit mit konzentrisch gezonten, mit dicker Kruste bedeckten Konsolen; Tropfender Schillerporling: *Inonotus dryadeus*, bräunliche, weiche bis zähe Fruchtkörper mit tropfenförmigen Ausscheidungen auf der Oberseite, Wundparasit); BK: vgl. Abb. 41, 80

a

b

Abb. 203, oben: Blattfleckung durch Virusinfektion (Tobamoviren, links) und durch Echten Mehltaupilz (*Microsphaera alphitoides*, rechts)

EM: a) Tobamoviren: chlorotische, distinkte oder diffuse Blattflecke, Mittelrippe oft gebogen, Blätter klein und schwach deformiert; Triebstauchung; Virusnachweis durch Fachleute (vgl. auch Abb. FAW)
b) Eichenmehltau: im Frühstadium chlorotische Blattflecke, bald mit weißlichem Überzug, der später gesamte Blattfläche einnehmen kann; Mißbildung der Triebspitzen; dunkle, kugelige Pilzfruchtkörper im Spätstadium (Lupe, vgl. Abb. 71)

VM: andere Virusarten (teilweise mit Ringfleckensymptom, vgl. Abb. FAW); Blattdeformation durch Herbizideinwirkung (Abb. FAW)

BK: Virose: nicht möglich, erkrankte Jungbäume entfernen (Infektionsquelle vom kontaminierten Boden her für viele Pflanzenarten)
Eichenmehltau: Jungbäume im Frühstadium der Infektion wiederholt chemisch behandeln (s. Seite 10, A, I)

Abb. 204; unten links: Blattfleckung durch Pilzinfektion (*Apiognomonia quercina*)

EM: runde oder unregelmäßige, braune, bis 2 cm große Flecke, oft von frühen Stadien der Gallbildung ausgehend (z. B. *Neuroterus numismalis*, Abb. 206); auch am Blattstiel; auf totem Gewebe blattunterseits bei hoher Feuchtigkeit winzige, bräunliche Pilzfruchtkörper (Lupe) der *Discula*-Nebenfruchtform

VM: andere Blattpilze (*Kabatiella apocrypta*: runde, hellbraune Flecke, 1–2 mm, an Einstichstellen von Insekten; *Septoria quercicola*: zahlreiche braune Flecke, 0,5–1,5 mm, Abb. FAW; *Tubakia dryina*: braune Flecke unterschiedlicher Größe); Differentialdiagnose durch Fachleute; Saugschäden durch Insekten, dann oft Häutungsreste blattunterseits, vgl. Abb. FAW

BK: nicht erforderlich im allgemeinen; ggf. chemische Behandlung (s. Seite 10, A, VII)

Abb. 205, unten rechts: Blattfleckung durch Eichenzwergläuse (*Phylloxera*-Arten)

EM: rundliche, gelbe bis orangefarbige, später bräunliche, nekrotische Flecke (a); Eiablage durch sehr kleine Läuse in dichten Kreisen blattunterseits (b)

VM: Saugschaden durch Zikaden (vgl. Abb. 206 a)

BK: bei starkem Befall an Jungbäumen chemische Behandlung (s. Seite 11, B, I)

a

d

e

f

g

h

Abb. 206: Gallenbildungen an Blättern und Knospen durch Gallwespen (a–h) und Gallmücken (d)

EM: a–d) *Macrodiplosis volvens* (links): nach oben umgeschlagener Blattrand (»Blattrandgalle«); zusätzlich auf der Blattfläche weiße Sprenkelung durch Zikaden-Saugtätigkeit(z. B. *Typhlocyba quercus*) (a)
Andricus lignicola (2. von links): große, kugelige, später verholzende Knospengalle (»Holzkugelgalle«) (b)
Andricus foecundatrix (2. von rechts): Knospengalle (»Eichenrose«) (c)
Cynips longiventris (rechts): kugelige, rötlichgelbe Galle mit weißen Wülsten (»Ziergalle«) an Adern blattunterseits (d)
e) *Trigonaspis megaptera* (links): Gallen unregelmäßig, nieren- oder bohnenförmig (»Nierengalle«), 2–4 mm, blaßgrün, später rötlich, kahl, mit Stielchen an Blattader befestigt, meist blattunterseits
Neuroterus quercusbaccarum (rechts): Gallen linsenförmig mit erhöhtem Zentrum, 4–6 mm, gelblich mit rotbraunen Haaren, meist blattunterseits, gelbe Flecke blattoberseits
f) *Neuroterus numismalis*: kleine, im Zentrum vertiefte Gallen blattunterseits (»Seidenknopfgalle«)
Cynips divisa: kugelige, rötlichgelbe Gallen seitlich an Blattadern
g) *Biorrhiza pallida*: aus End- oder Seitenknospen entstehende, rundliche, buckelige, 2–4 cm große, weißliche bis gelblichbraune oder rötliche Gallen, die bis zur Reife saftig bleiben (»Schwammapfel«); mit zahlreichen, hartwandigen Kammern im Inneren und jeweils 1 weißen Larve
h) *Neuroterus quercusbaccarum*: kugelige Gallen mit glasig durchsichtiger Wand (»Weinbeerengalle«); andere Generation derselben Art s. Abb. 206, e rechts

VM: andere Gallenformen und Erreger (s. Spezialliteratur)

BK: an Jungbäumen mit Knospengallen-Befall Triebe entfernen; sonst nicht erforderlich, da Schaden gering

a

b

c

Abb. 207: Blattwickel durch Käfer-Befall (Eichengallenrüßler: *Attelabus nitens*, a, b) oder Wicklerraupen (*Batodes angustioranus*, c)

EM: a, b) an Blattmittelrippe aufgehängte Rolle (a) mit gelben Eiern, später Käferlarven, die in abgefallenen Wickeln überwintern und sich im Frühjahr verpuppen; Rüsselkäfer rötlich (b)
c) Blattrolle mit Gespinstfäden und Fraßschaden am apikalen Blattende; grünliche oder gelbgrüne, bis 1,5 cm lange Raupe mit grünem oder braunen Nackenschild (vgl. auch Abb. 56)

VM: andere Wickler-Arten (*Archips* spp.)

BK: bei starkem Befall junger Bäume abgefallene Käfer-Wikkel entfernen; Wicklerraupen ggf. chemisch bekämpfen (s. Seite 12, B, XI)

a

b

c

d

e

Abb. 208 (Seite 193): Fraßschaden durch Schmetterlingsraupen (Eichenwickler: *Tortrix viridana*, b; Großer Frostspanner: *Hibernia defoliaria*, d; Mondvogel: *Phalera bucephala*, c; Eichentriebzünsler: *Acrobasis tumidella*, e)

EM: *Tortrix viridana*: Blattfraß (Kahlfraß) von oben nach unten fortschreitend (a), bei Austrieb zwischen zusammengesponnenen Blättern grüne Raupen mit schwarzen Warzen und dunklem Kopf (b); später braune Puppen zwischen versponnenen Blattresten
Hibernia defoliaria: Blattfraß oft von unten nach oben fortschreitend; Raupe rötlichbraun, gelbbraun oder lehmfarbig mit breiter, gelber, oben schwarz gesäumter Seitenlinie; bis 3,5 cm lang (d)
Phalera bucephala: schwarzbraun und gelb gegitterte Raupen mit langer, gelblicher Behaarung (c)
Acrobasis tumidella: Skelettierfraß in faustgroßen Blattnestern an Triebspitzen; Raupen schlank, gelblichgrün bis graugrün mit glänzendem, braunen Kopf und graubraunen Längsstreifen (e); besonders an jungen Eichen

VM: andere Schmetterlingsraupen (z. B. Kleiner Frostspanner: *Operophthera brumata*, Abb. 49; Eichenprozessionsspanner: *Thaumetopoea processionea*: behaarte Raupen in langen Reihen wandernd, Blattnester; weitere Arten s. Übersicht)

BK: intensiver Vogelschutz; chemische und biologische Bekämpfung sowie andere Maßnahmen s. Seite 12, B, XI/XII

Abb. 209: Triebspitzenvertrocknung (a) und Blattminen (b) durch Raupen

EM: a) Eichentriebmotte (*Stenolechia gemmella*): Blattvertrocknung an angeschwollenen Triebspitzen mit Fraßgang im Inneren und 6 mm langer, weißlicher, braunköpfiger Raupe
b) Eichenminiermotte (*Tischeria complanella*): Platzminen blattoberseits mit gelblichen, flachen Räupchen

VM: a) Spätfrostschaden; b) andere Blattminiermotten

BK: a) an Jungbäumen befallene Triebe entfernen, b) nicht erforderlich

a

b

b

Abb. 210: Fraßschaden durch Feldmaikäfer (*Melolontha melolontha*)

EM: Blattfraß der Käfer (a, b) an Bäumen in Nähe von Eiablageplätzen in Schwärmen ab April bis Mai nach 3–4 jährigem Entwicklungszyklus; befressen werden neben Eichen auch Ahorn, Hainbuche, Rotbuche (nicht an Nadelbäumen); Larven (»Engerlinge«) an Wurzeln aller Forstpflanzenarten (c), vor allem im Saatbeet und jungen Kulturen; auch an zahlreichen Kräutern

VM: Waldmaikäfer (*Melolontha hippocastani*), morphologisch geringe Unterschiede

BK: biologische Bekämpfung mit Krankheitserregern gegen Engerlinge meist nur in Kulturen erforderlich (PSD-Beratung)

Abb. 211, links: Saugschäden durch Baumläuse an Ästen (*Lachnidae*)
EM: Kolonien großer, dunkler Läuse auf der Rinde (im Bild bei der Eiablage); Differentialdiagnose durch Fachleute
VM: keine
BK: nur bei sehr starkem Befall chemisch behandeln (s. Seite 11, B, I), da Schaden meist gering

Abb. 212, rechts: Stammdeformation durch Pilzinfektion an Stieleiche (*Stereum rugosum*)
EM: im Bereich von Totästen Stammverformung durch krebsartige Auftreibungen, Wülste und Einsenkungen; auf toter Rinde unregelmäßige, krustenförmige, gelblichbraune, bei Verletzung rötende Fruchtkörper
VM: *Pezicula*-Krebs (*Pezicula cinnamomea*): hier sehr kleine, scheibenförmige Fruchtkörper (Lupe), meist an Roteiche (s. Abb. FAW)
BK: zur Krebsverhütung zeitige Ästung bodennaher Zweige und Wundpflege (vgl. Abb. 6)

a

b

Abb. 213: »Blitzrinne« durch Blitzeinschlag (a) und Frostriß (b)
EM: a) meterlange, am Stamm herablaufende, rindenfreie Streifen, freiliegendes Holz nach Jahren mit Überwallungsrändern
b) Aufreißen der Rinde nach intensiven Strahlungsfrösten und starken Temperaturschwankungen, besonders am Stammfuß, bis zu 1 m lang; nachfolgend Überwallungsreaktionen
VM: Spannungs-/Dehnungsrisse (auf Rinde beschränkt)
BK: Wundpflege

Abb. 214: Fraßschäden durch Veränderlichen Scheibenbock (*Phymatodes testaceus*)
EM: Gangfraß im Splintholz; Käfer mit bräunlichen, blauen, violetten oder grünlichen Flügeldecken und gelben, rötlichen oder dunklen Beinen, Fühlern, Kopf; Larven in Fraßgängen vor allem in vertrocknenden Stämmen oder trockenen Ästen
VM: Fraßgänge durch andere Käfer oder Schmetterlingsraupen (s. Übersicht)
BK: befallene Äste entfernen (Käfer befällt vor allem bereits trockenes Holz)

Rhamnus (Kreuzdorn, Faulbaum)

- **an Blättern, Knospen**
- mosaikartige Fleckung und Blattdeformation (Kreuzdorn) oder chlorotische und rötliche Fleckung längs der Blattadern (Faulbaum) durch Virusinfektion (z. B. Gurkenmosaikvirus); BK: nicht möglich, erkrankte Pflanzen entfernen
- weißlicher Überzug durch Echte Mehltaupilze (besonders blattoberseits: *Microsphaera friesii*; vor allem blattunterseits: *Phyllactinia guttata*): vgl. Abb. 31, 71
- gelbe Flecke mit pustelartigen Sporenlagern blattunterseits durch Rostpilzinfektion *Puccinia lolii* auf *R. cathartica, P. coronata* auf *R. frangula*): Abb. 215
- Blattfleckung durch andere Pilzinfektionen (*Cercospora*-Arten: braune oder schwarze Flecke mit oder ohne rötlichbraunem Rand; *Ascochyta paliuri*: rötlichbraune, zonierte, braun umrandete Flecke; *Asteromella vogelii*: unregelmäßige, ziegelrotbraune Flecke; *Septoria*-Arten: ockerfarbige, weißliche oder graue, dunkelbraun umrandete Flecke oder schwärzliche, randlose, trocken herausfallende Flecke); Differentialdiagnose durch Fachleute; BK: s. Seite 10, A, VII
- graue oder weißliche bis rötliche Filzrasen blattunterseits, oft von Blattadern ausgehend, Gallmilben (Mikro) (*Aceria*-Arten: vgl. Abb. 15)
- kleine, nach oben gerichtete Blattausstülpungen mit Larven (Lupe) in den Vertiefungen blattunterseits von Blattfloh (*Trioza rhamni*) oder durch Gallmilben (*Aceria rhamni*): BK: bei starkem Befall s. Seite 12, B, IX
- fleischig verdickter, nach oben umgebogener Blattrand, oft stark behaart, Larvenstadien (Lupe) von Blattfloh (*Trichochermes walkeri*); BK: bei starkem Befall s. Seite 11, B, I
- Blattrollung und -kräuselung mit schwärzlichgrünen, grau gepuderten Blattläusen (*Aphis commensalis*) oder hellgrünen Läusen (Kreuzdornblattlaus: *A. nasturtii*) an Kreuzdorn oder dunkelgrünen Läusen (Faulbaumblattlaus: *A. frangulae*) an Faulbaum; BK: bei starkem Befall, solange Blätter noch nicht gekräuselt sind, chemisch behandeln s. Seite 11, B, I)
- Blattfraß durch Schmetterlingsraupen (bes. Eulenfalter: *Cosmia*-Arten u. a.); BK: s. Seite 12, B, XI
- an Faulbaum Blütenknospen angeschwollen und geschlossen bleibend, rötlichgelbe Larven im Inneren von Gallmücke (*Dasineura frangulae*); BK: befallene Knospen ausschneiden
- **an Trieben**
- angeschwollene, verbogene Triebe durch Rostpilze (*Puccinia* spp.): Abb. 215
- angeschwollene Triebe mit muldenförmigen Vertiefungen durch Weidenschildlaus-Befall (*Chionaspis salicis*); BK: s. Seite 11, B, IV
- **an Ästen und Stamm**
- Aststerben durch Pilzinfektion (*Nectria*-Arten): vgl. Abb. 20
- Kolonien rötlichbrauner, halbkugelig gewölbter Napfschildläuse (*Parthenolecanium*-, *Eulecanium*-Arten): vgl. Abb. 292

a

b

Abb. 215: Blattfleckung und Triebdeformation durch Rostpilzinfektion (*Puccinia coronata*), »Haferkronenrost« an Faulbaum (*Rhamnus frangula*)

EM: pustelartige, gelbe bis orangefarbige Sporenlager blattunterseits (a) und an verkrümmten Blütenstielen und deformierten Trieben (b)

VM: ähnliche Sporenlager auf *Rhamnus cathartica* durch *Puccinia lolii*

BK: Faulbaum bzw. Kreuzdorn von Gramineen (besonders Hafer) räumlich getrennt halten (Wirtswechsel); erkrankte Triebe entfernen, bei starker Infektion chemische Behandlung (s. Seite 10, A, II)

Rhododendron/Azalea (Rhododendron/Azalee)

- **an Blättern, Knospen, Blüten**
- chlorotische Blattverfärbung durch Eisenmangel/Manganüberschuß: Abb. 216
- chlorotische Fleckung und mosaikartige Verfärbung durch Virusinfektion: Abb. 217
- bleigraue Blattverfärbung (»Bleiglanz«) durch physiologische Störungen oder Pilzinfektion (*Chondrostereum purpureum*): vgl. Abb. 177
- Blattverfärbung durch Algenbelag: Abb. 218
- Blattfleckung durch Pilzinfektion: Abb. 219, 220
- chlorotische Sprenkelung durch Hautwanzen-Befall (*Stephanitis* spp.): Abb. 221
- chlorotische Sprenkelung durch Mottenschildläuse (*Dialeurodes chittendeni*): »Weiße Fliege« und Larven blattunterseits, BK: s. Seite 11, B, I, nach 7 Tagen wiederholen
- chlorotische Sprenkelung blattoberseits, bräunliche Verfärbung blattunterseits durch Zwergzikaden-Befall (*Graphocephala coccinea*): Abb. 222
- chlorotische Sprenkelung und bronzeartige Blattverfärbung, Verdorren der Blätter durch Spinnmilben an Azaleen fast nur bei extremer Trockenheit; BK: s. Seite 12, B, VII
- silbrige Sprenkelung durch Blasenfüße (*Heliothrips*- oder *Thrips*-Arten): Abb. 223
- punktförmige, chlorotische und nekrotische Blattflecke oder Löcher, Blatt- und Triebspitzenverkrüppelung durch Blattwanzen-Befall an Azaleen (*Lygus* spp.): vgl. Abb. 181
- Blattdeformation an Sproßspitzen durch Blattlaus-Befall: Abb. 224
- Blattrollung und -deformation durch Gallmilben-Befall (*Phyllocoptes azaleae, Aceria alpestris*), Milben (Mikro); BK: s. Seite 12, B, IX
- Minierfraß, später Lochfraß durch 2 cm lange Raupen von Wickler (*Batodes angustioranus*) in zusammengesponnenen Blättern (Blattrollen): vgl. Abb. 56
- Minierfraß (Platz- und Gangminen) an Azaleen mit 1 cm langen, gelblichgrünen Räupchen in vom Rand her nach unten umgeschlagenen und versponnenen Blättern durch Azaleenmotte (*Gracilaria azaleella*); BK: bei starkem Befall chemisch behandeln (s. Seite 12, B, XI):
- Fraßschäden vom Blattrand her durch Käfer-Befall (Gefurchter Dickmaulrüßler: *Otiorrhynchus sulcatus*): Abb. 225, siehe aus Wurzeln/Stammbasis
- Fraß an zusammengesponnenen Blättern, Knospen und Blüten durch 12 mm lange, hellgrüne Raupen mit braunem Kopf und dunkelgrünen Seitenstreifen an Azaleen von Azaleenwickler (*Acalla schalleriana*); BK: befallene Pflanzenteile entfernen
- weißliche, mehlige Blattgallen durch Pilzinfektion (*Exobasidium* spp.): Abb. 226

- Knospenfäule durch Pilzinfektion (*Pycnostysanus azaleae*): Abb. 227
- Knospendeformation und Knospensterben durch Laufmilben (*Tarsonemus* spp.) Milben in Knospen (Mikro); BK: Knospen ausbrechen, Pflanzen ggf. chemisch behandeln (s. Seite 12, B, VIII)
- **an Trieben**
- Welke und Absterbeerscheinungen durch Pilzinfektion: Abb. 228
- Welke und Vertrocknen durch Witterungsextreme
- Welke nach Fraßschaden an Wurzeln durch Larven des Gefurchten Dickmaulrüßlers (*Otiorrhynchus sulcatus*): Abb. 225, siehe auch Blätter, Wurzeln/Stammbasis
- Welke und Absterbeerscheinungen durch Hallimasch-Infektion (*Armillaria* sp.) vgl. Abb. 144
- Saugschäden an Trieben und Blättern durch Schmier- und Schildläuse (*Phenacoccus aceris, Chionaspis salicis*); BK: s. Seite 11, B, IV, vgl. auch Abb. 68, 103; 97, 292
- **an Wurzeln/Stammbasis**
- Fraßschaden durch Larven des Gefurchten Dickmaulrüßlers (*Otiorrhynchus sulcatus*): Abb. 225
- Fäule durch Pilzinfektionen: Abb. 228

Abb. 216, oben: Blattverfärbung durch Eisenmangel/Manganüberschuß (»Kalkchlorose«)
EM: starke Chlorose, später mit Nekrosen zunächst an jungen, dann auch an älteren Bäumen, Blattfall; chemische Analyse
VM: andere Nährstoffmangelerscheinungen
BK: vom pH-Wert des Bodens abhängig, Nährstoffversorgung gemäß Bodenuntersuchung (bei Landwirtschaftlichen Untersuchungs- und Forschungsanstalten) vornehmen

Abb. 217, unten: Mosaikartige Verfärbung durch Virusinfektion
EM: chlorotische Fleckung und Scheckung der Blätter, leichte Blattdeformation; Virusnachweis durch Fachleute
VM: Nährstoffmangelerscheinungen (vgl. Abb. 216)
BK: Rodung stark erkrankter Pflanzen; nicht als Vermehrungsmaterial benutzen

Abb. 218: Blattverfärbung durch Algenbelag

EM: gelblicher bis hellgrüner leicht abwischbarer (Pfeil) Belag blattoberseits

VM: keine

BK: in der Regel nicht erforderlich; bei sehr starker und ständiger Besiedlung (Beeinträchtigung der Assimilation) Pflanzenbestand zur Reduzierung hoher Luftfeuchte lichten

Abb. 219: Blattfleckung durch Pilzinfektion an Azaleen (*Septoria azaleae*)

EM: Blattflecke meist durch Blattadern begrenzt, zunächst gelblich bis rötlichgelb, dann dunkelbraun bis schwarz, teilweise mit gelblichem oder rötlichem Hof; vom Blattrand, Blattspitze oder wahllos auf der Spreite beginnend, blattunterseits besonders deutlich; Blattfall; punktförmige, schwarze Pilzfruchtkörper auf den Flecken (Lupe), bei Feuchtigkeit mit weißlichen Sporenranken

VM: andere Blattfleckenpilze (Abb. 220)

BK: bei Ankauf auf Blatterkrankung achten; abgefallene Blätter konsequent entfernen; optimale Kulturbedingungen schaffen (besondere Gefahr in Anzuchtbetrieben)

a b c

Abb. 220: Blattfleckung durch Pilzinfektion an Rhododendron (a: *Phyllosticta*-Arten, b: *Cercoseptoria handelii*, c: *Glomerella cingulata*)

EM: a) unregelmäßige, ausgedehnte, dunkelbraune bis aschgraue Flecke, teilweise dunkel umrandet oder rundliche, bräunliche Flecke mit dunklem Rand;
b) rundliche oder unregelmäßige, dunkelbraune Flecke zuweilen mit rötlicher Umrandung und zoniert, blattoberseits grauer Pilzflaum bei Feuchtigkeit;
c) unregelmäßige, oft ausgedehnte, dunkelbraune, zonierte Flecke mit schwarzen, konzentrisch angeordneten Sporenlagern (Lupe) der *Colletotrichum*-Nebenfruchtform

VM: andere Blattfleckenpilze (vgl. Abb. 219); Differentialdiagnose durch Fachleute

BK: erkrankte Blätter entfernen, für rasches Abtrocknen der Pflanzen sorgen, Nährstoffversorgung überprüfen

a

b

Abb. 221: Blattverfärbung durch Hautwanzen-Befall (*Stephanitis* spp.)

EM: hellgrüne bis chlorotische Sprenkelung oder Fleckung blattoberseits, später verbräunend (a), teer- oder lackartige, braunschwarze Kottropfen, die zu krustigen Massen eintrocknen, blattunterseits; bis zu 4 mm lange, abgeplattete Insekten mit buckelförmigem, seitlich erweitertem Halsschild und durchsichtigen, netzartig geaderten, großen Flügeln; Larven bis 2 mm lang, gelblich, dunkel gefleckt (b)

VM: Zikaden-Befall (Abb. 222); Blattlaus-Befall (Abb. 224); Mottenschildlaus-Befall (*Trialeurodes vaporariorum*, im Freiland besonders: *Dialeurodes chittendeni*)

BK: im Frühsommer befallene Blätter entfernen, Larven an jungen Sträuchern zerdrücken, bei starkem Befall chemisch behandeln (s. Seite 11, B, III) im Winter Triebenden mit eiertragenden Blättern (unterseits an der Mittelrippe eingesenkt) entfernen

a

b

Abb. 222: Chlorotische Sprenkelung durch Zikaden-Befall (*Graphocephala coccinea*)

EM: weißliche bis gelbliche, winzige Flecke blattoberseits, bräunliche Fleckung blattunterseits (a); Häutungsreste, grüne, rot gezeichnete Zikaden 9 mm lang (b), gelbliche Larven, meist blattunterseits

VM: Saugschaden durch Blasenfüße (Abb. 223), Hautwanzen (Abb. 221), Blattläuse (Abb. 224), Spinnmilben, Mottenschildläuse

BK: frühmorgens chemisch behandeln (s. Seite 11, B, II); Überträger des Knospenfäuleerregers (Abb. 227)

Abb. 223: Silbrige Sprenkelung durch Blasenfüße (*Thrips, Heliothrips* spp.)

EM: blattunterseits blasse, flügellose Larven (bis 4 mm), bewegliche Nymphenstadien mit Flügelstummel und Adulte mit gefransten Flügeln, Kottröpfchen (Lupe); hier Gestreifter Gewächshausthrips; in heißem, trockenem Frühjahr im Freiland

VM: andere Insekten (Abb. 221, 222)

BK: s. Seite 11, B, VI

Abb. 224: Blattdeformation durch Blattlaus-Befall

EM: junge Blätter und Neuaustrieb deformiert, chlorotische Fleckung, Blattlauskolonien, Häutungsreste, Honigtaubildung

VM: Saugschäden durch andere Insekten (Abb. 222)

BK: s. Seite 11, B, I

Abb. 225: Fraßschaden durch Gefurchten Dickmaulrüßler (*Otiorrhynchus sulcatus*)

EM: bogen- oder halbmondförmige Blattstücke vom Rand her ausgefressen durch 1 cm lange, schwarze, oberseits grob gekörnte Käfer (Abb. 184) mit gefurchtem Rüssel, flugunfähig; auch Fraß an Rinde und Knospen (nachts!); bis 1,2 cm lange, weißliche, dicke, fußlose Larven mit braunem Kopf im Wurzelbereich fressend (Abb. 184)

VM: andere Käferarten; Triebwelke durch Pilzinfektion Abb. 228)

BK: Käfer und Larven an Pflanzenbasis abends regelmäßig absammeln, biologische Bekämpfung s. Seite 12, B, XIV

Abb. 226, links: Deformation von Blättern und Blüten durch Pilzinfektion (*Exobasidium japonicum, E. rhododendri*: »Ohrläppchenkrankheit« an Azaleen, »Saftäpfel« an Rhododendren)

EM: *E. japonicum*: Blatt- und Blütenteile fleischig, verdickt, später weiß bereift (Sporenrasen, Mikro)
E. rhododendri: an Trieben und Blättern kugelige, bis walnußgroße, fleischige, weißlichrötliche Gallen (Bild)

VM: keine

BK: befallene Triebe entfernen, widerstandsfähige Sorten bevorzugen

Abb. 227, rechts: Knospenfäule an Rhododendron durch Pilzinfektion (*Pycnostysanus azaleae*)

EM: Blütenknospen verfaulen und vertrocknen; schwarzes, stacheliges Aussehen durch kleine Sporenträger (Lupe)

VM: Blütenvertrocknung durch Trockenheit, Kälte, Nährstoffmangel (Sporenträger fehlen)

BK: erkrankte Triebe entfernen, besonders im Herbst (Neuinfektionsgefahr); Rhododendron-Zikade (Pilzüberträger) bekämpfen (s. Abb. 222)

Abb. 228: Welke und Absterbeerscheinungen durch Pilzinfektion (*Verticillium alboatrum*)

EM: Blätter fahl stumpf oder gelblich verfärbt, Triebe welken und sterben ab; braune Verfärbung im Gefäßbündelbereich (vgl. Abb. 248)

VM: Infektionen durch andere Pilze (z. B. *Phytophthora cactorum*, vgl. Abb. 65); Differentialdiagnose durch Fachleute; Frost- oder Trockenschäden; Wurzelfraß durch Dickmaulrüßler-Larven (vgl. Abb. 225)

BK: Auswahl weniger anfälliger Sorten; erkrankte Pflanzen mit Stammgrund- und Wurzelfäule sorgfältig roden; weitere Maßnahmen s. Seite 11, A, IX/X

Ribes (Zierjohannisbeere, Zierstachelbeere)

- **an Blättern, Knospen, Blüten**
- chlorotische, bogenförmige Verfärbung quer über Blattspreiten von *Ribes aureum* (Gurkenmosaikvirus), Ringfleckigkeit an *Ribes sanguineum* (Himbeerringfleckenvirus) Linienmuster und chlorotisch bis nekrotische Fleckung, Sprenkelung, Mosaik, Adernverfärbung und Adernbänderung durch verschiedene Virusarten (z. B. Latentes Erdbeerringfleckenvirus, Arabismosaikvirus, Tabakmauchevirus); BK: erkrankte Sträucher entfernen, nicht als Vermehrungsmaterial benutzen, vgl. Abb. 250
- reduzierte Blattrandzähnung und Blattadernanzahl (»Brennesselkrankheit«) oder chlorotische Linienmuster durch Mykoplasmen-ähnliche Organismen (MLO), Diagnose durch Fachleute (Mikro); BK: erkrankte Sträucher entfernen, nicht als Vermehrungsmaterial benutzen
- Blattrandvertrocknung durch Nährstoffmangel (vor allem Kalium) oder an Wegen durch Streusalzeinwirkung, auch durch Trockenheit; chemische Blatt- und Bodenanalyse; BK: entsprechende Maßnahmen zur Standortverbesserung treffen
- weißlicher, mehlartiger Überzug auf Blättern und gestauchten Trieben oder fleckiger Überzug blattunterseits durch Echte Mehltaupilze (*Sphaerotheca mors-uvae, Microsphaera grossulariae* bzw. *Phyllactinia guttata*): vgl. Abb. 31, 122 bzw. 71, 86
- chlorotische bis braune Blattfleckung mit grauweißem Pilzrasen blattunterseits durch Falschen Mehltaupilz (*Plasmopara ribicola*); BK: s. Seite 10, A, VI
- chlorotische Fleckung mit pustelförmigen, gelbbraunen Sporenlagern blattunterseits durch Säulenrostinfektion (*Cronartium ribicola*), ähnliche Symptome durch andere Rostpilze: Abb. 229
- kleine, braune Blattflecke und vorzeitiger Blattfall durch Pilzinfektion (*Drepanopeziza ribis*); BK: abgefallene Blätter entfernen
- Blattfleckung und -deformation durch Blattwanzen-Befall (*Lygus*-Arten u. a.): Abb. 230
- Blattdeformation, Blattrandrollung mit starker Behaarung, Milben (Mikro) durch Gallmilben-Befall (*Aceria*-Arten); BK: befallene Triebe entfernen
- Verdrehungen und Deformation junger, durchlöcherter Blätter, Blattvertrocknung durch Johannisbeergallmücke (*Dasineura tetensi*); BK: befallene Triebe abschneiden
- Blattdeformation durch Blattlaus-Befall (*Myzus ribis, Aphis grossulariae*): Abb. 231
- verdickte, angeschwollene, meist nicht austreibende Knospen, Milben im Inneren (Mikro) durch Johannisbeergallmilbe (*Cecidophyopsis ribis*). vgl. Abb. 55
- Blattfraß, Knospenfraß durch Schmetterlingsraupen (besonders Johannis-

beermotte: *Incurvaria capitella*; Eulenarten: *Cosmia trapezina* und andere vgl. Abb. 246); Diagnose durch Fachleute; BK: s. Seite 12, B, XI

- Blattfraßschäden bis Kahlfraß durch blaugrüne Larven der Stachelbeerblattwespe (*Pteronidea ribesii*): vgl. Abb. 262
- **an Trieben**
- Triebwelke durch Grauschimmelinfektion (*Botrytis cinerea*): vgl. Abb. 241
- Triebwelke mit Fraßgang und weißlichgelber Raupe von Johannisbeerglasflügler (*Sesia tipuliformis*); BK: befallene Triebe abschneiden
- krebsartige Zweigdeformationen mit schwarzen, bis 4 mm großen, polsterförmigen Pilzstadien (Stromata) durch Pilzinfektion (*Botryosphaeria berengeriana*); BK: erkrankte Triebe entfernen
- Triebsterben durch Pilzinfektion (*Nectria*-Arten): Abb. 232
- Zweigsucht mit sehr kurzen, fleischig verdickten Trieben am Stammgrund durch Bakterieninfektion (*Corynebacterium fascians*); BK: erkrankte Sträucher roden
- pockenartige Auftreibungen, muldenförmige Vertiefungen auf der Rinde junger Triebe mit weißen Läusen der Weidenschildlaus (*Chionaspis salicis*); BK: befallene Triebe entfernen
- Kolonien rötlichbrauner, halbkugelig gewölbter Schildläuse (Gemeine Napfschildlaus: *Parthenolecanium corni*, vgl. Abb. 292; *Pulvinaria betulae, P. ribesiae*, vgl. Abb. 29)
- Schmierlaus-Befall an Blättern und Trieben (*Phenacoccus aceris*): vgl. Abb. 68, 103
- **an Wurzeln**
- verholzende, krebsartige Wucherungen an Wurzeln (»Wurzelkropf«) durch Bakterieninfektion (*Agrobacterium tumefaciens*): vgl. Abb. 132

Abb. 229, links: Blattfleckung durch Johannisbeerrostinfektion (*Cronartium ribicola*)

EM: chlorotische Fleckung blattoberseits, gelbbraune, säulenförmige Sporenlager blattunterseits (Lupe)

VM: andere Rostpilzinfektionen: *Melampsora ribesii*-Formen (Sporenlager blattoberseits auf gelblichen Flecken, Wirtspflanzenwechsel mit *Salix*); *Puccinia caricina* (Sporenlager auf beiden Seiten, Stengel- und Blattstieldeformation, Wirtspflanzenwechsel mit *Carex*); *Puccinia ribis* (Sporenlager blattoberseits auf gelblichen bis bräunlichen Flecken, kein Wirtspflanzenwechsel)

BK: Weymouthskiefern und andere fünfnadelige Kiefernarten wegen Wirtswechsels von *Ribes*-Arten räumlich trennen, rostresistente Sorten bevorzugen; vgl. Abb. 156

Abb. 230, rechts: Blattfleckung und Deformation durch Blattwanzen-Befall (*Lygus*-Arten u.a.)

EM: chlorotische, später nekrotisierende und aufreißende, meist kleine Flecke besonders im Adernbereich; junge Blätter deformiert und zerfetzt durch Stichverletzungen von 4–10 mm langen, schlanken, flügellosen Larven und geflügelten, grünlichen, grauen oder bräunlichen Wanzen (vgl. Abb. 53); Differentialdiagnose durch Fachleute

VM: Blattlaus-Befall

BK: bei starkem Befall chemische Behandlung (s. Seite 11, B. III)

Abb. 231: Blattdeformation durch Blattlaus-Befall (*Myzus ribis, Aphis grossulariae*)

EM: an Triebspitzen Blätter mit rötlichen oder gelblichen Ausstülpungen nach oben oder beulig aufgetrieben, zurückgebogen; grünliche Läuse, Häutungsreste; Differentialdiagnose durch Fachleute

VM: keine

BK: bei starkem Befall chemisch behandeln (s. Seite 11, B, I)

Abb. 232: Triebsterben durch Pilzinfektion (*Nectria* spp.) an Blutjohannisbeere

EM: Absterben und Einsinken der Rinde in Umgebung eines Auges oder an Wunden; an älteren Ästen Überwallungsversuche an vertrocknenden Rindenpartien, die bei erfolgloser Überwallung zu offenen Krebswunden führen; Zweig oberhalb der Infektionsstelle verdorrt; oft stecknadelkopfgroße Pilzfruchtkörper (vgl. Abb. 20)

VM: Triebsterben durch andere Pilze (s. Übersicht)

BK: s. Seite 11, A, XI

Robinia (Falsche Akazie)

- **an Blättern, Knospen, Blüten**
- Blattvergilbung durch Eisen-/Mangan-Mangel: Abb. 233
- chlorotische Blattfleckung oder mosaikartige Fleckung, Deformation, Triebstauche durch Virusinfektion (Robinienmosaikvirus u.a.); BK: schwer erkrankte Bäume roden
- vorzeitige Vergilbung, Fiederblattwelke, Blattfall durch Trockenheit
- weißlicher, mehlartiger Überzug auf beiden Blattseiten oder meist nur blattunterseits durch Echte Mehltaupilze (*Erysiphe trifolii* bzw. *Phyllactinia guttata*); BK: nicht erforderlich
- chlorotische Blattfleckung mit violettbräunlichem Pilzrasen durch Falschen Mehltaupilz (*Peronospora cytisi*); BK: Standortbedingungen (Auslichtung des Pflanzenbestandes zur besseren Durchlüftung und zum schnelleren Abtrocknen) verbessern, Staunässe im Boden beseitigen
- Blattfleckung durch andere Pilzinfektionen (*Phyllosticta*-Arten: gelbliche, graue oder dunkelbraune Flecke; *Ascochyta robiniae*: weißliche bis gelbliche, dunkel umrandete Flecke; Differentialdiagnose durch Fachleute; BK: bei jungen Bäumen abgefallene Blätter entfernen, für gute Durchlüftung (Auslichten des Pflanzenbestandes) sorgen
- weißliche Platzminen in Blättern durch Raupen der Robinienminiermotte (*Phyllonorycter robiniella*): Abb. 234
- Blattkräuselung durch Gallmilben-Befall (*Vasates*-Arten): Abb. 235
- Blattkräuselung mit Blattlauskolonien (*Aphis craccivora, A. fabae*): vgl. Abb. 69
- **an Ästen und Stamm**
- Triebwelke und Aststerben, Absterben junger Bäume, Verfärbung im Leitbündelring im Querschnitt erkrankter Äste durch Pilzinfektion (*Verticillium alboatrum*): vgl. Abb. 248
- Aststerben mit roten, stecknadelkopfgroßen Pilzfruchtkörpern auf toter Rinde im Winter durch Pilzinfektion (*Nectria*-Arten): vgl. Abb. 20
- Kolonien rötlichbrauner, halbkugelig gewölbter Napfschildläuse (*Parthenolecanium-, Eulecanium*-Arten): vgl. Abb. 292; oder kommaförmige, braune Läuse (Kommaschildlaus: *Lepidosaphes ulmi*): vgl. Abb. 190
- Schmierlaus-Kolonien (*Heliococcus bohemicus*): vgl. Abb. 158
- Stammholzfäule mit konsolenförmigen, großen, gelben Pilzfruchtkörpern von Schwefelporling (*Laetiporus sulphureus*): Abb. 236

Abb. 233, links: Blattvergilbung durch Eisen-/Mangan-Mangel
EM: gleichmäßige blaßgrüngelbe Verfärbung der Blätter, ausgenommen Adernbereich; chemische Analyse, besonders auf kalkhaltigen Standorten (»Kalkchlorose«) oder anmoorigen Böden
VM: andere Nährstoffmangelerscheinungen; Herbizidschäden
BK: Bodenverbesserung durch Düngung nach Ergebnis der chemischen Analyse

Abb. 234, rechts: Minierfraßschaden durch Robinien-Miniermotte (*Phyllonorycter robiniella*)
EM: weißlich erscheinende Platzminen auf Blättern, im Inneren bis 4,5 mm lange, grünlichweiße, braunköpfige Raupe und Kotreste
VM: andere Miniermotten (*Parectopa robiniella*)
BK: an Jungbäumen befallene Blätter entfernen, bei starkem Befall Decis einsetzen

Abb. 235: Blattkräuselung durch Gallmilben-Befall (*Vasates*-Arten)

EM: stark gekräuselte Fiederblättchen mit eingerolltem Blattrand, Milben (Mikro)

VM: Blattkräuselung durch Blattlaus-Befall (*Aphis craccivora*, *Aphis fabae*, vgl. Abb. 69)

BK: im allgemeinen nicht erforderlich; ggf. befallene Pflanzenteile entfernen

Abb. 236: Braunfäule durch Pilzinfektion (Schwefelporling: *Laetiporus sulphureus*)

EM: konsolenförmige, oft dachziegelartig am Stamm angeordnete Pilzfruchtkörper, bis 40 cm breit, oberseits schwefelgelb, unterseits orangegelb, weichfleischig; Braunfäule im Kernholzbereich

VM: keine

BK: bei mehrjährigem Auftreten von Pilzfruchtkörpern erkrankte Bäume entfernen (Windbruchgefahr)

Rosa (Rose)

- **an Blättern, Knospen, Blüten, Früchten**
- Gelbsucht durch Nährstoffmangel (»Kalkchlorose«) oder Wurzel-/Stammschäden: vgl. Abb. 233
- chlorotische Fleckung und Linienmuster durch Virusinfektion: Abb. 237
- bleigraue Verfärbung (»Bleiglanz«) durch Pilzinfektion (*Chondrostereum purpureum*): vgl. Abb. 177
- weißlicher, mehlartiger Überzug durch Echten Mehltaupilz (*Sphaerotheca pannosa*): Abb. 238
- rotviolette bis braune Blattflecke mit Pilzrasen blattunterseits durch Falschen Mehltaupilz (*Pseudoperonospora sparsa*); BK: s. Seite 10, A, VI
- unregelmäßige, dunkle Flecke, Vergilbung, Blattfall durch Sternrußtaupilz (*Diplocarpon rosae*): Abb. 239
- gelbliche bis rötliche Flecke mit orangefarbigen, gelben und braunschwarzen Sporenlagern durch Rostpilzinfektion (*Phragmidium mucronatum*): Abb. 240
- Knospen- und Blütenstielfäule, Blatt- und Blütenblattflecke durch Grauschimmel (*Botrytis cinerea*): Abb. 241
- Blattfleckung durch andere Pilzinfektionen (*Mycosphaerella rosigena*: braune, violett umrandete Flecke; *Sphaerulina rehmiana*: Braune Flecke mit gelbrotem bis purpurfarbigem Rand, auch an Blüten und Trieben; *Phyllosticta rosae*: bräunliche bis graue, purpurfarbig umrandete Flecke, 2–8 mm; *Ascochyta rosicola*: weißliche, rot umrandete Flecke; *Sphaceloma rosarum*: schwärzliche, später weiße, dunkel umrandete Flecke; *Marssonina rosae*: purpurbraune bis schwarze Flecke; *Cercospora*-Arten: sehr kleine, braune bis purpurfarbige Flecke); Differentialdiagnose durch Fachleute; BK: s. Seite 10, A, VII
- gelbliche bis weiße Sprenkelung durch Spinnmilben-Befall (*Tetranychus urticae* u. a.) oder durch Rosenzikade (*Erwardsiana rosae*): Abb. 242
- Blattkräuselung und Abwärtsbiegung durch Blattlaus-Befall (Grüne Apfellaus: *Aphis pomi*, andere Arten, siehe Triebe); BK: s. Seite 11, B, I
- tütenförmig am Blatt hängende, gerollte Blattstücke (Wickel) durch Larven der Spirallocken-Rosenblattwespe (*Lyda inanita*); BK: befallene Blätter frühzeitig entfernen (vgl. Abb. 243)
- röhrenförmige, nach unten gerichtete Blattrollung durch Blattroll-Rosenblattwespe (*Blennocampa pusilla*): Abb. 243
- aufwärts gerichtete Blattrollung, Milben (Mikro) durch Gallmilben-Befall (*Aceria*-Arten, *Callyntrotus schlechtendali*); BK: befallene Blätter entfernen
- hüllenartig, nach oben gefaltete Blatthälften, bauschig aufgetrieben, brüchig, meist rot verfärbt, orangegelbe Larven (Lupe) der Rosengallmücke (*Wachtliella rosarum*); BK: befallene Blätter entfernen
- abwärts gebogene Blätter, Blattkräuselung, schaumbedeckte Larven von Schaumzikade (*Philaenus spumarius*): vgl. Abb. 259

- taschenförmige Blattminen mit Raupen in länglichem Futteral aus Blattstükken, im Frühjahr Knospenfraß durch Befall der Rosenfutteralmotte (*Coleophora gryphipennella*); BK: befallene Blätter entfernen
- geschlossen bleibende oder unvollständig entfaltende, vertrocknende Blütenknospen mit 3 mm langen, gelblich orangeroten Larven (Lupe), Vertrocknung durch Befall von Rosenblütenknospengallmücke (*Clinodiplosis rosiperda*); BK: befallene Knospen entfernen
- geschlängelte Gangminen mit Räupchen in Blättern durch Befall von Rosenminiermotte (*Nepticula*-Arten); BK: befallene Blätter entfernen
- Loch- und Blattrandfraß durch Rosensägewespen-Larven (*Allantus cinctus*): Abb. 244
- Blatt- und Blütenfraß durch Gartenlaubkäfer (*Phyllopertha horticola*): Abb. 245
- Blattfraß vom Rand her durch 2 cm lange, bläulichgrüne, oberseits gelbliche Larven mit schwarzen Warzen der Rosenbürstenhornwespe (*Arge ochropus*) s. Triebe
- Blattfraß durch Schmetterlingsraupen (*Acronicta-, Agrotis-, Mamestra*-Arten u.a.: vgl. Abb. 34, 246; Schwammspinner: *Lymantria dispar*, Abb. 302; Ringelspinner: *Malacosoma neustria*, Abb. 183; Schlehenspinner: *Orgyia recens*, Abb. 302; Goldafter: *Euproctis chrysorrhoea*, Abb. 19; Frostspanner: *Operophthera brumata*, Abb. 49, *Hibernia defoliaria*, Abb. 208; Wickler: *Archips-, Tortrix-, Epiblema*-Arten, vgl. Abb. 207, 208); Diagnose durch Fachleute; BK: s. Seite 12, B, XI/XII
- Fraß an Knospen durch Rüsselkäfer (*Otiorrhynchus-, Strophosomus*-Arten), auch an Trieben; BK: s. Seite 12, B, XIII
- Knospenwelke und -verkrüppelung, Fleckung der Blütenblätter durch Blasenfuß-Befall (*Thrips-, Heliothrips*-Arten): vgl. Abb. 223
- Knospen- und Blütenverkrüppelung durch Blattwanzen (*Miridae*): vgl. Abb. 53
- Absterben von Blütenknospen durch Fraß im Inneren von 1 cm langen, hellgrünen Blattwespenlarven des Rosenknospenbohrers (*Ardis plana*); BK: befallene Knospen entfernen
- Knospensterben durch Fraß im Inneren von 4 mm langen, weißlichen Käferlarven des Himbeerstechers (*Anthonomus rubi*): vgl. Abb. 130
- Skelettierfraß durch 6–10 mm lange, schneckenartige, grünliche Larven der Rosenblattwespe (*Caliroa [Endelomyia] aethiops*); BK: bei starkem Befall chemisch behandeln (s. Seite 12, B, XI)
- an Blättern, Knospen, Blüten, auch jungen Früchten 4–5 cm große Gallen mit verzweigten Auswüchsen (»Rosenschlafäpfel«) der Rosengallwespe (*Diplolepis rosae*): Abb. 247
- an Blättern, Blattstielen, Blüten bis 5 mm große, meist kugelige, glatte Gallen durch Gallwespe (*Diplolepis spinosissimae*); BK: befallene Pflanzenteile ausschneiden
- an Blättern bis 6 mm große, kugelige Gallen mit Stacheln (»Morgenstern«) von Gallwespe (*Diplolepis rosarum*) oder meist blattunterseits kugelige, glatte Gallen (*D. eglanteriae*); BK: befallene Blätter entfernen
- gelbliche bis braune, 2–3 mm große Pusteln an Blattstielen (Eitaschen) durch Käfer des Rosentriebbohrers (*Monophadnus elongatula*), siehe Triebe

- Fruchtdeformation und -verkümmerung mit Madenfraß im Inneren durch Hagebuttenbohrfliege (*Rhagoletis alternata*); BK: befallene Früchte entfernen
- **an Trieben, Ästen**
- Triebwelke und Aststerben durch Pilzinfektion (*Verticillium alboatrum*): Abb. 248
- Triebsterben durch Pilzinfektion (*Myxosporium rosae* u.a.): Abb. 249
- krebsartige Deformationen mit schwarzen, bis 4 mm großen, polsterförmigen Pilzstadien (Stromata) durch Pilzinfektion (*Botryosphaeria berengeriana*); BK: erkrankte Triebe, Äste entfernen
- Triebspitzensterben durch Nagefraß von Rüsselkäfern um den Trieb herum (Zweigstecher: *Rhynchites*-Arten); BK: s. Seite 12, B, XIII
- Triebsterben durch Fraßgang im Mark mit ca. 1 cm langer Käferlarve (»Röhrenwürmer«) von Rosentriebbohrer (*Monophadnus elongatula, Ardis bruniventris*); BK: befallene Triebe entfernen
- Triebverkrümmung und -verkümmerung durch »Stepstichnaht« bei Eiablage der Rosenbürstenhornwespe (»Nähfliege«: *Arge ochropus*): s. Blätter; BK: befallene Triebe entfernen
- Verkrüppelung junger Triebe durch Blattlaus-Befall (*Macrosiphum rosae*); s. Seite 11, B, I (siehe auch Blätter)
- Triebwelke durch Fraß- oder Saugschäden an Wurzeln (siehe Wurzeln)
- Kolonien rötlichbrauner, halbkugelig gewölbter Napfschildläuse (*Parthenolecanium rufulum, Eulecanium tiliae, Pulvinaria betulae, Aulacaspis rosae*): vgl. Abb. 29, 190, 292
- **an Wurzeln**
- verholzende, krebsartige Wucherungen durch Bakterieninfektion (*Agrobacterium tumefaciens*), »Wurzelkropf«: vgl. Abb. 132
- Wurzelfäule durch Pilzinfektion (*Rosellinia necatrix*), Diagnose durch Fachleute; BK: Pflanzen roden
- knotige Anschwellungen durch Wurzelgallenälchen (*Meloidogyne* sp.): vgl. Abb. 32
- Läusekolonien am Stammgrund und Wurzeln durch Wurzellaus-Befall (*Maculolachnus submaculata*): vgl. Abb. 169
- Fraßschaden an Wurzeln und Wurzelhals durch Engerlinge und Larven von Käfern (*Phyllopertha horticola, Otiorrhynchus*-Arten, siehe auch Blätter) oder von Erdschnaken- oder Haarmückenlarven: Abb. 245
- Fraßschaden durch Eulenfalter-Raupen (*Agrotis-, Mamestra*-Arten u.a.): Abb. 246
- Kümmerwuchs durch freilebende Wurzelnematoden (*Pratylenchus* spp. u.a.); BK: s. Seite 12, B, XV

Abb. 237: Blattverfärbung durch Virusinfektion (Nekrotisches Ringfleckenvirus der Kirsche, Rosenmosaikvirus u.a.)

EM: scharf begrenzte, chlorotische Flecke, Linien- und Ringmuster; in anderen Fällen chlorotische Adernverfärbung, Scheckung und Blattdeformation; Virusnachweis durch Fachleute

VM: keine

BK: erkrankte Pflanzen entfernen, nicht als Vermehrungsmaterial benutzen

Abb. 238: Weißlicher Überzug durch Echten Mehltaupilz (*Sphaerotheca pannosa*)

EM: mehliger, grauweißer Belag auf Blütenknospen, Blättern und jungen Trieben; später mit dunklen, kugeligen Pilzfruchtkörpern (Lupe); Blattdeformation und Blattvertrocknung

VM: Falscher Mehltaupilz (*Pseudoperonospora sparsa*): Pilzrasen blattunterseits, rötlichviolette Flecke oberseits

BK: s. Seite 10, A, I

Abb. 239: Blattfleckung durch Pilzinfektion (*Diplocarpon rosae*), »Sternrußtau«

EM: dunkelbraun bis schwarze, sternförmig sich ausbreitende Flecke; vorzeitige Vergilbung, Blattfall bei Berührung

VM: andere Pilzarten (s. Übersicht)

BK: s. Seite 10, A, V

Abb. 240: Blattfleckung durch Rostpilz (*Phragmidium mucronatum*)

EM: blattoberseits gelblich rötliche Flecke, blattunterseits stecknadelkopfgroße, zunächst gelbe, dann schwarze Sporenlager im Sommer; vereinzelt an Blattstielen und Trieben orangefarbige Schwielen im Frühjahr; vorzeitiger Blattfall

VM: andere Rostpilzarten; Differentialdiagnose durch Fachleute

BK: abgefallene Blätter entfernen; einseitige Stickstoffdüngung meiden, gute Kaliumversorgung; in gefährdeten Lagen weniger anfällige Sorten bevorzugen; bei starker Infektion chemische Behandlung (s. Seite 10, A, II)

a

b

c

Abb. 241: Zweig- und Knospenfäule, Blatt- und Blütenfleckung durch Grauschimmelinfektion (*Botrytis cinerea*)

EM: dunkelbraune Faulstellen an Knospen, Stielen und Zweigen bei Feuchtigkeit mit grauem Schimmel (Lupe), Blütenstiele knicken um (a); unregelmäßige, braune, z.T. dunkel umrandete Blattflecke (b); auf hellfarbigen Blütenblättern rötliche, auf roten dunkle oder helle Flecke (»Pockenkrankheit«, c)

VM: an Zweigen andere Pilzarten (Abb. 248); Blattfleckung (s. Übersicht); Differentialdiagnose durch Fachleute

BK: beschattete, feuchte Lagen meiden, faulende Knospen und Triebe entfernen; an gefährdeten Standorten chemische Bekämpfung (s. Seite 10, A, III)

a

b

Abb. 242: Blattverfärbung und vorzeitiger Blattfall durch Saugschäden von Spinnmilben (*Tetranychus urticae*, a) oder Rosenzikade (*Erwardsiana rosae*, b)

EM: a) gelblichweiße Sprenkelung, Milben (Lupe) mit Spinnfäden, besonders bei Kletterrosen an Südwänden
b) weißliche Sprenkelung blattoberseits, bei starkem Befall Vertrocknen der Blätter; blattunterseits 3 mm lange, grünliche oder weißgelbe Insekten, die bei Störung fortspringen (vgl. Abb. 54)

VM: keine

BK: a) Rosenpflanzen an Wänden möglichst auf Abstand halten (gute Durchlüftung); bei starkem Befall chemisch behandeln: a) s. Seite 12, B, VII, b) s. Seite 11, B, II

a   b

Abb. 243: Blattrollen und Fraßschaden durch Blattroll-Rosenblattwespe (*Blennocampa pusilla*)

EM: Teilblätter vom Rand nach unten röhrenförmig eingerollt, Blätter vergilben und sterben ab (a); in der Rolle 8–9 mm lange, weißliche, später hellgrüne, c-förmig gekrümmte Larven, die am Blattgewebe fressen (b); Eiablage an Blatträndern (ab Mai)

VM: Spirallocken-Rosenblattwespe (*Lyda inanita*): Teilblätter in Streifen von Larven herausgenagt und spiralig, locken- oder tütenförmig aufgerollt zu einem am Blatt hängenden Wickel; Rosenwickler (*Cacoecia rosana*): lose zusammengesponnene Blattwickel mit grünlichem Räupchen

BK: befallene Blätter frühzeitig entfernen

Abb. 244: Fraßschäden durch Rosensägewespe (*Allantus cinctus* u.a. *Allantus*-Arten)

EM: Loch-, Rand- und Kahlfraß durch 1–1,5 cm lange, grüne, in Ruhe schneckenförmig gerollte Larven (Pfeil); Fraßgang im Mark von Zweigen zur Verpuppung

VM: Fraßschäden durch Rosenblattwespen (Abb. 243); Schmetterlingsraupen oder Käfer (s. Übersicht; Abb. 245)

BK: Larven absammeln, befallene Triebe entfernen

a

Abb. 245: Fraßschaden an Blättern, Blüten und Wurzeln durch Gartenlaubkäfer (*Phyllopertha horticola*)

EM: bis 1 cm langer, behaarter Käfer mit bräunlichen Flügeldecken und grünem Kopf (a), Blattfraß auch an Blütenknospen und Blüten; Fraß der 1–2 cm langen Engerlinge an Wurzeln (b)

VM: andere Käferarten (*Cetonia* spp.; *Agelastica alni*, Abb. 185; *Magdalis ruficornis*: schwarze, kleine Rüsselkäfer u.a. an Blättern; Wurzelfraß: *Otiorrhynchus*-Larven, Abb. 184; Erdraupen, Abb. 246; Erdschnaken; Haarmückenlarven)

BK: Verminderung des Engerlingbefalls durch Dung- und Humusgaben; bei Massenvermehrung biologische Bekämpfung (s. Seite 12, B, XIV)

b

a

b

Abb. 246: Fraßschaden durch Raupen von Eulenfaltern (*Agrotis-*, *Mamestra*-Arten u. a.), »Erdraupen«

EM: Nagefraß am Stengelgrund und an Wurzeln, nachts oder bei trübem Wetter auch Fraß an Blättern und Blüten durch walzenförmige, fleischige, nackte, farblich variable, 3–5 cm lange Raupen, oft erdgrau (a) oder grünlich (b), bei Störung sofort einrollend; verraten sich oberirdisch durch große Kotballen; Differentialdiagnose durch Fachleute; s. auch Abb. 30, 38

VM: andere Schmetterlinge

BK: s. Seite 12, B, XI

Abb. 247: »Schlafäpfel« durch Rosengallwespe (*Diplolepis rosae*)
EM: an Trieben, seltener an Blättern große Gallen mit grünlichen, gelben oder rötlichen Auswüchsen; im Inneren zahlreiche, bis 0,5 cm lange, weißliche Larven in Hohlräumen
VM: keine (andere Gallenformen s. Übersicht)
BK: befallene Triebe entfernen

a

b

Abb. 248: Triebwelke durch Pilzinfektion (*Verticillium alboatrum, V. dahliae*)
EM: Triebe, einzelne Äste oder gesamter Strauch welken und vertrocknen in Trockenperioden (a); Schnittstellen durch Äste weisen braun verfärbte Leitbahnen (oft ringförmig) auf (b)
VM: Trockenschäden (keine typische Leitbündelverfärbung); Grauschimmelinfektion (Abb. 241)
BK: mit chemischen Mitteln nicht bekämpfbar; kranke Sträucher entfernen

Abb. 249: Triebsterben durch Pilzinfektion (*Myxosporium rosae*)
EM: schwärzliche Flecke an vorjährigen Trieben von *Rosa canina*, Triebe oberhalb absterbend
VM: andere Pilzarten (*Botrytis cinerea*, Abb. 241; *Melanomma* spp.: krebsartige »Brandflecke« an vorjährigen Trieben; *Cryptosporella umbrina*: purpurfarbige, im Zentrum weißliche Flecke; *Cylindrocladium scoparium*: am Stammgrund eingesunkene, schwärzliche Rindenpartien mit Rissen); Differentialdiagnose durch Fachleute
BK: erkrankte Triebe entfernen

Rubus (Zierformen Himbeeren, Brombeeren)

- **an Blättern, Knospen, Blüten**
- Blattverfärbungen durch Virusinfektion: Abb. 250
- gelblich, aufgetriebene Flecke blattoberseits mit Filzrasen blattunterseits, Milben (Mikro) durch Gallmilben-Befall (*Eriophyes rubicolens*): Abb. 251
- Blattfleckung mit verschiedenfarbigen Sporenlagern blattunterseits durch Rostpilzinfektion (*Phragmidium violaceum*) oder an Trieben (*Kuehneola uredinis*): Abb. 252
- chlorotische, eckige Fleckung mit Pilzrasen blattunterseits durch Falschen Mehltaupilz (*Peronospora rubi*); BK: s. Seite 10, A, VI
- weißer Überzug durch Echte Mehltaupilze (*Microsphaera rubi, Sphaerotheca alchemillae*); BK: s. Seite 10, A, I
- Blattfleckung durch andere Pilzinfektionen (*Coleroa chaetomium*: rundliche, schwärzliche, etwas verdickte, kleine Flecke; *Mycosphaerella winteri*: rundliche, braune zerreißende Flecke; *Phyllosticta*-Arten: bis 1 cm große, braune oder gelblichweiße Flecke mit purpurfarbigem Rand; *Septoria*-Arten: bis 2 mm große, weißliche, schwarz berandete Flecke oder rötlichbraune Flecke; *Pyrenochaeta rubi-idaei*: dunkelolivfarbige Flecke blattunterseits); BK: s. Seite 10, A, VII
- Auftreibungen der Blattadern mit gelblichrötlicher Verfärbung benachbarter Gewebe, weißliche Larve (Lupe) von Himbeerblattnervenmücke (*Buhriella rubicola*); BK: befallene Pflanzenteile entfernen
- Blattdeformationen und Blattrollung durch Blattlaus-Befall (*Aphis-, Macrosiphum-, Aulacorthum-, Amphorophora*-Arten); BK: s. Seite 11, B, I
- Blattdeformation mit verdickten Adern und weißen Larven (Lupe) von Brombeerblattgallmücke (*Dasineura plicatrix*); BK: befallene Blätter entfernen
- Blattspitzen nach unten gebogen und gekräuselt, mit schaumbedeckten Larven von Schaumzikade (*Philaenus spumarius*): vgl. Abb. 259
- Blattfraß durch Schmetterlingsraupen (z.B. Schlehenspinner, *Orgyia recens*): Abb. 302
- vergrößerte, geschlossene Blütenknospen oder bei weiterer Entwicklung deformierte Blütenstände mit gelblichen Larven (Lupe) von Brombeerblütengallmücke (*Contarinia rubicola*); BK: befallene Knospen und Blüten entfernen
- Blütenvergrünung und Blütenverlaubung durch Mykoplasmen-ähnliche Organismen: Abb. 253
- **an Trieben**
- Fleckung und Ruten-/Triebsterben durch Pilzinfektion (*Didymella applanata, Septocyta ruborum*): Abb. 254
- Triebwelke durch Pilzinfektion (*Verticillium*-Arten): vgl. Abb. 248

- Triebsterben; rote, stecknadelkopfgroße Pilzfruchtkörper auf toter Rinde im Winter durch Pilzinfektion (*Nectria*-Arten): vgl. Abb. 20
- bis 2 cm lange Anschwellungen an Trieben, später verholzt mit rissiger Rinde, weißliche, später orangerote Larven im Inneren durch Befall von Himbeerrutengallmücke (*Lasioptera rubi*); BK: befallene Triebe entfernen
- Triebwelke durch spindelförmige Anschwellungen mit Fraßgang und Käferlarve von Rosenprachtkäfer (*Agrilus rubicola*); BK: befallene Triebe entfernen
- anfangs weißliche, später braune, verholzende Wucherungen durch Bakterieninfektion (*Agrobacterium tumefaciens*): vgl. Abb. 83, 269
- Kolonien von rötlichbraunen, halbkugelig gewölbten Schildläusen der Gemeinen Napfschildlaus (*Parthenolecanium corni, P. rufulum*): vgl. Abb. 292
- **an Wurzeln**
- Wurzelfäule durch Pilzinfektion (*Rosellinia necatrix*), Diagnose durch Fachleute; BK: Sträucher roden
- verholzende, knötchen- und krebsartige Wucherungen an Wurzeln und Wurzelhals durch Bakterieninfektion (*Agrobacterium tumefaciens*), siehe auch Triebe: vgl. Abb. 132
- Wurzeldegeneration durch Saugschäden von freilebenden Wurzelnematoden (*Pratylenchus-, Rotylenchus*-Arten u.a.), Nematodennachweis (Mikro) durch Fachleute; BK: s. Seite 12, B, XV

Abb. 250: Blattverfärbung an Himbeere durch Virusinfektion (»Himbeermosaik«)

EM: Tomatenschwarzringfleckenvirus mit Adernvergilbung, chlorotischer Fleckung, Ringfleckung, Linienmuster, Stauchung und Kleinblättrigkeit; auch an Brombeerformen; Virusnachweis durch Fachleute

VM: andere Virusarten (Arabismosaikvirus, Adernchlorosevirus, Fleckenmosaikvirus, Gelbnetzvirus); Gallmilben-Befall (*Eriophyes rubicolens*), Abb. 251

BK: erkrankte Pflanzen entfernen, nicht als Vermehrungsmaterial benutzen

Abb. 251: Chlorotische Fleckung und Blattdeformation durch Gallmilben (*Eriophyes rubicolens*)

EM: zitronengelbe, etwas aufgetriebene Flecke, später mit nekrotischen Stellen auf deformierten Blättern; Gallmilben (Mikro) an entsprechenden, behaarten Stellen blattunterseits

VM: andere Gallmilbenarten (*Eriophyes, Aceria* spp.); Virosen (Abb. 250); Blattgallmücken, Blattläuse, Falscher Mehltaupilz (s. Übersicht)

BK: s. Seite 12, B, IX

a   b

Abb. 252: Blatt- und Triebfleckung durch Rostpilzinfektion (*Phragmidium violaceum*, a; *Kuehneola uredinis* b)

EM: a) rundliche, rötlichviolett umrandete Flecke blattoberseits; gelbe, orangefarbige und schwarze Sporenlager (Lupe) blattunterseits, schwielenartige Verdickungen an Blattadern
b) gelbe, linienartige Sporenlager an Trieben, die aus der Rinde hervorbrechen; auch auf Blättern und Blüten goldgelbe bis rötliche Flecke

VM: andere Rostpilzarten; Differentialdiagnose durch Fachleute

BK: erkrankte Triebe entfernen, chemische Behandlung s. Seite 10, A, II

Abb. 253: Blütenvergrünung und -verlaubung durch Mykoplasmen-ähnliche Organismen (MLO)

EM: an gestauchten Seitentrieben Blüten mit verlaubten Fruchtblättern, vergrünten und verlaubten, verlängerten Kelchblättern, hexenbesenartige Verbuschung verzwergter, dünner Triebe; MLO-Nachweis durch Fachleute

VM: Virusinfektion (vgl. Abb. 250)

BK: erkrankte Pflanzen entfernen, nicht als Vermehrungsmaterial nutzen; Infektionen vor allem in importierten *Rubus*-Arten

a b

Abb. 254: Triebwelke und Rutensterben durch Pilzinfektion (*Didymella applanata, Septocyta ruborum*)

EM: a) *Didymella applanata*: an einjährigen Trieben blauviolette bis braune, dunkel umrandete Flecke, später Aufplatzen und Absterben der Rinde; kleine, pustelartige Pilzfruchtkörper (Lupe)
b) *Septocyta ruborum*: braune, rötlich bis rot umrandete Flecke (bis 2 cm groß), die teilweise zusammenfließen; am Grunde einjähriger Triebe dunkelgrüne Flecke (2–3 mm); Triebwelke im folgenden Jahr; kleine Pilzfruchtkörper durch Epidermis hervorbrechend (Lupe)

VM: Triebsterben durch andere Pilze (*Leptosphaeria coniothyrium*: schwärzliche Flecke besonders am Triebgrund; *Colletotrichum*-Stadium von *Glomerella cingulata*: weißliche Flecke; *Gnomonia rubi*: um Knospen silbrigweiße bis bräunliche, dunkel umrandete, teilweise stengelumfassende Flecke); Differentialdiagnose durch Fachleute

BK: erkrankte Triebe entfernen und durch gründliche Behandlung mit z. B. Euparen einer weiteren Ausbreitung entgegenwirken; für ausgewogene Düngung sorgen

Salix (Weide)

- **an Blättern, Knospen, Blüten**
- weißlicher Überzug durch Echten Mehltaupilz (*Uncinula adunca*): Abb. 255
- schwarze Blattflecke (»Teerflecke«) durch Pilzinfektion (*Rhytisma salicinum*): vgl. Abb. 17
- Blattfleckung, Nekrose durch Pilzinfektion (*Marssonina salicicola*): Abb. 256
- orangefarbige Sporenlager durch Rostpilzinfektion (*Melampsora*-Arten): Abb. 257
- silbrigweiße Sprenkelung durch Zwergzikaden-Befall: vgl. Abb. 11, 54, 75
- Blattverfärbung und -vertrocknung durch Spinnmilben-Befall (*Tetranychus* spp., *Schizotetranychus schizopus*: Abb. 258
- Blattrollung, Kräuselung und Triebstauchung durch Blattlaus-Befall (*Chaitophorus-*, *Cavariella*-Arten, *Aphis farinosa*) oder durch Schaumzikaden-Befall (*Aphrophora salicina*) Abb. 259
- Läuse mit weißem Wachs an Blättern und Zweigen von Gemeiner Schmierlaus (*Phenacoccus aceris*): vgl. Abb. 103
- Knospenwucherungen, deformierte Blütenstände (»Wirrzöpfe«) durch Gallmilben-Befall (*Eriophyes triradiatus*): Abb. 260
- beutel- oder köpfchenförmige Blattgallen, Blattrandeinrollung durch Gallwespen (*Pontania*-Arten), Gallmücken (*Rhabdophaga-*, *Iteomyia-*, *Dasineura*-Arten): Abb. 261
- schopfartige Galle aus umgebildeten, deformierten Blättern (»Lärchenzapfen«) mit rötlicher Larve im Zentrum von Weidenrosengallmücke (*Rhabdophaga rosaria*); BK: nicht erforderlich
- grübchenförmige Blattausstülpungen ohne starke Behaarung mit Larven von Blattfloh (*Trioza albiventris*) oder mit Haarfilz in der Vertiefung durch Gallmilben (*Aceria* spp.); BK: an Jungbäumen bei starkem Befall durch *Trioza* chemische Behandlung s. Seite 11, B, I
- spindelförmige Gallen an Blattstielen mit Larven im Inneren durch Blattwespen-Befall (*Euura*-Arten); BK: nicht erforderlich
- Blattfraß durch Larven der Weidenblattwespe (*Pteronidea salicis*): Abb. 262
- Loch- und Skelettierfraß durch Käfer und Larven von Blattkäfern (*Melasoma-*, *Phyllodecta*-Arten, *Lochmaea capreae, Plagiodera versicolora*: 4–8 mm große Käfer mit gelben, roten oder blau bis dunkelgrün glänzenden Flügeldecken, bis 6 mm lange Larven; *Agelastica alni*, Abb. 185); andere Blattkäfer bzw. Rüsselkäfer mit Minierfraß der Larven (*Zeugophora*-Arten bzw. *Rhamphus pulicarius*); Lochfraß durch Prachtkäfer mit Fraßgängen der Larven in Holz oder Rinde (*Melanophila-*, *Agrilus*-Arten), siehe Äste und Stamm; BK: bei Befall junger Einzelbäume Käfer absammeln, bei starkem Befall chemisch behandeln, s. Seite 12, B, XIII
- Blattfraßschäden, teilweise auch an Blüten und Samen durch Schmetter-

lingsraupen (polyphage Eulenfalter-Arten: *Agrotis, Mamestra, Cosmia, Acronicta* spp., vgl. Abb. 30, 38, 246; Weiden- und Pappelblatteulen: *Ipimorpha* spp.; Weidenkahneule: *Earias chlorana*; Weidenknospenmotte: *Argyresthia pymaeella*; Wickler-Arten: *Epinotia, Archips* spp., Abb. 263; Gespinstmotten: *Yponomeuta rorellus*, vgl. Abb. 66; Goldafter: *Euproctis chrysorrhoea*, vgl. Abb. 19; Ringelspinner: *Malacosoma neustria*, Abb. 183; Mondvogel: *Phalera bucephala*, Abb. 208; andere Raupenarten); Differentialdiagnose durch Fachleute; BK: s. Seite 12, B, XI/XII
- dichtstehende, angeschwollene, behaarte Knospen an gestauchten Triebspitzen durch Gallmücken-Befall (*Rhabdophaga*-Arten), Abb. 263
- **an Trieben**
- Triebspitzendürre durch Pilzinfektion (*Pollaccia saliciperda*): Abb. 264
- Triebspitzenwelke mit Fleckung auf Blättern und jungen Trieben durch Pilzinfektion (»Rutenbrenner«; *Colletotrichum gloeosporioides*), Abb. 265
- Triebsterben durch Pilzinfektion (*Marssonina salicicola*): Abb. 256, siehe auch Blätter
- Zweigsterben durch Bakterieninfektion, im Zweigquerschnitt dunkle Flecke (*Erwinia salicis*); BK: erkrankte Zweige entfernen, siehe auch Äste und Stamm
- Triebwelke durch Fraßschäden von Bock- und Rüsselkäfern und ihren Larven (hier *Oberea oculata*): Abb. 266
- Triebsterben durch Raupenfraß im Mark nach Befall der Weidenknospenmotte (*Argyresthia pygmaeella*), siehe auch Blätter; BK: befallene Triebe entfernen
- absterbende Rindenpartien an Trieben mit schaumartigem Sekret von Schaumzikaden (*Aphrophora salicina*): vgl. Abb. 259
- angeschwollene Triebspitzen oder einseitige Verdickungen an jungen Trieben mit Fraßhöhlen und Larven von Gallmücken (*Rhabdophaga*-Arten): vgl. Abb. 263
- spindelförmige Anschwellungen an Trieben, Fraßgänge im Inneren mit grünlichgelben, braunköpfigen Raupen von Wickler (*Laspeyresia servillana*) oder mit gelblichen, weißen oder grünlichen Larven von Blattwespen (*Euura-, Pontania*-Arten); BK: befallene Triebe entfernen
- spindel- bis bohnenförmige Gallen an Trieben mit Fraßgang und Maden von Minierfliegen (*Leanagromyza*-Arten); BK: befallene Triebe entfernen
- wulstartig umwallte Mulden in der Rinde junger Triebe, Triebstauchung, mit 3 mm großen, weißen Läusen der Weidenschildlaus (*Chionaspis salicis*); BK: befallene Triebe entfernen, bei starkem Befall chemisch behandeln (polyphager Schädling); s. Seite 11, B, IV/V
- Kolonien rötlichbrauner, halbkugelig gewölbter Napfschildläuse (*Partheonolecanium* spp., *Eulecanium tiliae*): vgl. Abb. 292; Wollige Napfschildlaus (*Pulvinaria betulae*): vgl. Abb. 29; Kommaschildlaus (*Lepidosaphes ulmi*): vgl. Abb. 190
- schwache Verdickung mit aufbrechender Rinde und bräunlichen Läusen (bei Zerdrücken roter Saft) an Trieben durch Befall der Großen Weidenrindenlaus (*Tuberolachnus salignus*); BK: befallene Triebe entfernen, chemisch behandeln, s. Seite 11, B, V
- abnorme Sproßbildungen oder knollenförmige Gallen an Trieben (»Wirr-

zöpfe«) durch Gallmilben (*Eriophyes triradiatus*) oder Gallmücken (*Rhabdophaga*-Arten): vgl. Abb. 260

- abnorme Sproßbildung durch Bakterieninfektion (*Agrobacterium tumefaciens*), siehe auch Äste und Stamm: Abb. 269
- bandartige Verbreiterung der Triebe (»Verbänderung«), bei *Salix* Zierpflanzeneffekt: vgl. Abb. 82
- **an Ästen und Stamm**
- Aststerben, Absterben des Baumes durch Bakterieninfektion (*Erwinia salicis*), siehe auch Triebe, Diagnose durch Fachleute; BK: erkrankte Bäume roden
- krebsartige, symmetrische Wundkrater durch Pilzinfektion (*Nectria galligena*): vgl. Abb. 20, 232
- Absterbeerscheinungen durch Fraßgänge im Holz mit Raupen des Weidenbohrers (*Cossus cossus*) oder mit Käferlarven (Moschusbock: *Aromia moschata*): Abb. 267
- Aststerben mit Ablösen der Rinde durch Weidenholzgallmücken-Befall (*Helicomyia saliciperda*): Abb. 268
- Aufreißen und Abblättern der Rinde an Jungbäumen mit Schildläusen in Vertiefungen der Äste durch Weidenschildlaus-Befall (*Chionaspis salicis*); BK: siehe Triebe
- Geschwulste und verholzende Wucherungen an Ästen und Stamm durch Bakterieninfektion (*Agrobacterium tumefaciens*), siehe auch Triebe: Abb. 269
- Stammfäule (Weißfäule) durch Pilzinfektion (*Phellinus igniarius*): Abb. 270

Abb. 255: Weißlicher Überzug durch Echten Mehltau (*Uncinula adunca*)

EM: Fleckiger oder vollständiger weißlicher Überzug auf beiden Blattseiten; später schwarze, kugelige Pilzfruchtkörper (Lupe)

VM: keine

BK: meist nicht erforderlich; bei starker Infektion chemische Behandlung (s. Seite 10, A, I)

a

b

Abb. 256: Blattfleckung und Triebnekrose durch Pilzinfektion (*Marssonina salicicola*)

EM: unregelmäßige, hell- bis dunkelbraune Blattflecke; bei starker Infektion Vertrocknung und Blattfall (a); auf ein- und zweijährigen Trieben 1–3 cm lange, braunschwarze, schorfartige Flecke mit aufplatzender Rinde (b); Spitzendürre bei Triebspitzeninfektion

VM: andere Pilze (*Pollaccia saliciperda*, Abb. 264, oft auch gemeinsam mit *Marssonina* auftretend; Triebsterben durch *Colletotrichum gloeosporioides*, Abb. 265); Blattfleckung (»Teerflecke«) durch *Rhytisma salicinum* (vgl. Abb. 17).

BK: erkrankte Triebe und abgefallene Blätter entfernen

Abb. 257, links: Rostpilzinfektion (*Melampsora salicina*)
EM: pustelartige, orangegelbe Sporenlager auf deformierten, später vertrocknenden Blättern, meist blattunterseits; auch an jungen Trieben
VM: andere Rostpilze (*Melampsora*-Arten)
BK: weniger anfällige Arten/Klone bevorzugen; s. auch Seite 10, A, II

Abb. 258, rechts: Blattverfärbung und Blattvertrocknung durch Spinnmilben-Befall (*Tetranychus*-Arten), *Schizotetranychus schizopus*)
EM: chlorotisch gesprenkelte, vertrocknende Blätter, Spinnfäden und Milben
VM: Schäden durch Trockenheit
BK: trockene Standorte zur Anpflanzung meiden; bei Befall chemisch behandeln (s. Seite 12, B, VII)

Abb. 259: Deformation durch Schaumzikaden-Befall (*Aphrophora salicina*)
EM: schaumartiges Sekret mit Zikaden darunter (»Kuckucksspeichel«), an Trieben ringförmige Wucherungen, Blattdeformation; Absterben der Triebrinde
VM: Blattdeformation und Triebstauche durch Blattläuse (*Chaitophorus*, *Cavariella* spp., *Aphis farinosa*)
BK: befallene Triebe bis zum Boden abschneiden, Stümpfe mit Erde abdecken (Verhindern der Eiablage)

Abb. 260: Mißbildungen (»Wirrzöpfe«) durch Gallmilben-Befall (*Eriophyes triradiatus*, *Aceria*- und *Vasates*-Arten)

EM: bis 20 cm große, gestauchte Sprosse mit zahlreichen kleinen, schuppenartigen und gedrängt stehenden Blättchen, Knospenwucherungen, deformierte Blütenstände; Milben sehr klein (Mikro)

VM: Frühstadien von Bakterieninfektion (Abb. 269)

BK: an Jungbäumen befallene Triebe entfernen; bei starkem Befall chemische Behandlung (s. Seite 12, B, IX)

a

b

Abb. 261: Blattgallen durch Gallwespen (*Pontania vesicator*, a) und Gallmücken (*Dasineura marginemtorquens*, b)

EM: a) bohnenförmige, bis 2 cm lange, grünrote, doppelseitige Gallen mit Larve im Inneren
b) Blattränder mit stark verdickter Einrollung nach unten, gelblichrot gefärbt, mit rötlichgelben Larven

VM: Gallen durch andere *Pontania*-Arten, Gallmücken und Gallmilben (s. Spezialliteratur)

BK: nicht erforderlich

a

b

Abb. 262: Fraßschaden durch Weidenblattwespe (*Pteronidea salicis*)

EM: Lochfraß, bei starkem Befall Kahlfraß (a) durch 3,5 cm lange, grünlichblaue Larven mit braunroten Segmenten und schwarzer Punktierung (b)

VM: andere Blattwespenarten, Differentialdiagnose durch Fachleute; Blattfraß durch Schmetterlingsraupen, Käfer und Käferlarven (Abb. 266, vgl. Übersicht)

BK: bei starkem Befall chemisch behandeln an jungen Bäumen (s. Seite 12, B. XI)

a

b

Abb. 263: Triebspitzendeformation durch a) Gallmücken-Befall (*Rhabdophaga*-Arten) und b) durch Wickler-Raupen (*Archips podona*)

EM: a) Gallmücken: verdickte, mit dicht stehenden, behaarten Blättchen mißgebildete Triebspitzen; orangefarbige Larven (Lupe); Diagnose zahlreicher Arten durch Fachleute
b) Wickler: Deformation der Triebenden durch zusammengesponnene junge Blätter mit 1,5 cm langen, grünlichen Raupen mit rotbraunem Kopf und Nackenschild; polyphag an vielen Laubbaumarten, Obstbaumschädlinge

VM: keine bei Gallmücken-Befall; andere Wicklerarten, Blattwespen (s. Übersicht); Differentialdiagnose durch Fachleute

BK: befallene Triebenden entfernen; Wickler-Bekämpfung s. Seite 12, B, XI

Abb. 264: Spitzendürre durch Pilzinfektion (*Pollaccia saliciperda*)

EM: Welke und Bräunung der Triebspitze; nekrotische Blattflecke mit bräunlichem Pilzrasen (Lupe);

VM: andere Pilze (Abb. 256); Spätfrostschaden; Fraßschaden (s. Übersicht)

BK: weniger anfällige Arten bevorzugen; erkrankte Triebe und abgefallene Blätter entfernen

Abb. 265: Blattfleckung und Rindennekrose durch Pilzinfcktion (*Colletotrichum gloeosporioides*), »Rutenbrenner«

EM: scharf begrenzte, oft eckige, dunkle Blattflecke, Blattvertrocknung; Rindennekrose ellipsenförmige, bis 5 cm lang; schwarzglänzende Sporenlager (Lupe); Spitzendürre bei Infektion an Triebenden

VM: Blattfleckung, Triebsterben durch andere Ursachen (Abb. 256, 264)

BK: vgl. Abb. 264

Abb. 266: Fraßschaden durch Bockkäfer-Befall (Rothalsiger Weidenbock: *Oberea oculata*)

EM: Käfer mit grauen, punktierten Flügeldecken, gelbrotes Halsschild, frißt an jungen Blättern und Trieben; Minierfraß der gelblichen Larven unter der Rinde, Gangfraß (bis 40 cm lang) im Mark der Triebe; Absterben oberhalb des Gangfraßes

VM: Fraßschäden durch Rüsselkäfer (*Pselaphorhynchites*-Arten) oder Raupen der Weidenknospenmotte (*Argyresthia pygmaeella*)

BK: befallene Triebe entfernen

a b

Abb. 267: Absterbeerscheinungen durch Raupen- und Larvenfraß (Weidenbohrer: *Cossus cossus*, Moschusbock: *Aromia moschata*)

EM: a) *Cossus cossus*: unregelmäßige Fraßgänge mit platzartigen Erweiterungen im unteren Stammholz in aufsteigender Richtung, bis 1 m lang; fleischfarbige, später dunkel fleischrote Raupen mit schwarzem Kopf, 10 cm lang; Holzessiggeruch

b) *Aromia moschata*: Käferlarven in Längsrichtung verlaufenden Fraßgängen, herausrieselndes Bohrmehl, an stärkeren Stammteilen und Ästen; Käfer metallisch bläulich bis violett oder grün schimmernd, intensiven Moschusgeruch verströmend

VM: Fraßschäden durch andere Käfer (z. B. Kleiner Pappelbock: *Saperda populnea*, Abb. 175; Prachtkäfer: *Melanophila picta*, besonders an jungen, gestreßten Bäumen; *Agrilus ater*, an älteren Weiden auf trockenen Standorten); Differentialdiagnose durch Fachleute

BK: befallene Bäume oder Baumteile entfernen

a

b

Abb. 268: Absterbeerscheinungen durch Weidenholzgallmücke (*Helicomyia saliciperda*)

EM: meist an älteren Astteilen oder an Stämmen junger Pflanzen ausgedehnte Anschwellungen durch Wucherungen der äußeren Holzteile mit aufplatzender, absterbender Rinde; zahlreiche Kammern mit 3 mm langen, gelben bis rötlichen Larven in Rinde und äußerem Splint (a, nach Anschnitt); im Frühjahr-Frühsommer schwarze Gallmücke (b), die ihre Eier schnurförmig auf der Rinde ablegt

VM: andere Insekten (vgl. Übersicht)

BK: befallene Äste rechtzeitig entfernen

a   b

Abb. 269: Wucherungen durch Bakterieninfektion (*Agrobacterium tumefaciens*)

EM: an jungen Trieben oder jungen Ästen grünliche oder rötliche, bald verholzende, warzigrauhe Wucherungen (a); am Stamm und an alten Ästen bis zu faustgroße Geschwulste (b), seltener an Wurzeln (vgl. Abb. 132); Bakteriennachweis in sehr jungen Wucherungen durch Fachleute

VM: Gallen durch Gallmilben oder Gallmücken (vgl. Abb. 260)

BK: vorbeugend sorgfältige Wundpflege (Wundinfektion); erkrankte Äste und Triebe entfernen, bei Stamminfektion Bäume roden

Abb. 270: Weißfäule im Stammholz durch Pilzinfektion (Gemeiner Feuerschwamm: *Phellinus igniarius*)

EM: Fruchtkörper konsolenartig, einzeln am Stamm, bis 25 cm breit, sehr dick, hart, oberseits braun bis schwärzlich, unterseits bräunlich mit feinen Poren; Weißfäuleerreger besonders an alten Kopfweiden

VM: andere Porlingsarten (z. B. *Laetiporus sulphureus*, Abb. 236); Differentialdiagnose durch Fachleute

BK: Vermeiden von Rindenverletzungen und Ästungswunden (Wundpflege)

Sambucus (Holunder)

- **an Blättern, Knospen**
- chlorotische Flecke oder Ringfleckung, Linienmuster durch Virusinfektion: Abb. 271
- weißlicher Überzug auf beiden Blattseiten oder weißlicher Pilzrasen blattunterseits durch Echte Mehltaupilze (*Erysiphe communis, Microsphaera lonicerae* bzw. *Phyllactinia guttata*): vgl. Abb. 31, 71
- Blattfleckung durch Pilzinfektionen: Abb. 272
- Blattdeformation, Blattlauskolonien an jungen Trieben (*Aphis*-Arten): Abb. 273
- Blattdeformation mit schaumbedeckten Larven von Schaumzikaden (*Philaenus spumarius*): vgl. Abb. 259
- Blattränder dicht eingerollt und verfärbt, Milben (Mikro) durch Gallmilben-Befall (*Epitrimerus trilobus*): Abb. 274
- Knospensterben nach schwarzer Verfärbung durch Frosteinwirkung: Abb. 275
- Absterben angeschwollener Knospen mit gelben oder weißen Larven im Inneren nach Gallmücken-Befall (*Placochela nigripes, Arnoldiola sambuci*), vgl. Abb. 275; BK: befallene Triebe abschneiden
- **an Trieben, Ästen und Stamm**
- Blattlauskolonien, s. Blätter
- Absterben durch Pilzinfektion, rote, stecknadelkopfgroße Pilzfruchtkörper auf toter Rinde im Winter (*Nectria cinnabarina*): vgl. Abb. 20
- Absterbeerscheinungen mit ohrmuschelförmigen Pilzfruchtkörpern (»Judasohr«): *Auricularia auricula-judae*): Abb. 276
- Absterbeerscheinungen nach Blattverfärbung durch Mykoplasma-ähnliche Organismen (MLO): Abb. 277

Abb. 271: Chlorotische Blattfleckung durch Virusinfektion (Kirschenblattroll-virus)

EM: gelbliche bis weiße, stellenweise auch nekrotische Flecke oder Ringflecke und Linienmuster; Virusnachweis durch Fachleute

VM: andere Virusinfektionen (zum Beispiel »Gelbnetzkrankheit« mit gelben Gewebepartien längs der Blattadern, vgl. Abb. 118); Differentialdiagnose durch Fachleute

BK: erkrankte Pflanzen entfernen (Samenübertragbarkeit des Virus; Virusquelle für andere Pflanzenarten)

Abb. 272: Blattfleckung durch Pilzinfektion (*Cercospora depazeoides*)

EM: graue bis braune, oft zonierte, 1–8 mm große Flecke

VM: andere Pilzarten (*Ramularia sambucina*: bräunliche, später weißliche, braun umrandete Flecke, 1–13 mm; *Septoria* spp.: rötliche oder weißliche, braun berandete Flecke; *Phyllosticta sambucicola*: eckige, graue, dunkelbraun berandete Flecke; *Ascochyta ferdinandi*: oberseits graue Flecke mit braunem Rand, unterseits braun, bis 1 cm groß; *Phoma exigua*: weißliche oder graue, dunkel umrandete Flecke, bis 1 cm groß); Differentialdiagnose durch Fachleute

BK: s. Seite 10, A, VII

Abb. 273: Saugschaden durch Blattlaus-Befall (*Aphis sambuci* an *Sambucus nigra*, *A. sambucina* an *Sambucus racemosa*)

EM: schwarze Läusekolonien an jüngsten Trieben, später schwere Blattdeformation, Blattvertrocknung

VM: keine

BK: s. Seite 11, B, I

Abb. 274: Deformation der Triebspitzenblätter durch Gallmilben-Befall (*Epitrimerus trilobus*)

EM: Ränder von meist sämtlichen Fiederblättern der Triebspitzenblätter eng nach oben eingerollt, Blattspreiten schmal, gekräuselt oder gefurcht, löffelartig aufwärts gebogen und bleich gefärbt; Milbennachweis (Mikro)

VM: Blattlaus-Befall (Abb. 273)

BK: befallene Triebe entfernen, chemische Bekämpfung s. Seite 12, B, IX

Abb. 275: Knospensterben durch Frosteinwirkung

EM: nicht austreibende, später schwarze Knospen mit abgestorbenem Inhalt

VM: Gallmücken-Befall (*Placochela nigripes, Arnoldiola sambuci*): angeschwollene, nicht austreibende Knospen mit gelben oder weißen Larven im befressenen Inneren (Lupe)

BK: durch Frost stark geschädigte Triebe abschneiden; mit Gallmücken befallene Triebe entfernen

Abb. 276, links: Absterbeerscheinungen durch Pilzinfektion (*Auricularia auricula-judae*), »Judasohr«

EM: ohrmuschelförmige, knorpelig-gallertartige, bräunliche Pilzfruchtkörper auf der Rinde älterer Bäume von *Sambucus nigra*; Schwächeparasit (auch Saprophyt)

VM: Absterbeerscheinungen durch Witterungsextreme (hier evtl. nachfolgende Pilzbesiedlung); Degeneration durch Mykoplasmen-ähnliche Organismen (Abb. 277)

BK: absterbende Äste oder Pflanzen entfernen

Abb. 277, rechts: Absterbeerscheinungen durch Mykroplasmen-ähnliche Organismen (MLO)

EM: Rotlaubigkeit im Sommer, verkleinerte, chlorotische bis blaßgrüne Blätter, vorzeitiger Blattfall und unspezifische Degenerationserscheinungen an älteren Pflanzen von *Sambucus nigra* und *S. racemosa*; MLO-Nachweis durch Fachleute

VM: Absterbeerscheinungen durch Witterungsextreme, Stamm-/Wurzelfäulen, Pilzinfektion (*Auricularia auricula-judae*): Abb. 276

BK: kranke Pflanzen entfernen

Sequoia, Sequoiadendron, Metasequoia (Sequoie, Mammutbaum)

- **an Blättern, Trieben**
- Verbräunung und Absterben der Triebspitzen durch Frosteinwirkung oder Trockenheit: vgl. Abb. 295
- Verbräunung und Triebspitzensterben durch Grauschimmelinfektion (*Botrytis cinerea*): Abb. 278
- Blattschuppen- und Triebverbräunung durch Pilzinfektion (*Pestalotia funerea*): Abb. 279
- Verbräunung und Triebspitzensterben durch Minierfraß von Raupen in Nadeln und Trieben durch Triebmotten-Befall (*Argyresthia cupressella*); BK: befallene Triebspitzen entfernen (vgl. Abb. 298)

Abb. 278: Triebspitzensterben durch Grauschimmel-Infektion (*Botrytis cinerea*)
EM: im Frühjahr fahlbraune, abgestorbene Maitriebe, vom grünen Teil scharf abgegrenzt; bei hoher Feuchtigkeit Entwicklung silbriggrauer Pilzrasen (vgl. Abb. 5); hier an *Metasequoia*
VM: Trocken- und Frostschäden (vgl. Abb. 141, 295)
BK: bei frischer Trieberkrankung und feuchter Witterung 1–2 chemische Behandlungen (s. Seite 10, A, III)

Abb. 279: Triebverbräunung durch Pilzinfektion (*Pestalotia funerea*)
EM: einzelne Blattschuppen oder Triebteile braun verfärbt (hier an *Sequoiadendron*); Pilznachweis durch Fachleute (auch an anderen Cupressaceen)
VM: andere Pilzarten (z.B. *Botrytis cinerea*, Abb. 278); Triebmotte (*Argyresthia cupressella*, vgl. Abb. 298)
BK: Wachstumsbedingungen des Baumes fördern (Schwächeparasit); meist nach Vorschädigung durch Insekten auftretend

Sorbus (Eberesche)

- **an Blättern, Knospen, Blüten, Früchten**
- gelbe bis rote Blattverfärbung und Vertrocknung durch Trockenheit: Abb. 280
- Blattfleckung durch Virusinfektion: Abb. 281
- weißer Überzug und Blattnekrose oder weißlicher Pilzrasen blattunterseits durch Echte Mehltaupilze (*Podosphaera aucupariae* bzw. *Phyllactinia guttata*): Abb. FAW, vgl. Abb. 71
- gelbliche bis rötliche Blattfleckung mit Sporenlagern blattunterseits durch Rostpilzinfektion (*Gymnosporangium*-Arten): Abb. 282
- Blattfleckung durch andere Pilzinfektionen (*Spilocaea pomi*: Schorf, vgl. Abb. 126; *Cercospora ariae: rötlichbraune Flecke; Sphaceloma pirinum*: weißliche bis schmutzigbraune, dunkel umrandete Flecke; *Phyllosticta angulata*: eckige, bis 1 mm große, gelblichbraune Flecke: s. Abb. 127); Differentialdiagnose durch Fachleute; BK: s. Seite 10, A, VII
- braune Blattverfärbung und -vertrocknung, Mumifizierung der Früchte durch Pilzinfektion (*Monilinia padi*); BK: vgl. Abb. 186
- Blattfleckung durch Gallmilben-Befall (*Eriophyes sorbi*): Abb. 283
- Blattrollung mit weißen Larven (Lupe) durch Gallmücken-Befall (*Contarinia sorbi*); BK: nicht erforderlich
- Schmierlaus-Befall (*Phenacoccus aceris*): vgl. Abb. 68, 103
- Blattdeformation und Entwicklungshemmung, blattunterseits gelbliche Larven (Lupe) von Ebereschenblattsauger (*Psylla sorbi*): vgl. Abb. 201
- an Triebspitzen nestartig gehäufte, deformierte Blätter mit Blattläusen (*Dysaphis*-Arten, *Aphis pomi, Rhopalosiphum insertum*): Abb. 284
- geschlossen bleibende, angeschwollene Blütenknospen, gelbliche Larven im Inneren durch Gallmücken-Befall (*Contarinia floriperda*); BK: befallene Knospen entfernen
- Blattfraß durch Schmetterlingsraupen (Grauer Knospenwickler: *Argyroploce variegana*, Abb. 284; Buchenrotschwanz: *Dasychira pudibunda*, Abb. 78; Baumweißling: *Aporia crataegi*, Abb. 61; Schlehenspinner: *Orgyia recens*, Abb. 302; Ringelspinner: *Malacosoma neustria*, Abb. 183; Gespinstmotten: *Swammerdamia-*, *Yponomeuta*-Arten, Abb. 66; Eulen-Arten: *Mamestra* spp. u.a., Abb. 38, 246)
- Blattfraß durch Rüsselkäfer (Grünrüßler: *Phyllobius arborator*; kleine, schwarze Käfer: *Magdalis ruficornis*, siehe Triebe); BK: s. Seite 12, B, XIII
- Minierfraß in Blättern durch Larven von Rüsselkäfer (*Rhamphus oxyacanthae*); BK: nicht erforderlich
- Raupenfraß in Früchten durch Befall der Ebereschenmotte (*Argyresthia conjugella*); BK: nicht erforderlich
- **an Trieben, Ästen**
- Triebwelke mit braunschwarzer Verfärbung durch Bakterieninfektion, »Feuerbrand« (*Erwinia amylovora*): vgl. Abb. 58, 62

- Triebwelke, Aststerben, Absterben junger Bäume mit Verfärbung des Leitbündelringes im Astquerschnitt durch Pilzinfektion (*Verticillium alboatrum*): vgl. Abb. 27, 248
- Triebspitzensterben durch Fraßgang mit Rüsselkäferlarve (*Magdalis ruficronis*), BK: befallene Triebe entfernen, siehe auch Blätter
- Schildlauskolonien (Gemeine Kommaschildlaus: *Lepidosaphes ulmi*): vgl. Abb. 190; Napfschildlaus (*Eulecanium tiliae*): vgl. Abb. 292; Wollige Napfschildlaus (*Pulvinaria betulae*): vgl. Abb. 29
- **am Stamm**
- konsolenförmige Pilzfruchtkörper (Braunfäuleerreger) von Schwefelporling (*Laetiporus sulphureus*): vgl. Abb. 236

Abb. 280: Blattvergilbung durch Trockenheit
EM: vorzeitige, gleichmäßige gelbe bis rote Verfärbung der Blätter vor allem an fruchttragenden Trieben; Vertrocknung
VM: keine bei vorangegangenen Trockenperioden
BK: ausreichende Wasserversorgung

Abb. 281: Chlorotische Blattfleckung durch Virusinfektion
EM: links: »Buntblättrigkeit« als intensiv gelbe Fleckung vermutlich durch Apfelmosaikvirus; rechts: chlorotische Ringfleckung; Linienmuster durch nicht identifiziertes Ringfleckenvirus
VM: Blattfleckung durch Gallmilben-Befall (*Eriophyes sorbi*), Abb. 283
BK: erkrankte Pflanzen nicht als Vermehrungsmaterial nutzen (Übertragbarkeit bisher nur durch Pfropfung bekannt)

Abb. 282: Rostpilzinfektion (*Gymnosporangium*-Arten)
EM: gelbe bis rötliche Flecke, teilweise pustelartig (Sporenlager, Lupe); *Gymnosporangium confusum*: Zweiganschwellungen bei *Juniperus*-Arten; Haplophase neben *Sorbus* auch auf *Cotoneaster integerrima, Crataegus oxyacantha, Cydonia* spp.; *G. juniperinum*: »Ebereschenrost«, Wechsel zu *Juniperus*-Arten (Nadelinfektion), *G. tremelloides*: Haplophase auch auf *Malus sylvestris*, Wirtswechsel mit *Juniperus*
VM: Gallmilben-Befall (Abb. 283)
BK: benachbarte Pflanzung von *Sorbus* und *Juniperus* vermeiden

Abb. 283: Blattfleckung durch Gallmilben-Befall (*Eriophyes sorbi*)
EM: pockenartige, gelbliche, später bräunliche Flecke in Adernähe, blattunterseits mit Haarfilz, Milben (Mikro)
VM: andere Gallmilben (*E. sorbeus*, hier ausgedehntere Filzrasen auf beiden Blattseiten, Abb. FAW); Rostpilzinfektion (*Gymnosporangium* spp., Abb. 282)
BK: nicht erforderlich

Abb. 284: Blattkräuselung an Triebspitzen durch Blattläuse (*Dysaphis* spp., links) und durch Grauen Knospenwickler (*Argyroploce variegana*, rechts)

EM: *Dysaphis*-Arten (links): nestartig gehäufte, stark gekräuselte Blätter mit Blattläusen und Häutungsresten; *Argyroploce variegane* (rechts): dunkelgrüne Raupen mit schwarzem Kopf, Nackenschild und Warzen; Fraß im Frühjahr in Knospen, später zwischen versponnenen Triebspitzen (Bild) oder Blüten; Puppen am Fraßort ab Ende Mai

VM: andere Blattlausarten (*Aphis pomi, Rhopalosiphum insertum*) bzw. andere Wicklerarten (*Rhopobota naevana*)

BK: Blattläuse: s. Seite 11, B, I; Wickler: bei Knospenaufbruch befallene Triebspitzen entfernen, bei starkem Befall ist chemische Bekämpfung zu empfehlen (s. Seite 12, B, XI)

Syringa (Flieder)

- **an Blättern, Knospen, Blüten**
- chlorotische Fleckung und Scheckung durch Virusinfektion: Abb. 285
- silbrige, bleigraue Blattverfärbung (»Bleiglanz«) durch Ernährungs- und Witterungsbedingungen oder Pilzinfektion (*Chondrostereum purpureum*): vgl. Abb. 177
- wasserdurchtränkte, helle bis dunkelbraune Blattfleckung durch Bakterieninfektion (*Pseudomonas syringae*), siehe Triebe
- Blattfleckung durch Pilzinfektion (*Ascochyta syringae*: bis 2 cm große, graue, braun umrandete Flecke, siehe auch Triebe; *Gloeosporium syringae*: braune Flecke, große Teile der Blattspreite einnehmend; *Heterosporium syringae*: große, graubraune Flecke mit konzentrischen Linien und olivfarbiger, samtartiger Oberfläche; *Septoria syringae*: gelbbraune Flecke; *Phyllosticta syringae*: Abb. 286)
- weißlicher Überzug auf Blättern und Trieben durch Echten Mehltaupilz (*Microsphaera syringae*): vgl. Abb. 31, 122, 203
- silbrige Blattsprenkelung durch Blasenfuß-Befall (*Thrips*-Arten): vgl. Abb. 223
- Buchtenfraß an Blättern durch Käfer von Fliederblattrüßler (*Otiorrhynchus rotundatus*) oder Dickmaulrüßler (*O. sulcatus*): vgl. Abb. 184
- Minierfraß durch Raupen der Fliederminiermotte (*Xanthospilapteryx syringella*): Abb. 287
- Blattfraß durch große Schmetterlingsraupen (Ligusterschwärmer: *Sphinx ligustri*): Abb. 117
- verdickte, dicht stehende Knospen durch Gallmilben-Befall (*Eriophyes loewi*), siehe Triebe
- nicht austreibende Knospen mit Käferlarven in befressenem Knospeninneren durch Befall des Fliederknospenrüßlers (*Otiorrhynchus lugdunensis*); BK: befallene Triebe umgehend ausschneiden
- **an Trieben**

  Triebfäule durch Bakterieninfektion (*Pseudomonas syringae*): Abb. 288
- Triebwelke, Zweige von der Spitze her absterbend; vorzeitiger Blattfall durch Pilzinfektion (*Verticillium alboatrum*): vgl. Abb. 27, 248
- Triebwelke mit bräunlichen Flecken an Triebbasis durch Pilzinfektion (*Ascochyta syringae*), siehe auch Blätter; BK: erkrankte Blätter und Triebe entfernen
- hexenbesenartige Mißbildungen an kurzen Trieben mit verdickten Knospen oder bleichgrünen Blättern durch Fliedergallmilbe (*Eriophyes loewi*), siehe auch Knospen; BK: s. Seite 12, B, IX
- **an Ästen und Stamm**
- Welke junger Pflanzen mit ast- und stammumfassender Verbräunung durch Pilzinfektion (*Phytophthora syringae*): Abb. 289
- Trieb- und Aststerben mit Rindenläsionen durch Pilzinfektionen (*Fusarium*-

Arten, *Phoma syringae*); BK: erkrankte Äste entfernen; optimale Standortbedingungen schaffen (vermutlich Schwächeparasiten)

- Astwelke und Absterbeerscheinungen durch Gangfraß mit Raupen (5–6 cm lang) in Ästen und Stamm nach Blausieb-Befall (*Zeuzera pyrina*): vgl. Abb. 174
- **an Wurzeln/Stammbasis**
- Wurzelfäule, Absterben der Sträucher durch Hallimasch-Infektion (*Armillaria* sp.): vgl. Abb. 144
- Fraßschaden an Wurzeln durch Larven des Dickmaulrüßlers (*Otiorrhynchus sulcatus*): vgl. Abb. 184

Abb. 285: Blattfleckung durch Virusinfektion

EM: chlorotische, später auch nekrotische Fleckung, Ring- und Linienmuster, Mosaik mit dunkelgrünen Blattpartien auf deformierten, jungen Blättern; Virusnachweis durch Fachleute (verschiedene Virusarten)

VM: keine

BK: schwer erkrankte Pflanzen entfernen; nicht als Vermehrungsmaterial nutzen

Abb. 286: Blattfleckung durch Pilzinfektion (*Phyllosticta syringae*)

EM: unregelmäßige, große, graubraune Flecke, die später zerreißen können; Differentialdiagnose durch Fachleute

VM: andere Pilzarten (s. Übersicht)

BK: s. Seite 10, A, VII

Abb. 287: Minierfraß durch Raupen der Fliedermotte (*Xanthospilapteryx syringella*)

EM: blasige, vertrocknende Blattminen, Fraßschaden durch 8 mm lange, grünliche, später bräunliche Raupen in eingerollten oder minierten Blättern

VM: keine

BK: bei starkem Befall s. Seite 12, B, XI; 2 Generationen jährlich (Mai-Juni, Juli-Oktober); Schadfraß der 1. Generation oft gering

Abb. 288: »Fliederseuche«, »Feuchter Brand« durch Bakterieninfektion (*Pseudomonas syringae)*

EM: wasserdurchtränkte, dann dunkelbraune, scharf begrenzte, zum Teil ineinander übergehende Blattflecke, an jüngsten Trieben dunkel verfärbte Rindenstellen, Triebwelke und Triebfäule; Bakteriennachweis durch Fachleute

VM: Spätfrostschaden; Blattfleckung durch Pilzinfektion (s. Übersicht)

BK: in gefährdeten Lagen (feucht, frostgefährdet) widerstandsfähige Sorten bevorzugen, starke Stickstoffdüngung meiden; erkrankte Triebe umgehend entfernen (bis tief ins gesunde Gewebe ausschneiden)

a

b

Abb. 289: Welke und Absterbeerscheinungen durch Pilzinfektion (*Phytophthora syringae, P. cactorum*)

EM: Welke gelblich verfärbter, junger Pflanzen (a); zweig- und stammumfassende Verbräunung von Rinde und Holz (anschneiden; hier durch *P. cactorum* an Stammbasis/Wurzel, b); bei hoher Feuchtigkeit absterbende Knospen, auch dunkle Blattflecke, Erregernachweis durch Fachleute

VM: andere Pilzinfektionen (*Verticillium* spp., vgl. Abb. 248; Triebsterben durch *Ascochyta syringae*: bräunliche Läsionen an Triebbasis)

BK: infizierte Pflanzen entfernen; lokale Infektionsstellen am Stammgrund durch *P. cactorum* bis ins gesunde Holz ausschneiden, Wundpflege; an staunassen Plätzen keine anfälligen Arten pflanzen, feuchte Standorte dränieren (s. auch Seite 11, A, X)

Taxus (Eibe)

- **an Nadeln, Knospen**
- Vergilbung älterer Nadeln durch normale Alterung, auch an jüngeren Nadeln durch Streß: Abb. 290
- Nadelverbräunung und Triebspitzensterben durch Frosttrocknis: Abb. 291
- Nadelverbräunung und Nadelfall durch rotbraune Schildläuse an Trieben (Napfschildläuse: *Parthenolecanium* spp.): Abb. 292
- Nadelverfärbung mit kleinen Pilzfruchtkörpern (Mikro) durch Pilzinfektionen (*Cytospora taxifolia, Phyllosticta*-Arten, *Hendersonia taxi*): Differentialdiagnose durch Fachleute; BK: abgefallene Nadeln entfernen, stark erkrankte Triebe abschneiden
- verdickte, geschlossen bleibende Knospen oder dichtstehende, bleiche, teilweise gekräuselte Nadeln durch Gallmilben-Befall (*Cecidophyes psilaspis*): Abb. 293
- zapfenartige, bleichgrüne Gallen aus stark verkürzten, verbreiterten Nadeln mit orangeroten Larven durch Gallmücken-Befall (*Taxomyia taxi*); BK: Triebe frühzeitig abschneiden
- Knospensterben durch Fraß von Käferlarven im Inneren nach Befall des Fliederknospenrüßlers (*Otiorrhynchus lugdunensis*); BK: befallene Triebe frühzeitig entfernen
- **an Trieben**
- Triebsterben durch Fraßschaden von Käferlarven (Dickmaulrüßler: *Otiorrhynchus sulcatus*): Abb. 294
- **an Wurzeln/Stammbasis**
- krebsartige, verholzende Wucherungen (»Wurzelkropf«) durch Bakterieninfektion (*Agrobacterium tumefaciens*): vgl. Abb. 132

Abb. 290: Nadelvergilbung durch vorzeitige Seneszenz
EM: Verfärbung und vorzeitiger Verlust von Nadeln im Herbst, oft nach Fruchtbildung (Energieverlust) oder als vorzeitige Alterung nach Streßeinwirkung (Trockenheit, Frost, Streusalzeinwirkung)
VM: Dickmaulrüßler-Befall (*Otiorrhynchus sulcatus*, Abb. 294)
BK: ausgeglichene Nährstoff- und gute Wasserversorgung

Abb. 291: Nadelverbräunung durch Frosttrocknis
EM: Verbräunung der Triebspitzen im zeitigen Frühjahr auf der sonnenexponierten Seite vor allem bei freistehenden Bäumen
VM: andere Streßeinwirkungen (z. B. Streusalz an Straßen- und Wegrändern)
BK: exponierte Lagen meiden; ggf. Abdeckung

Abb. 292: Nadelverfärbung durch Napfschildlaus-Befall an Trieben (*Parthenolecanium corni, P. pomeranicum, P. rufulum*)
EM: rotbraune, napfförmig gewölbte Schildläuse an Trieben; Nadelverbräunung und Nadelfall, Absterben der Triebspitzen
VM: keine
BK: befallene Triebe entfernen; bei starkem Befall von Jungbäumen chemisch behandeln (s. Seite 11, B, IV); Anfälligkeit reduzieren durch ausreichende Bewässerung, Mulchen, nicht zu strengen Heckenschnitt

a

b

Abb. 293: Gallenbildung und Nadeldeformation durch Gallmilben (*Cecidophyes psilaspis*)

EM: Anhäufung geschlossen bleibender, verdickter Knospen an jungen Trieben (a); dichtstehende, bleiche Nadeln, teilweise gekräuselt oder schuppenartig (b); Milbennachweis (Mikro)

VM: keine

BK: befallene Triebe entfernen; bei starkem Befall wiederholt chemisch behandeln; sobald sich die Knospen öffnen und die Temperatur 18 °C übersteigt (s. Seite 12, B, IX); Eiben an sonnenexponierten und trockenen Standorten besonders betroffen

Abb. 294: Triebsterben durch Käfer-Befall (Gefurchter Dickmaulrüßler: *Otiorrhynchus sulcatus*)

EM: Fraßschaden an der Rinde durch 1 cm lange, schwarze, oberseits gekörnte Käfer; vor allem nachts aktiv; Larven im Wurzelbereich (Abb. 184)

VM: Nadelverfärbung durch Pilzinfektion (s. Übersicht); Triebsterben durch Streßeinwirkung (vgl. Abb. 290/291)

BK: Käfer frühmorgens absammeln; bei starkem Befall chemisch behandeln (s. Seite 12, B, XIII); Larven im Wurzelbereich Mitte-Ende Mai biologisch bekämpfen (s. Seite 12, B, XIV)

Thuja (Lebensbaum)

- **an Blättern, Trieben**
- Verbräunung und Triebvertrocknung durch Trockenheit: Abb. 295
- Verbräunung und Triebsterben durch Streusalzeinwirkung: Abb. 296
- Verbräunung und Triebsterben durch Pilzinfektionen (*Kabatina thujae*): Abb. 297 oder Grauschimmel (*Botrytis cinerea*): vgl. Abb. 278
- Verbräunung und Triebsterben durch Thujaminiermotte (*Argyresthia thuiella*): Abb. 298
- Verbräunung durch Zypressenblattlaus (*Cupressobium juniperum*), Blattläuse mit Honigtaubildung und nachfolgender Rußtaupilzansiedlung; BK: bei starkem Befall chemisch behandeln (s. Seite 11, B, I)
- Verfärbung durch Napfschildlaus-Befall (*Parthenolecanium fletcheri, P. rufulum*): vgl. Abb. 292
- **am Stamm**
- einseitige Längsrisse, später mit wulstartigen Überwallungsrändern nach Frosteinwirkung: vgl. Abb. 21

Abb. 295: Triebverbräunung und Triebabwurf nach Trockenperioden
EM: Schadbild im gesamten Pflanzenbereich unregelmäßig verteilt; Triebe ohne Fraßschaden oder Pilzinfektion; in schwacher Ausprägung auch als normale physiologische Zweigreinigung auftretend
VM: Streusalzeinwirkung (Abb. 296); Pilzinfektion (Abb. 297); Thuja-Miniermotten-Befall (Abb. 298)
BK: regelmäßige Wasserversorgung in Trockenperioden

Abb. 296: Triebverbräunung und Triebsterben durch Streusalzeinwirkung
EM: an Straßen- und Wegrändern im unteren Kronenbereich; chemische Analyse
VM: Trockenschaden (Abb. 295); Pilzinfektion (Abb. 297); Thuja-Miniermotte (Abb. 298); Frost
BK: Streumittel mit möglichst geringem Salzgehalt verwenden; zum Winterende kräftig wässern zur Salzauswaschung im Boden

a

b

Abb. 297: Triebsterben durch Pilzinfektion (*Kabatina thujae*)

EM: an der Basis abgestorbener Triebe (a) ovale, pustelartig hervorbrechende, schwarzbräunliche Pilzfruchtkörper (Lupe, b); auch an *Chamaecyparis*- und *Cupressus*-Arten

VM: Thuja-Miniermotte (*Argyresthia thuiella*, Abb. 298); Trockenschaden (Abb. 295); Frostschaden; Grauschimmelinfektion (vgl. Abb. 278)

BK: kranke Pflanzenteile entfernen, Pflanzenbestand auslichten und damit besser belüften; bei starkem Befall im Herbst mit einem Kupferoxychlorid-Präparat spritzen

Abb. 298: Triebsterben durch Thuja-Miniermotten-Befall (*Argyresthia thuiella*)

EM: ab August Vergilben einzelner Schuppenblättchen, später Absterben und Verbräunung des darüberliegenden Triebabschnittes durch Minierfraß grünlicher, 3 mm langer Räupchen (Trieb anschneiden, Lupe) Bohrloch an der Triebbasis (Pfeil); ähnlicher Schaden durch verwandte Art an *Juniperus*

VM: Pilzinfektion (Abb. 297); Trockenschaden (Abb. 295); Frostschaden

BK: befallene Triebe entfernen; im Juni zur Zeit der Eiablage chemisch behandeln (s. Seite 12, B, XI); Kontrolle: Äste leicht schütteln, Motten fliegen kurz auf; für Wacholderminiermotte BK Mitte-Ende Mai

Tilia (Linde)

- **an Blättern, Knospen, Blüten**
- vorzeitige Vergilbung durch Trockenheit: vgl. Abb. 157
- Blattrandnekrose und Kümmerwuchs der Blätter durch Streusalzeinwirkung: vgl. Abb. FAW
- Blattnekrosen durch Kalium-Mangel: vgl. Abb. 22
- mosaikartige Fleckung und Scheckung durch Virusinfektion: vgl. Abb. 285
- Blattverfärbung und -verbräunung, Milben mit Spinnfäden (Lupe) der Lindenspinnmilbe (*Eotetranychus tiliarum, Tetranychus urticae*): Abb. 299
- Blattfleckung durch Pilzinfektionen (*Apiognomonia tiliae*: unregelmäßige, braune, dunkel umrandete Flecke an Befallstellen von Gallenerregern; Abb. FAW; *Cercospora microsora*: rundliche, dunkelbraun berandete Flecke, 1–4 mm, Abb. FAW; *Sphaceloma*-Stadium von *Elsinoe tiliae*: rundliche, dunkelbraune, später grauweiße, braun berandete Flecke, bis 2,5 mm, auch an Trieben; *Septoria tiliae*: dunkelbraune Flecke mit hellem Zentrum; *Asteromella tiliicola*: eckige, braune Flecke, bis 1 mm; *Placosphaeria tiliae*: lederfarbige Flecke, bis 6 mm; *Phyllosticta tiliae*: lederfarbige bis graue Flecke mit oder ohne dunklem Rand, bis 10 mm; *Kabatiella apocrypta*: Abb. 301); Differentialdiagnose durch Fachleute; BK: s. Seite 10, A, VII
- Blattverbräunung durch Befall der Kleinen Lindenblattwespe (*Caliroa annulipes*): Abb. 300
- Schmierlaus-Befall (*Phenacoccus aceris*): vgl. Abb. 68, 103
- Gallenbildungen an Blättern und Knospen durch Gallmilben- und Gallmücken-Befall: Abb. 301
- Blattrollung und -deformation von nestartig gehäuft stehenden Blättern durch Blattlaus-Befall (*Patchiella reaumuri*); BK: s. Seite 11, B, I
- Blattfraß durch Schmetterlingsraupen (*Lymantria dispar; Orgyia recens*): Abb. 302
- **an Trieben**
- Triebwelke und Absterbeerscheinungen mit roten, stecknadelkopfgroßen Pilzfruchtkörpern durch Pilzinfektion (*Nectria cinnabarina*): vgl. Abb. 20
- Triebwelke, Verfärbungen im Leitbündelgewebe kranker Äste durch Pilzinfektion (*Verticillium alboatrum*): vgl. Abb. 27, 248
- Triebsterben durch Fraßgang mit Raupe von Weidenbohrer (*Cossus cossus*): vgl. Abb. 267
- **an Ästen, Stamm**
- Rindenflecke durch Pilzinfektion (*Pyrenochaeta pubescens*): Abb. 303
- Fraßgänge im Stamm mit Raupe des Weidenbohrers (*Cossus cossus*): vgl. Abb. 267
- Maserkropfbildung: Abb. 304
- konsolenförmige Pilzfruchtkörper von Schuppigem Porling (*Polyporus squamosus*): Abb. 305
- Schildläuse (*Eulecanium -, Parthenolecanium*-Arten): vgl. Abb. 292

Abb. 299: Blattverfärbung durch Spinnmilben-Befall (*Eotetranychus tiliarum* oder *Tetranychus urticae*)

EM: Blätter fahlgrün bis hellbraun durch Saugschaden von Spinnmilben (blattunterseits, Lupe, vgl. Abb. 168); später häufig Blattvertrocknung, vorzeitiger Laubfall; auf Blattfläche oft schwarzer Belag von abwischbaren Rußtaupilzen

VM: Blattverfärbung durch Trockenheit

BK: gute Nährstoff- und Wasserversorgung (Baumscheibenbereich freihalten); weitere Maßnahmen s. Seite 12, B, VII

a

b

Abb. 300: Blattverfärbung durch Larvenfraß der Kleinen Lindenblattwespe (*Caliroa annulipes*)

EM: von unten nach oben fortschreitendes Verbräunen und Vertrocknen der Blätter, Schabe- und Fensterfraß (a) durch schneckenartige Larven blattunterseits (b)

VM: Verbräunung durch Spinnmilben-Befall (*Eotetranychus tiliarum*, Abb. 299); Trockenschäden

BK: bei kleinen Bäumen und starkem Befall chemische Behandlung (s. Seite 12, B, XI)

Abb. 301, a: Gallenbildungen und Blattfleckung durch Gallmilben und Gallmücken-Befall

EM: links oben) *Eriophyes lateannulatus*: spitze, hörnchenförmige, rote Gallen blattoberseits, Gallmilben (Mikro); links unten) *Didymomyia reaumuriana*: kugelförmige Gallen mit rotem Rand auf beiden Blattseiten; Gallmückenlarven (Lupe); links unten) *Contarinia tiliarum*: verdickte, nicht austreibende Knospen als mehrkammerige Gallen (anschneiden) mit zitronengelben Gallmückenlarven (Lupe) rechts oben) *Kabatiella apocrypta*-Pilzinfektion: chlorotische-nekrotische Blattflecke an Gallenbildungen, die sich nicht weiter entwickeln; rechts unten) *Eriophyes leiosoma*: schwache, gelbe Emporwölbungen blattoberseits; weißlicher, später rötlichbrauner Filzrasen blattunterseits, Milben (Mikro)

VM: andere Gallenbildungen (Abb. 30,b); Spezialliteratur

BK: bei Jungbäumen chemisch behandeln (s. Seite 12, B, IX)

Abb. 301, b: Blattdeformation durch Blattwespen und Gallmilben

EM: links) *Parna tenella*: Blattrollung und -vertrocknung, innen platzartig miniert durch Blattwespenlarve (Lupe); rechts) *Phytoptus tetratrichus tetratrichus*: Blattrandrollung, wellig bis knotig, fest, verdickt; Haarfilzrasen besonders an Blattadern; Gallmilben (Mikro)

VM: andere Gallenbildungen

BK: vgl. Abb. 30

a

b

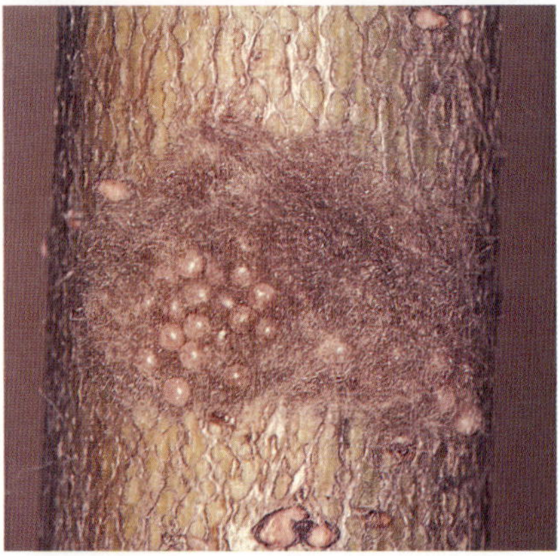

c

Abb. 302: Blattfraß durch Schmetterlingsraupen (*Lymantria dispar*, a, b; *Orgyia recens*, c)

EM: a, b) Schwammspinner (*Lymantria dispar*): 4–7, 5 cm lange, anfangs gelbbraune Raupe mit schwarzen, behaarten Warzen; später graugelblich mit blauen und braunroten Warzen und langen, starren, braunen Haaren (a); auf der Rinde schwammartige, mit gelblichbrauner Afterwolle bedeckte Eigelege (b); polyphager Schädling (vgl. Register) c) Schlehenspinner (*Orgyia recens*): junge Raupe schwarz, Altraupe 3–3,5 cm lang, aschgrau, rotgelb und weiß gestreift; am Kopf zwei schwarze, Pfauenfeder-ähnliche Haarbüschel; auf dem Rücken Haarbürsten und Haarpinsel; Eigelege auf oder in Nachbarschaft leerer, silberweißer Puppenkokons; polyphager Schädling (vgl. Register)

VM: andere Schmetterlingsraupen (Buchenrotschwanz: *Dasychira pudibunda*, Abb. 78; Mondvogel: *Phalera bucephala*, Abb. 208; Eulenarten: z. B. *Acronicta aceris*, Abb. 30; Birkennestspinner: *Eriogaster lanestris*, blaugraue bis blauschwarze, hell behaarte Raupen mit rotgelber Rückenflekkung, in großen Gespinsten)

BK: s. Seite 12, B, XI/XII

Abb. 303, oben, links: Rindennekrose durch Pilzinfektion (*Pyrenochaeta pubescens*)

EM: besonders an Lindenheistern rötliche, später dunkelbraune, eingesunkene Rindenflecke mit winzigen, eingesenkten, schwarzen Pilzfruchtkörpern

VM: keine

BK: erkrankte Stellen ausschneiden, Wundpflege

Abb. 304, oben, rechts: Maserkropfbildung durch mechanisches Entfernen von Wasserreisern und »Stammhexenbesen«

EM: beulenartig angeschwollene Stammpartien nach mechanischem Entfernen von vermehrtem Knospenaustrieb auf engstem Raum (Knospensucht)

VM: keine

BK: Stammreiser nicht beseitigen

Abb. 305, links: Weißfäule durch Pilzinfektion (Schuppiger Porling: *Polyporus squamosus*)

EM: bis zu 50 cm breite, nieren- bis fächerförmige, gelbliche Pilzfruchtkörper mit konzentrisch angeordneten, braunen Schuppen oberseits, gelbliche Poren unterseits; an Stammverletzungen (Wundparasit; Weißfäule im Stamm)

VM: andere Porlingsarten (vgl. Abb. 270)

BK: Verletzungen vermeiden, Wundpflege

Ulmus (Ulme)

- **an Blättern, Knospen**
- chlorotische Blattfleckung, Ringflecken durch Virusinfektion: vgl. Abb. 281
- weißlicher Überzug oder fleckiger Pilzrasen blattunterseits durch Echte Mehltaupilze (*Uncinula clandestina*, *Phyllactinia guttata*): vgl. Abb. 8, 46
- Blattfleckung durch Pilzinfektionen (*Leptosphaeria ulmicola*: braune Flecke mit hellem Zentrum, später zerreißend; *Mycosphaerella ulmifolia*: rundliche, weiße Flecke, 1–2 mm; *Cercosporella ulmicola*: graubraune, schwarz berandete Flecke, 5–10 mm; *Phloeospora ulmi*: eckige, chlorotische, später braune, zusammenfließende Flecke; *Phyllosticta*-Arten: rundliche, graue bis braune, zusammenfließende oder weißliche, braun berandete Flecke, bis 5 mm; *Taphrina ulmi*: rundliche, verdickte blaßgrüne bis gelbliche, später bräunliche Flecke mit Sporenschläuchen, Mikro); Differentialdiagnose durch Fachleute; BK: s. Seite 10, A, VII
- Blattverfärbung durch Spinnmilben (*Metatetranychus ulmi*): vgl. Abb. 258
- weiße Sprenkelung durch Zikaden-Befall (*Typhlocyba ulmi*): vgl. Abb. 75
- pockenartige oder knötchen- und beutelförmige Blattgallen durch Gallmilben-Befall (*Aceria*-Arten); BK: nicht erforderlich
- auf Adern oder Blattstielen bis 3 mm lange Anschwellungen mit gelber Larve im Inneren durch Gallmücken (*Janetiella lemei*); BK: nicht erforderlich
- längliche bis kugelige Gallen auf Blattmittelrippe besonders oberseits an Blattbasis, später kernförmig aufreißend; keulenförmige, verfärbte Gallen blattoberseits, Läuse im Inneren durch Befall der Haarigen Ulmenblattgallenlaus (*Kaltenbachiella pallida*) bzw. der Rüsterblasenlaus (*Byrsocrypta ulmi*); BK: meist nicht erforderlich
- Blattlaus-Befall (*Aphis fabae; Schizoneura*-Arten): Abb. 306
- Blattfraß durch Schmetterlingsraupen (Ulmeneulen: *Cosmia pyralina, C. trapezina*; Buchenrotschwanz: *Dasychira pudibunda*, Abb. 78; Ringelspinner: *Malacosoma neustria*, Abb. 183; Mondfleck: *Phalera bucephala*, Abb. 208; Wickler: *Epinotia, Archips* spp., vgl. Abb. 284); Differentialdiagnose durch Fachleute; BK: s Seite 12, B, XI/XII
- **an Trieben**
- Absterbeerscheinungen durch Pilzinfektion (*Ophiostoma ulmi*): Abb. 307
- rötlichbraune Schildläuse (*Parthenolecanium* ssp., *Lepidosaphes ulmi*): Abb. 292, 190
- **an Ästen, Stamm**
- Absterbeerscheinungen durch Pilzinfektion (*Nectria*-Arten): vgl. Abb. 20
- Absterbeerscheinungen, Fraßgänge mit Larven von Ulmensplintkäfer (*Scolytus* spp.): vgl. Abb. 307
- Absterbeerscheinungen mit Fraßgängen im Stamm und Raupen von Weidenbohrer (*Cossus cossus*) oder in Ästen jüngerer Bäume von Blausieb (*Zeuzera pyrina*): Abb. 267, Abb. 174

a b

Abb. 306: Blattverfärbung und Blattdeformation durch Blasenlaus-Befall (*Schizoneura* spp.)

EM: a) Ulmenblattrollenlaus (*Schizoneura ulmi*): gelbe bis weiße Verfärbung längs der Blattadern an nach unten eingerollten Blattflächenteilen, leicht verdickte Teile bleichgrün bis gelblich verfärbt; mit Wachs bepuderte, grüne bis bräunliche Läuse; im Frühjahr Abwanderung an Wurzeln von *Ribes*-Arten

b) Birnenblutlaus (*Schizoneura lanuginosa*): sack- oder blasenförmige 3–8 cm große, unregelmäßige, unterseits meist geschlossene Auftreibungen, die aus dem gesamten Blatt entstehen können, blaßgrün bis rötlich verfärbt, später braun, eingetrocknet, nicht abfallend (Bild: Galle vom letzten Jahr); Abwanderung der Läuse an *Pyrus*-Wurzeln (Wurzelgallen)

VM: andere Gallenerreger; Differentialdiagnose durch Fachleute

BK: wegen Wirtspflanzenwechsel Ulmen bei Anpflanzung von *Ribes* und *Pyrus* trennen; bei starkem Befall von Jungbäumen chemisch behandeln (s. Seite 11, B, I)

a b c d

Abb. 307: »Holländische Ulmenkrankheit« durch Pilzinfektion (*Ophiostoma ulmi*)

EM: Welke, gelbe Verfärbung, Absterben von Trieben und Ästen im Frühjahr (a, b); Verfärbung des Gefäßbündelringes in Astquerschnitten (c, d); Rindenwunden in Zweigachseln durch Reifungsfraß des Ulmensplintkäfers (*Scolytus* spp.), Brutgänge unter der Rinde, Einbohrlöcher im Stamm (vgl. Abb. FAW)

VM: Welke durch Trockenheit; Aststerben durch *Nectria*-Pilze (vgl. Abb. 20)

BK: erkrankte Bäume roden (Pilzübertragung durch Ulmensplintkäfer)

Viburnum (Schneeball)

- **an Blättern, Knospen, Blüten**
- chlorotische oder mosaikartige Scheckung, Linienmuster, Blattdeformation durch Virusinfektion (Luzernemosaikvirus, Gurkenmosaikvirus); BK: nicht möglich, wegen Gefahr der Übertragung durch Blattläuse, erkrankte Pflanzen roden
- weißlicher Überzug besonders blattoberseits oder weißlicher, fleckiger Pilzrasen blattunterseits durch Echte Mehltaupilze (*Microsphaera hedwigii, M. viburni* bzw. *Phyllactinia guttata*); vgl. Abb. 31, 71, 122
- Blattfleckung durch Pilzinfektionen (*Phoma viburni*): Abb. 309
- fahlgrüne Verfärbung, Blattvertrocknung, Milben mit Spinnfäden (Lupe) durch Spinnmilben-Befall (*Eotetranychus*-Arten u. a): vgl. Abb. 168, 258
- köpfchenförmige Beutelgallen blattoberseits mit behaarter Öffnung blattunterseits durch Gallmilben-Befall (*Eriophyes viburni*); BK: nicht erforderlich
- rundliche, beiderseits flach vorgewölbte Blattgallen mit orangegelber Larve von Gallmücke (*Phlyctidobia solmsi*); BK: nicht erforderlich
- Blattdeformation, Blattkräuselung durch Blattläuse (*Aphis*-Arten, *Cerura-phis eriophori*); BK: s. Seite 11, B, I
- Blattfraß durch Blattkäfer-Befall (*Galerucella viburni*): Abb. 308
- Blattfraß durch Schmetterlingsraupen (z. B. Ligusterschwärmer: *Sphinx ligustri*, Abb. 117; Baumweißling: *Aporia crataegi*, Abb. 61); BK: s. Seite 12, B, XI
- Braunfleckigkeit und Verkrüppelung der Blüten durch Saugschaden an Knospen nach Blattwanzen-Befall (*Lygus*-Arten); vgl. Abb. 181
- aufgetriebene, geschlossen bleibende Knospen mit gelben Larven von Gallmücken (*Contarinia*-Arten); BK: befallene Knospen entfernen, vgl. Abb. 301
- **an Trieben, Ästen**
- Triebwelke und Triebsterben durch Pilzinfektionen (Grauschimmel: *Botrytis cinerea*); BK: s. Seite 10, A, III
- längliche, hellgraue, diffuse Flecke an Ästen durch Pilzinfektion (*Coniothyrium fuscidulum*); BK: erkrankte Äste ausschneiden
- kugelige bis spindelförmige, bald verholzende Wucherungen durch Bakterieninfektion (*Agrobacterium tumefaciens*): vgl. Abb. 83, 269

a

b

Abb. 308: Fraßschäden durch Schneeballkäfer-Befall (*Galerucella viburni*)

EM: im Frühjahr Fensterfraß blattunterseits, dann siebartig durchlöcherte und skelettierte Blätter mit grünlichgelben, dicken Larven mit dunkler Fleckung, 5–6 mm lang (a); ab August gelbbraune, ca. 5 mm lange Käfer (b), die sich bei Berührung sofort zu Boden fallen lassen; nach Reifungsfraß im September-Oktober Eiablage in kleinen, übereinander angeordneten Vertiefungen von diesjährigen Trieben

VM: Fraßschaden durch andere Insekten (vgl. Übersicht)

BK: Triebe mit Eiern vor dem Larvenschlupf im Frühjahr entfernen, ggf. anschließend im Frühjahr chemische Behandlung der Larven (s. Seite 12, B, XIII)

Abb. 309: Blattfleckung durch Pilzinfektion (*Phoma viburni*)

EM: rundliche bis buchtige, braune Flecke (bis 1 cm groß); bei Trockenheit blaß mit purpurfarbigem bis dunkelbraunem Rand; auch an Zweigen, die am Grunde teilweise völlig abgeschnürt werden.

VM: andere Pilzarten (*Septoria viburni*, *Ascochyta-*, *Cercospora-*, *Cladosporium-*, *Mycosphaerella-*, *Phyllosticta*-Arten); Differentialdiagnose durch Fachleute

BK: schwer bekämpfbar, stark erkrankte Pflanzenteile entfernen; chemische Behandlung s. Seite 10, A, VII

Wisteria (Glyzine)

- **an Blättern**
- chlorotische Fleckung und Scheckung durch Virusinfektion (Bohnengelbmosaikvirus): Abb. 310
- weißer, mehlartiger Überzug durch Echten Mehltaupilz (*Erysiphe trifolii*): vgl. Abb. 122, 238
- Blattfleckung durch Pilzinfektionen (*Ascochyta wistariae*: weißliche, diffuse Flecke meist an Blattspitzen; *Phyllosticta*-Arten: unregelmäßige, ockerfarbige oder gelbliche, purpurfarbig umrandete Flecke; *Septoria wistariae*: unregelmäßige, hellbraune Flecke ohne deutlichen Rand); Differentialdiagnose durch Fachleute; BK: s. Seite 10, A, VII

Abb. 310: Verfärbung und Blattdeformation durch Virusinfektion (Bohnengelbmosaikvirus)

EM: gelbe Scheckung, mosaikartige Fleckung, Ringfleckung; junge Blätter deformiert; Virusnachweis durch Fachleute

VM: frühe Infektionsstadien des Echten Mehltaus (*Erysiphe trifolii*)

BK: nicht möglich, Infektionsquelle für zahlreiche Pflanzenarten

Weiterführende Literatur

Biologische Bundesanstalt für Land- und Forstwirtschaft, Braunschweig: Pflanzenschutzmittelverzeichnis 1991/92, Teil 2 (Gemüse-, Obstbau-, Zierpflanzen). Saphir Verlag Kramer, 38. Aufl., Ribbesbüttel 1991.

BLUMER, S.: Rost- und Brandpilze auf Kulturpflanzen. Gustav Fischer Verlag, Jena 1963.

BÖHMER, B.: Ratgeber für Pflanzenschutz und Unkrautbekämpfung im Zierpflanzenbau. Paul Parey Verlag, Berlin und Hamburg 1985.

BRANDENBURGER, W.: Parasitische Pilze an Gefäßpflanzen in Europa. Gustav Fischer Verlag, Stuttgart 1985.

BUHR, H.: Bestimmungstabellen der Gallen (Zoo- und Phytocecidien) an Pflanzen Mittel- und Nordeuropas. 2 Bde. Gustav Fischer Verlag, Jena 1964 und 1965.

BUTIN, H.: Krankheiten der Wald- und Parkbäume. Diagnose-Biologie-Bekämpfung. Georg Thieme Verlag, 2. Aufl., Stuttgart 1989.

HARTMANN, G., F. NIENHAUS, H. BUTIN: Farbatlas Waldschäden. Diagnose von Baumkrankheiten. Verlag Eugen Ulmer, Stuttgart 1988.

JAHN, H.: Pilze an Bäumen. Verlag Patzer, 2. Aufl., Hannover 1990.

KÖNIG, K., W. KLEIN, W. GRABLER: Sachkundig im Pflanzenschutz. Arbeitshilfe zum Erlangen des Sachkundennachweises im Pflanzenschutz. Landwirtschaftsverlag, 3. Aufl., Münster-Hiltrup 1989.

MALEK VON, J., H. WAWRIK: Baumpflege. Pflanzung und Pflege von Straßenbäumen. Verlag Eugen Ulmer, Stuttgart 1985.

MICHEL, H.G., H. UMGELTER: Pflanzenschutz im Garten. Verlag Eugen Ulmer, Stuttgart 1982.

SCHMELZER, K.: Zier-, Forst- und Wildgehölze. In M. KLINKOWSKI (Hrsg.): Pflanzliche Virologie, Bd. 4, Akademie Verlag, Berlin 1977.

SCHMID, O., S. HENGGELER: Biologischer Pflanzenschutz im Garten. Verlag Eugen Ulmer, Stuttgart 1984.

SCHWENKE, W.: Die Forstschädlinge Europas. 5 Bde. Paul Parey Verlag, Hamburg und Berlin 1972–1986.

SORAUER, P. (Hrsg.): Handbuch der Pflanzenkrankheiten. 5 Bde. Paul Parey Verlag, 5./6. Aufl., Hamburg und Berlin 1949–1985.

STEINER, H.: Nützlinge im Garten. Verlag Eugen Ulmer, Stuttgart 1985.

WOESSNER, D.: Rosenkrankheiten. Verlag Eugen Ulmer, Stuttgart 1987.

ZAHRADNI, K.J. (übersetzt von M. ROSCH): Käfer Mittel- und Nordwesteuropas. Verlag Paul Parey, Hamburg und Berlin 1985.

Auskunftstellen des Pflanzenschutzdienstes in Deutschland

Baden-Württemberg: Landesanstalt für Pflanzenschutz: 7000 Stuttgart 1, Reinsburgstr. 107; Pflanzenschutzdienststellen: 7500 Karlsruhe, Amalienstr. 25; 7000 Stuttgart, Breitscheidstr. 4; 7800 Freiburg, Erbprinzenstr. 2; 7400 Tübingen, Konrad Adenauer-Str. 20; übergebietliche PS-Beratung: 7600 Offenburg, Okenstr. 22; 6802 Ladenburg, Trajanstr. 66; 7760 Radolfzell, Fischerstr. 13; 7770 Überlingen, Rauensteinstr. 64
Bayern: Bayer. Landesanstalt für Bodenkultur und Pflanzenbau, Abt. Pflanzenschutz: 8000 München 19, Menzinger Str. 54; Außenstellen: 8700 Würzburg, Zwinger 34; 8400 Regensburg, Emmeramsplatz 8; 8580 Bayreuth, Adolf Wächter-Str. 39; 8800 Ansbach, Promenade 27; 8900 Augsburg, Obstmarkt 12
Berlin: Pflanzenschutzämter: 1000 Berlin 47, Mohringer Allee 137; 1120 Berlin-Weißensee, Klement Gottwald-Allee 323
Brandenburg: Pflanzenschutzdienststellen: 1500 Postdam, Templiner Str. 21b; 1200 Frankfurt/O., Nuhnenstr. 18a; 1910 Kyritz, Pritzwalker Str. 10; 1280 Bernau, Schönfelder Weg 8–10; 1710 Luckenwalde, Beelitzer Str. 137; 7513 Cottbus, Madlower Hauptstr. 9
Bremen: Pflanzenschutzamt: 2800 Bremen, Slevogtstr. 48
Hamburg: Pflanzenschutzamt: 2000 Hamburg 36, Institut für Angewandte Botanik, Marseiller Str. 7
Hessen: Pflanzenschutzämter: 6000 Frankfurt/M. 93, Friedr.-Wilh. von Steuben-Str. 2; 3500 Kassel-Harleshausen, Am Versuchsfeld 17
Mecklenburg-Vorpommern: Landespflanzenschutzamt: 2500 Rostock, Graf-Lippe-Str. 1; Außenstellen: 2711 Schwerin, Wickendorfer Str. 4; 2200 Greifswalde, Grimmerstr. 16; Landespflanzenschutzamt: 2202 Neubrandenburg-Broda, Seestr. 13
Niedersachsen: Pflanzenschutzamt Hannover: 3011 Ahlen, Wunstorfer Landstr. 9; Bezirksstellen: 3300 Braunschweig, Hochstr. 17; 2140 Bremervörde, Neue Str. 22; 3410 Northeim, Teichstr. 9; 3070 Nienburg, Rühmkorffstr. 12; 3110 Uelzen, Wilhelm Seedorf-Str. 2; Pflanzenschutzamt Oldenburg: 2900 Oldenburg, Sedanstr. 4; Bezirksstellen: 2960 Aurich, Am Pferdemarkt 1; 4470 Meppen, Mühlenstr. 41; 4500 Osnabrück, Jahnstr. 13
Nordrhein-Westfalen: Pflanzenschutzamt: 5300 Bonn 3, Siebengebirgsstr. 200; Institut für Pflanzenschutz und Bienenkunde: 4400 Münster, Nevinghoff 40
Rheinland-Pfalz: Landespflanzenschutzamt: 6500 Mainz-Bretzenheim, Essenheimer Str. 144; Bezirkspflanzenschutzämter: 5401 Emmelshausen, Rathausstr. 1; 6730 Neustadt, Breitenweg 71; 5500 Trier, Christophstr. 4
Saarland: Pflanzenschutzamt: 6600 Saarbrücken 3, Lessingstr. 12
Sachsen: Pflanzenschutzämter: 8019 Dresden, Stübelallee 2; 7105 Großpösna, Hauptstr. 1; 9381 Lichtenwalde, Frankenberger Str. 164
Sachsen-Anhalt: Pflanzenschutzamt: 3010 Magdeburg, Zum Waldsee 1
Schleswig-Holstein: Pflanzenschutzamt: 2300 Kiel, Westring 383; Bezirksstellen: 2250 Husum, Herzog-Adolfstr. 1b; 2340 Kappeln, Hindenburgstr. 1; 2400 Lübeck, Schönböckener Str. 102; 2084 Rellingen, Hauptstr. 108; 2240 Heide, Berliner Str. 19; 2300 Kiel, Sophienblatt 50a
Thüringen: Pflanzenschutzamt: 5300 Weimar, Carl August-Allee 1a; Bezirksstellen: 6500 Gera, Altenburger Str. 92; 6060 Zella-Mehlis, Schöne Aussicht 8

Register

Weitere interessante Titel aus dem Ulmer Verlag